개정판

Service Management

한국형 서비스경영 실행모델

서비스경영론

이지은 저

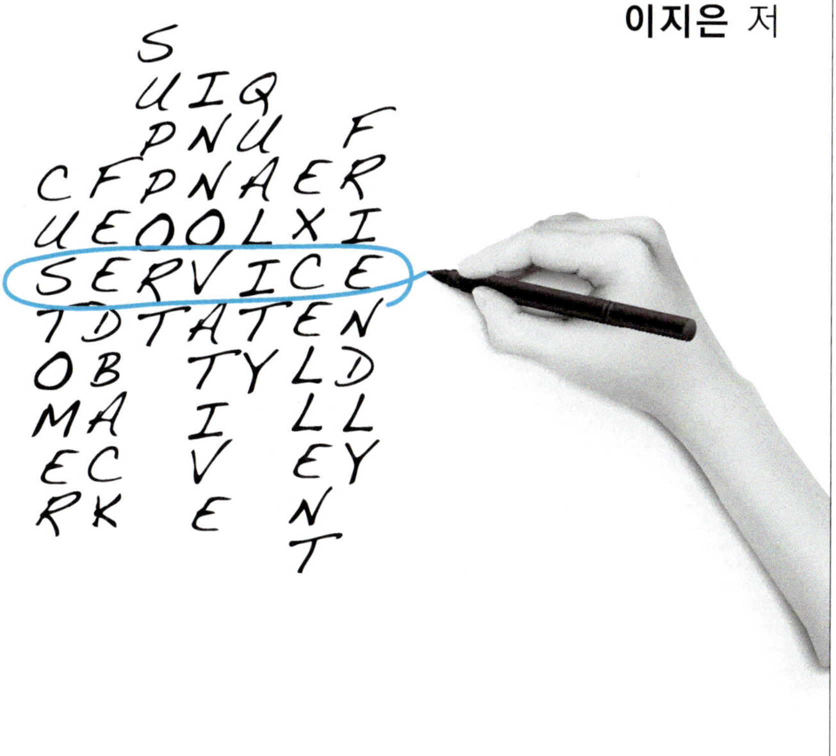

고객만족을 위한 서비스경영의 지속적 유지와 활성화를 위한 운영의 기반구조를 발굴하여 어떤 운영요소에 초점을 맞춰야 하는지에 대한 분석이 필요하다. 또한 지속적인 실행을 가능케 하는 운영요인을 발굴하여 기업의 운영관리 측면에서 적극적으로 강화해야 할 것이다.

(주)백산출판사

개정판 머리말

대부분의 기업들은 해당 기업의 비전과 미션으로 고객만족, 고객가치창출, 고객감동을 표명하고 있으며 성과달성을 위한 기업의 목표 수립과 세부적인 진행방향 결정에도 항상 고객만족을 위한 서비스경영을 강조하고 있다. 기업들은 서비스 경영전략을 체계적으로 구축하고 지속적으로 유지하려는 노력을 함으로써 지속가능성의 확보와 미래 이익의 창출을 가능케 하는 고객만족의 향상을 추구하고 있다.

고객접점, 정기적인 측정을 중시하는 서비스경영은 고객만족혁신, 고객만족 추진활동, 고객접점 변화관리, 고객만족 실천이라는 역동적인 단어로 표현되고 있다. 그만큼 고객만족을 위한 서비스경영은 일종의 캐치프레이즈가 아니라 능동적으로 실천해야 하고 고객중심의 변화를 추구하는 조직의 성공적인 경영기법이라 할 수 있다.

우리나라 대기업을 중심으로 고객만족을 위한 서비스경영이 도입된 것이 불과 20년 남짓 되었고 대다수의 기업들이 이를 도입한 지는 얼마 되지 않았기 때문에 기업의 운영차원에서 서비스 경영전략을 수립하고 구체적으로 실행하는 데 많은 어려움을 겪고 있다. 서비스 경영전략을 실행한다고 해도 지속적인 관리를 통해 고객만족 활동을 유지하거나 개선하는 방법을 파악하지 못한 경우가 대부분이기 때문이다. 성공적인 서비스 경영전략을 위해서는 지속적인 실천과 관리가 중요한데 단기적인 관점에서 시간과 비용을 투자하고 서비스경영의 성과를 만족스럽게 얻지 못하고 진행하는 중간에 흐지부지되거나 포기하는 경우도 발견되고 있으며 어떤 운영 활동들이 서비스경영을 지속적으로 유지할 수 있는지에 대한 확신이 없기 때문에 대부분의 기업이 고객만족 우수기업 벤치마킹과 고객만족 성공 및 실패 사례연구에 의존하고 있다.

Metters and Marucheck(2007)은 서비스 부문의 연구가 부족한 이유를 조사한 결과 서비스 자체에 대한 정의가 어렵고 서비스를 파생적 활동(derivative activities)으로 보는 견해가 있으며, 프로세스에 대한 정의가 부족하고 서비스 부문의 척도(Scale)가 부족하며 서비스 성과의 변동성(Variability)요인 즉 일관성 있는 요소 발굴의 어려움이 있다고 주장하였다.

따라서 체계적인 품질경영 관점에서 고객만족경영을 달성하기 위해서는 선택과 집중을 해야 할 기업의 운영요인들을 발굴해야 한다.

고객만족을 위한 서비스경영의 지속적 유지와 활성화를 위한 운영의 기반구조를 발굴하여 어떤 운영요소에 초점을 맞춰야 하는지에 대한 분석 후 지속적인 실행을 가능하게 하는 운영요인을 발굴하여 기업의 운영관리 측면에서 적극적으로 강화해야 한다.

따라서 고객만족을 위한 서비스경영의 지속성을 유지할 수 있는 핵심요인에 대한 체계적인 분석이 필요한 시점이다. 대부분의 조직들은 품질경영을 경쟁우위 확보와 기업의 성과 향상의 전략적 기반으로 활용하고 있으며 품질경영 활동은 조직적인 성과를 향상시키는 것으로 나타나고 있다(Hendricks and Singhal, 1997; Reed, Lemak and Mero, 2000; Nilsson et al., 2001).

기업이 운영의 효율성을 높이기 위해서는 품질향상과 더불어 지속적인 개선활동이 수반되어야 하며, 이러한 지속적인 개선활동은 전사적인 품질관리를 통해 달성될 수 있다(Sila, 2007; Lillrank et al., 2001). 이에 전사적 품질경영 표준모델을 수립하여 활용하면 추상적으로 모호한 서비스경영 활동을 객관화하고 체계화시킬 수 있을 것이다.

이 자료를 기반으로 고객만족경영의 지속성 확보를 위한 핵심요인들을 발굴하고 지속적인 서비스경영활동을 가능하게 하여 기업 성과에 영향을 주는 지속성 지표를 발굴함으로써 한국형 고객만족을 위한 서비스경영 실행모델이 체계적으로 수립되기를 바라며, 장기적인 관점에서 서비스경영의 지속적 실행으로 고객 만족도 향상 및 경쟁우위 확보에 기여되기를 희망한다.

2019년 8월

이지은

차례

CHAPTER 05 서비스 문화_133

CHAPTER 06 서비스 디자인_155

CHAPTER 07 서비스 리더십_169

CHAPTER 08 서비스 리더십 모델_197

Chapter 01

고객만족경영

제1절 고객만족경영의 개념

제2절 MB(Malcolm Baldrige) 모델의 적용

제3절 고객만족경영을 위한 관계마케팅

서비스경영론

CHAPTER 01

고객만족경영

제 1 절 고객만족경영의 개념

고객만족경영(Customer Satisfaction Management; CSM)은 기업이 제공하는 상품이나 서비스에 대한 고객의 기대 대비 만족 수준을 높이기 위하여 계속적으로 고객들의 기대와 만족 수준을 조사하고 이를 바탕으로 불만족 요인을 찾아 개선하여 고객의 만족을 높이는 경영활동이다. 즉, 고객만족도를 정량적으로 파악하고 객관적으로 판단하여 이를 제고하기 위한 경영 노력 그 자체를 말한다. 고객만족경영은 1960년대 GE(General Electronics)의 소비자 상담실의 설치 운영 또는 1980년대 일본 SONY의 고객만족경영의 도입을 고객만족의 시초로 평가한다. 1977년 미국의 리서치 회사인 J. D. Power가 고객만족을 평가기준으로 자동차 부문의 기업 순위를 발표한 것을 계기로 '고객만족'이라는 단어가 범용적으로 널리 퍼지기 시작했고, 이후에 고객만족경영이 최초로 등장한 것은 1980년 스칸디나비아 항공의 얀 칼슨(Jan Carlzon) 사장이 '진실의 순간(MOT : Moment of Truth)' 개념을 회사 경영에 도입하면서 8백만 달러의 적자를 7천 1백만 달러의 흑자로 전환시킨 것으로 비롯되었다.

고객만족은 고객이 지불하는 화폐가치보다 더 가치 있는 제품이나 서비스를 받고 있다고 지각하는 정도를 의미한다(Tracy, 1999). 고객만족의 정의는 결과에 초점을 둔 것과 과정에 초점을 둔 두 가지 관점에서 볼 수 있다. 하나는 고객만족을 소비경험으로부터 야기되는 결과에 초점을 두는 것이고, 다른 하나는 사전적 기대와 소비 후 지각된 제품의 품질 사이의 차이에 대해 느끼는 소비자의 반응처럼 과정에 초점을 둔 것이다.

Lin(2007)은 고객만족이란 기대하는 서비스와 실제 제공된 서비스 간의 차이에 대한 고객의 감정적인 반응이라고 정의하고 이러한 행동은 시간, 장소, 상황 등과 같은 요소들에 의해 영향을 받는다고 하였다. 예를 들어 고객이 기대했던 서비스보다 제공받은 서비스가 좋다는 것은 기대한 서비스와 제공받은 서비스의 차이가 크지 않았음을 의미하고 일반적으로 서비스에 대해 만족했다고 표현한다. 고객만족 연구자들은 고객만족의 영향력이 기업의 시장가치와 재구매에 긍정적인 영향을 미치고 있음을 주장하였고, 미국과 스웨덴의 국가고객만족도 조사가 기업의 재무적 성과에 유의미한 영향을 미치고 있음을 밝혀냈다.

국내 · 외 선두 기업들은 성공적이고 지속 가능한 조직체계를 구축하기 위해 고객만족경영을 기본 이념으로 설정하고 이를 실현하기 위해 조직 내부의 운영시스템 구축 및 다양한 실천 활동을 통해 고객만족경영 문화를 전파하고 있다. 해당 기업들은 비전과 미션으로 고객만족, 고객가치창출, 고객감동을 표명하고 있으며 성과달성을 위한 기업의 목표 수립과 세부적인 진행방향 결정에도 항상 고객만족을 강조하고 있다. 경영자 주도, 정기적인 측정, 고객접점을 중시하는 고객만족경영은 고객만족 혁신, 고객만족 추진활동, 고객접점 변화관리 그리고 고객만족 실천이라는 역동적인 단어로 표현되고 있다. 고객만족경영은 일종의 캐치프레이즈가 아니라 고객중심의 변화를 지속적으로 추구하는 조직의 성공적인 경영기법이라 할 수 있다.

고객만족경영은 고객중심의 사고를 바탕으로 모든 경영활동을 전개하는 것으로써 시장 점유율 확대나 원가절감이라는 단기적 목표보다 고객만족 실현을 궁극적인 경영목표로 추구하는 것이다.

구체적으로는 고객만족도를 고객의 입장에서 평가하고, 이것을 계량화하여 평가지표로 삼아 고객만족을 위한 지속적인 개선활동을 실시하는 것을 의미한다. 그러므로 고객만족경영의 지속성을 유지하기 위해서는 서비스 리더십, VOC(고객의 소리)시스템, 고객지향적인 인적자원관리, 고객만족경영 평가시스템 등의 운영요소가 갖추어져야 한다.

1. 고객만족경영의 성공요인

최고경영자의 주도로 고객만족경영을 시작하더라도 성공적인 추진이 어려울 수 있다. 가장 근본적인 이유는 고객만족경영이 회사 위주의 경영방식과 정반대이므로 고객 위주의 경영방식에 익숙해지는 데 시간과 비용이 많이 들기 때문이다.

성공적인 고객만족경영의 시작은 최고경영자의 리더십에서 시작된다. 최고경영진의 리더십은 전사적인 품질경영 활동을 실행하는 조직의 분위기와 문화를 지속적으로 관리하는 것으로써 경영자는 많은 시간을 품질경영 활동에 할애해야 한다(Ugboro and Obeng, 2000).

고객만족경영의 지속적 실천과 개선을 위해서는 첫째, CSM 평가시스템 구축이 수반되어야 한다. 고객지향적인 기업이 되기 위해서는 고객만족수준을 조사하여 개선목표를 설정하고 고객의 입장에서 평가하고, 이것을 수치화해서 경영의 지표로 삼아 지속적 개선활동을 전개해야 한다. 둘째, 조직 전체가 고객중심의 사고를 받아들여 기업문화로 정착되는 것이 중요하다. 고객중심의 사고를 실현하기 위해서는 VOC시스템의 구축과 활용이 필요하다. 조직의 불만처리 프로세스는 조직이 가지고 있는 문제점을 쉽게 발견할 수 있도록 도와주며 조직의 시각을 고객중심적인 시각이 되도록 유지시켜 준다. 고객의 불만 관련 정보는 조직 내외의 관련부서에 적절히 전파하고 개선활동에 사용되어야 한다(서창적, 2008).

고객만족경영의 성공적인 운영을 위해서는 실천의 주체인 직원에 대한 동기부여와 권한위임이 선행되어야 한다. 직무내용 보상요인인 개인별, 팀별 보상 변수와 사회적 보상요인인 칭찬, 인정, 표창 등과 평가 보상요인인 360도 평가, 제안제도 평가 등이 제조 생산성, 공정불량률, 재작업 빈도, 폐기 및 낭비율로 측정한 내적 품질성과와 품질보증 작업률, 품질 관련 소송률, 고객불만율로 측정한 외적 품질 성과에 긍정적인 영향을 미친다(김재환, 2003). 팀워크는 전사적인 품질경영의 성공적인 실행을 위한 변화 프로그램을 지속적으로 유지하는 것에 긍정적인 영향을 주고, 이러한 추진활동은 경영성과에 긍정적인 영향을 미치기 때문이다. 따라서 고객지향성과 지속적인 개선은 조직의 협력을 통해 달성될 수 있다.

〈표 1-1〉 서비스 우수기업의 고객만족경영 성공요인

구분	현대백화점	삼성서울병원	삼성전자 서비스	금호고속
경영자 리더십	고객만족경영에 대한 적극적 지원과 홍보	병원장의 탁월한 리더십	고객최우선 철학과 투철한 서비스정신 (Delight)	CEO가 직접 고객 행복 다짐회의 주관(주 1회)
고객의 소리 (VOC)	고객접촉의 다양한 채널, 서비스 회복 관리	고객의견 청취 전담조직 구성 및 개선사항 피드백	사전 불만 대응 체계 수립, 클레임 등급별 처리	다양한 채널을 통한 VOC 수집
CS평가 시스템	고객만족도조사 (고객), 고객 서비스 인지 조사(직원)	고객과의 만남을 통해 직접 의견 청취	사내 CS평가 및 외부기관을 통한 고객만족도 조사	서비스 모니터링 및 평가, 고객 및 직원 만족도 평가
고객지향 HRM (Human Resource Management)	직원의 고객중심 마인드 강조, 직원만족에 대한 관심	CS 교육시간 확대 및 체계적인 교육	품질분임조 활동, 직원의 동기부여 및 CS교육 강조	직원 커뮤니케이션 활성화, 전사적 CS교육체계
프로세스 관리 및 개선 활동	기존 서비스 개선, 신규 서비스 창출, 업무혁신 페스티벌, CS 성공사례공유	고객만족 회의체, 고객만족 캠페인, 시스템 개선 대기시간 감축 짧은 재원 기간	고객접점 서비스 프로세스 개선 (중복 절차 제거)	고객중심의 프로세스 개선 및 표준지침 공유
상품 · 서비스 개발	아이디어 회의, 기존 서비스 개선, 신규 서비스 창출	고객만족 회의체, 고객만족 캠페인	가격, 상품, 서비스 혁신과제 선정	고객만족 관련 제반 제도 및 표준 개선방안

자료: 서창적, 2011

고객지향적인 조직문화를 구축하고자 하는 선두기업들은 고객만족과 고객만족경영에 대한 이해를 바탕으로 기업 내부에서 지속적으로 고객만족경영을 유지할 수 있는 방법을 모색하고 꾸준히 실천하고 있다. 고객만족(CS) 혁신활동이 활성화된 기업은 프로세스 개선활동, 개인 및 팀 차원의 적극적인 아이디어 제안활동 등을 지속적으로 유지하고 있다. 프로세스는 시스템적으로 디자인되고 관리되는지, 고객과 이해관계자의 만족을 위해 개선되고 있는지, 제품과 서비스가 고객니즈를 토대로 디자인되는지, 고객관계는 관리되고 발전되고 있는지, 프로세스의 향상여부로 평가하고 있다(이유재, 2006).

이러한 다양한 프로세스 개선과 제안 활동이 성공적으로 추진되기 위해서는 고객만족경영의 핵심추진조직이 구성되어야 한다. 고객만족경영은 전 조직원의 참여를 위해 단위조직의 자생력 있는 CSM 추진을 이끌어가는 핵심 추진요원들을 구성해야한다. 이 추진조직은 CSM 추진에 따른 변화에 대한 저항을 줄이고 고객만족 마인드를 확산시키는 등 폭넓은 활동을 전개한다.

☞ 용어설명

- **P-S-P경영 철학**

고객만족경영의 기본원리는 P-S-P경영 철학에 근거한다.

- P(People) : 내부고객인 직원에게 잘 대해주면
- S(Service) : 내부고객인 직원은 자신의 직무인 서비스를 열정적으로 수행할 것이며
- P(Profit) : 내부고객인 직원의 열정적인 서비스를 이용하는 외부고객은 이에 만족하여 지속적인 재구매를 하게 될 것이다.

☞ 고객만족경영의 효과

- 재구매 고객 창출
- 마케팅 비용 절감
- 임직원 이직률 감소
- 고객의 재구매 활성화
- 고객에 의한 구전(WOM : Word of Mouth)

☞ 고객만족의 효과

- 고객충성도 향상 : 서비스에 만족한 고객들은 기업 및 서비스에 좋은 이미지를 가지게 되고, 재구매를 유도할 수 있다.
- 비용절감 효과 : 고객만족은 기존고객을 충성고객으로 이끌 수 있으며 이는 신규고객 창출보다 기존고객 창출에 더 적은 비용이 들기 때문에 비용 절감이 가능하다.
- 불만족한 고객 활용 : 불만족한 고객을 만족시키기 위한 노력은 기업 성장에

도움이 되고 성장의 기반이 된다.

- 광고 마케팅 효과 증대 : 만족한 충성고객은 구전을 통하여 신규고객을 창출함으로써 기업의 마케팅 효과를 증진시킨다.

제 2 절 MB(Malcolm Baldrige) 모델의 적용

기업의 운영관리자는 고객의 요구를 정의하고 고객을 만족시킬 수 있는 품질경영 시스템을 구축해야 한다. 전사적 품질경영은 고객에게 필요한 모든 제품과 서비스 요소를 강화하여 탁월함(excellence)을 추구하는 전반적인 조직의 관리활동이며, 조직 운영을 위한 관리자들의 의사결정에 큰 영향을 미친다(Heizer, 2008).

[그림 1-1]의 경영혁신활동의 변천과정에서 보듯이, 국내 · 외 선진기업들은 시대별로 등장했던 혁신기법들을 적극적으로 활용하였고, 고유한 방식으로 이를 실천하여 탁월한 경영성과를 창출하였다. 성공적인 경영혁신을 위해서는 무엇보다도 경영진의 주도 아래 강도 높은 혁신을 일관되게 추진해야 한다(이팔훈, 2004).

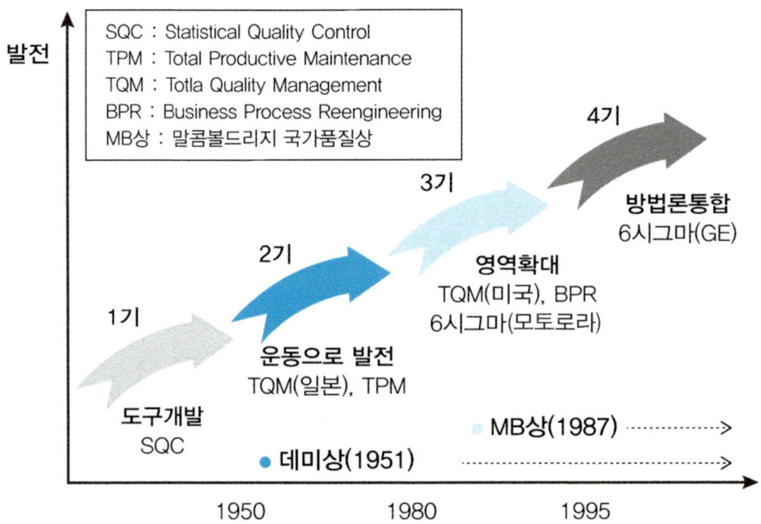

[그림 1-1] 경영혁신 활동의 변천과정(사진=경영혁신, 불황탈출의 엔진, CEO Information, 제461호, 삼성경제연구소, 2004)

미국의 말콤볼드리지 국가품질상(MBNQA: Malcolm Baldrige National Quality Award, MB)은 1980년대 후반 세계 시장에서 급속히 밀려나고 있던 자국 기업들의 경쟁력을 획기적으로 높이기 위해 미국 상무부가 도입한 범국가적 품질진흥정책이다. 1980년대 미국은 경제의 경쟁력 약화를 '고비용, 저효율'의 구조적 문제에 있다고 분석하고 그 원인을 '품질'과 '생산성'에 기인하는 것으로 판단하였다. 이에 따라 1987년 레이건 대통령 시절에 행정부의 상무장관을 지낸 말콤볼드리지의 제안으로 미국기업의 TQM(Total Quality Management)을 촉진하기 위하여 국가품질개선법(Public Law 100-107)이 제정(1987.08)되었으며, 이듬해 미국기업의 경쟁력을 회복하기 위한 처방으로 범정부적 차원에 마련된 시상제도가 바로 말콤볼드리지상(MBNQA) 제도이다.

국내에서는 1993년부터 미국의 말콤볼드리지 국가품질상을 접목한 '대한민국 국가품질상'을 운영하여 매해 11월 우수한 기업과 기업인, 근로자를 선발하여 포상하고 격려하고 있다. 국내에서는 삼성그룹, 현대자동차, KT 등 대기업에서 경영혁신 추진 모델로 활용하고 있으며 한국표준협회(KSA)의 '국가품질상', 한국능률협회(KMA)의 '경영품질 대상', 한국생산성본부(KPC)의 '생산성 대상'이 모두 MB모델을 기반으로 하고 있다.

MB모델의 적용은 경영 현장에 대한 초일류 조건을 끊임없이 확인하는 경영활동으로 지속적 경쟁우위를 유지하기 위한 노력과 방법이며 MB모형의 중심에는 시스템적 접근이 있다. 관리방법으로 통용되는 이 시스템은 지속가능경영이 확보될 수 있도록 개선과 혁신을 관리체계구조에 포함하는 것이 중요하다.

MB모델은 리더십, 전략기획, 고객과 시장중시, 측정 · 분석 및 지식경영, 인적자원 중시, 프로세스 관리, 경영성과의 7가지 범주로 구성되어 있다. 리더십, 전략기획, 고객과 시장중시, 측정 · 분석 및 지식경영, 인적자원 중시, 프로세스 관리를 접근방식 및 전개 범주, 즉 과정 범주라 부르고 경영성과를 결과 범주라고 한다.

MB모델은 사업이나 업무전개 과정에서의 시스템 구축과 운영 수준이 경영성과로 이어진다는 인과개념을 중시하는 모형이다. 총 1,000점 중에서 경영성과 범주의 가중치가 450점으로 오랜 기간 고정되어 있을 정도로 과정과 결과에 대한 균형을 추구한다(신완선, 2007).

〈표 1-2〉 말콤볼드리지 국가품질상MBNQA(Malcolm Baldrige National Quality Award)

제정 배경	• 1970~80년대 미국경제 위기: NBC의 "If Japan can why can't we" • 1984년 매년 10월 '국가품질의 달'(National Quality Day) 제정 • 1986년 모토로라 6 시그마 운동 • 1987년 레이건 대통령, 말콤볼드리지 국가품질개선 법안(Public Law 100-107) • 1988년 MB상 재단 설립, 1회 수상업체는 모토로라, 웨스팅하우스 • 그 후 초기 17년 동안 300만 카피 보급, 약 1,000여 업체 신청, 60여 업체 수상
구조 운영	• 11개 핵심가치(Core Values) • 범주(7), 평가항목(18), 세부영역(32)으로 구성(2008년 기준) • 채점방식: Approach/ Deployment/ Results(1,000점 만점) • 기업/ 교육기관/ 의료기관 구분 수상 • 주관은 NIST와 ASQ
의의	• 경영품질의 공인된 세계기준 • 최고의 경영시스템 평가모델 • '시스템적 경영방식'과 '지속적인 경영성과'(Business Excellence)를 중시 • 수상업체들의 Best Practices

〈표 1-3〉 말콤볼드리지 평가항목과 CSM 적용요인

구분	평가항목 및 성공적 운영요인	CSM 적용가능 요인
리더십	• 경영의 비전설정과 통솔력 • 혁신의 환경조성 • 조직의 성과관리	CS리더십
고객과 시장 중시	• 고객정보 수집 및 공유 • 고객정보 분석과 고객관 구축 • VOC 자료의 부서별 피드백 및 활용	VOC시스템
측정, 분석 및 지식경영	• 성과지표의 선정과 분석 • 성과측정시스템의 개선 • 분석결과의 공유와 활용	CSM 평가 시스템
인적자원 중시	• 직원에 대한 성과보상 • 인적자원 만족도 조사 및 활용 • 인적자원의 역량관리	고객지향 HRM
프로세스 관리	• 프로세스 관리 활동 수행(PDCA) • 프로세스 효율성 평가하여 프로세스 품질개선 • 성공적 개선활동을 위한 직원들의 적극적 참여	CS혁신의 지속성
성과	• 고객중심의 핵심프로세스 재설계 • 프로세스 개선활동에 의한 개선 성과 (품질의 향상, 생산성 향상, 품질 코스트 절감) • 내부직원 만족도 향상 • 직원의 교육훈련과 능력개발	프로세스 성과 인적역량 성과

자료 : 서창적, 2011

초일류기업의 경영관행의 공통점을 정리한 MB모델의 경영품질 기준과 세부항목을 분석하여 고객만족경영의 지속성을 강화시킬 수 있는 요인을 발굴하였다. 7개 범주의 세부 평가기준 및 성공적 운영 요인을 고려하여 고객만족경영의 실천력을 높이고 지속성을 유지시킬 수 있는 요소들을 찾고 각 세부 평가기준에서 중복이 발생하는 부분을 조정하여 〈표 1-3〉과 같이 구성하였다.

최고경영진의 리더십은 전사적인 품질경영 활동을 실행하는 조직의 분위기와 문화를 지속적으로 관리하는 것으로 측정하고 있으며, 많은 시간을 품질경영활동에 할애해야 한다.

고객의 소리(Voice of Customer; VOC)는 고객 관련 정보를 획득하는 프로세스이다. 고객의 소리 프로세스는 언급되거나 언급되지 않은 또는 예상되는 고객의 요구조건, 니즈 및 욕구를 획득하는 데 전향적이며 지속적으로 혁신적인 것이어야 한다(서창적, 2008).

MB모델은 고객만족의 측정과 활용을 공적 부문에서 제도화하였다는 데 큰 의미를 부여할 수 있다. 평가 항목 중 고객만족 부문이 가장 큰 점수를 차지하며 고객만족이 품질에서 차지하는 중요성을 강조하고 있다. 평가기준에서 고객만족은 '고객과 시장지식', '고객만족과 관계개선', '고객만족 결과' 등으로 분류되어 점수화되고 있다(조성기, 1998).

고객지향 HRM(Human Resource Management)을 구축하기 위해서는 성과에 따른 보상과 권한위임, 내부만족도 조사 등이 선행되어야 한다. 우수한 조직은 구성원의 만족도를 조사하여 그 결과를 업무환경 개선과 구성원 지원에 적극적으로 활용한다. 이를 실행하는 절차는 구성원 만족요인이 무엇인지를 파악하고 만족도의 목표를 설정하고 미흡한 만족요인에 대한 향상 시책을 마련하여 실행한 후 다시 만족도 수준을 측정하여 그 효과를 평가한다(MAP 자문교수단, 2005).

혁신 및 개선 지향적인 프로세스를 설계하기 위해 직원의 직무 정의에 일상 유지하는 업무뿐만 아니라 개선에 대한 업무를 수행해야 할 책임을 명시화할 필요가 있으며, 프로세스 개선을 촉진하기 위해서는 개선 팀 제도와 개인별 개선 제도를 활성화시키는 것이 바람직하다(서창적, 2009).

성과지표 중 고객만족경영의 지속적 혁신과 관련 있는 요인은 프로세스와 인적자원 성과가 있다. 업무프로세스 운영성과의 척도 및 지표는 업무시스템 혁신성과, 업무배치 개선, 내부 직무 및 직무분류의 단순화, 사이클 타임 축소, 프로세스의 효과성 및 효율성 등이 있고 인적자원의 성과는 인적자원의 교육 훈련 및 리더 개발, 근무환경과 복리후생의 영역, 직원만족도 결과 등으로 나타난다.

제 3 절 고객만족경영을 위한 관계마케팅

1. 관계마케팅의 개념

관계마케팅(Relationship Marketing)이란 고객 등 이해관계자와의 강한 유대관계를 형성하고 유지하며 발전시키는 마케팅 활동을 의미한다. 최근 고객만족경영을 실천하기 위한 방안으로 관계마케팅 개념이 많은 관심을 끌고 있다.

기업의 관계마케팅이란 고객과의 관계를 구축하기 위한 것이며 장기간에 걸친 이익을 확보하기 위해 고객과의 대화를 창조하여 더욱 좋은 서비스를 제공하기 위한 장치다. 이러한 장치를 통해 고객과의 우호적 관계를 구축하게 되면 이익은 저절로 수반될 수 있다.

기업과 고객과의 관계는 계속된 만남을 통해 아래와 같은 5가지 단계로 발전한다고 볼 수 있다.

- **1단계 : 예상고객(Prospect) 단계**

이 단계는 고객이 아직 기업과 첫 거래를 하지 않은 상태로 이때의 고객은 예상고객이 된다. 이 시기에는 개인적 접촉, 우편, 텔레마케팅 등을 통해 첫 거래를 성사시킬 수 있다.

• **2단계 : 고객(Customer) 단계**

고객 단계는 예상고객이 첫 거래를 한 이후의 단계이다. 이 단계에서 고객은 주로 금전적 인센티브(예, 수량 할인) 등에 의해 재구매 동기를 갖게 된다. 이 단계에서는 구매빈도에 따라 제공되는 할인 쿠폰이나 상용고객 우대제도 등이 효력이 있다. 그러나 이 전략은 경쟁사가 쉽게 모방할 수 있고 고객을 빼앗기기도 쉽다.

• **3단계 : 단골(Client) 단계**

고객 단계까지의 고객은 동일한 상품을 여러 점포에서 구매하거나 동일한 제품을 여러 브랜드에서 구입할 수 있다. 그러나 단골 단계가 되면 불만이 생기지 않는 한 동일한 점포나 브랜드를 이용하는 성향을 보이게 된다. 이 때 기업은 고객과 금전적 거래 이외에 사회 심리적인 유대감을 통해 장기적인 관계를 구축할 수 있다. 고객 상호 간의 유대관계도 단골로 발전하는 주요 계기가 된다. 따라서 기업의 입장에서는 고객 상호 간의 관계심화를 유도하는 것이 좋다.

• **4단계 : 옹호자(Advocate) 단계**

이 단계의 고객은 기업에 대한 옹호자 역할을 하게 된다. 예를 들어 좋은 구전을 전파함으로써 간접적인 광고효과를 발생시키기도 하고 경쟁사의 고객을 끌어오기도 한다. 게다가 이탈하려고 하는 고객이나 이미 이탈한 고객을 다시 불러오기도 한다. 심지어 기업이 재무적 어려움이나 여론의 지탄을 받게 되는 경우에도 기업을 변호하고 옹호하는 역할을 한다.

• **5단계 : 동반자(Partner) 단계**

동반자 단계는 기업과 고객이 함께 완전히 융합된 상태이다. 고객이 기업의 의사결정에 참여하고 함께 이익을 나누는 발전된 단계이다.

2. 관계마케팅의 특성

관계마케팅은 특성은 아래의 다섯 가지 관점으로 볼 수 있다.

첫째, 고객을 보는 시각이다.

관계마케팅에서는 고객과의 장기적 관계를 유지함으로써 자연스럽게 수익이 창출될 수 있도록 하므로 고객을 기업과 함께 하는 동반자로 본다. 따라서 단기적 거래실적보다는 장기적인 고객 생애 가치(Customer Lifetime Value; CLV)에 중점을 둔다.

둘째, 기업과 고객 간 의사소통의 방향이다.

기존 마케팅이 매스미디어(Mass Media)를 통해 기업으로부터 고객으로의 일방적 메시지 전달에 의존했다면 관계마케팅은 다양한 수단을 통해 쌍방향 커뮤니케이션(Two-Way Communication)을 강조한다. 기업이 제공한 정보에 대해 고객이 직접 반응할 수 있으며 기업과 고객의 직접 커뮤니케이션이 가능한 창구를 만들어야 한다는 것이다. 이를 통해 고객으로부터의 정보 흐름이 중요시될 수 있으며 고객에 대한 서비스 차별화의 기초가 된다.

셋째, 규모의 경제(Economy of Scale)에서 범위의 경제(Economy of Scope)로의 전환이다.

기존에는 가능한 많은 고객에게 많은 제품을 판매하는 대량생산, 대량판매에 의한 규모의 경제를 지향했다. 반면 관계마케팅은 한 고객에게 다양한 제품을 판매하거나 거래기간을 장기간 유지하는 범위의 경제를 도모한다.

넷째. 마케팅 성과 측정의 지표가 시장 점유율(Share of Market)에서 고객점유율(Share of Customer)로 변화한다.

관계마케팅에서는 고객 개개인을 하나의 독립된 시장으로 보고 개별 고객당 관련 부문 지출액에서 자사 상품 매출의 비중, 즉 고객 점유율 또는 지갑 점유율(Share of Wallet)을 높이려고 한다. 또한 시장 전체를 대상으로 할 필요가 없기 때문에 마케팅 비용을 줄일 수 있다.

다섯째, 차별화나 관리의 초점이 제품뿐만 아니라 고객으로 확산된다.

이제는 제품 차별화 못지않게 고객을 차별화하는 것이 중요해지고 있으며 제품만이 아니라 고객을 관리해야 한다. 기업의 이익이 제품에서 발생하기보다는 고객에서 발생하기 때문이다. 예를 들어 어떤 제품의 부품이 고장난 경우 제품관리자는 그 손상된 부품을 교체해주는 것에만 신경을 쓸 것이다. 그러나 고객관리자는 부품을 교체해 주는 것은 물론 그 고객의 만족도나 재구매가능성을 유지하고자 노력할 것이다. 즉, 손상된 부품 못지않게 손상된 고객의 마음을 수리한다는 관점이 필요해진 것이다.

Chapter

02

고객

제1절 고객 범주의 개요

제2절 고객심리의 이해

제3절 열성고객

제4절 고객지원

제5절 고객관계관리

제6절 고객의 소리

제7절 고객불만관리

서비스경영론

CHAPTER 02 고객

제 1 절 고객 범주의 개요

1. 고객과 고객집단 및 세분시장의 이해

고객은 조직의 제품이나 서비스를 구매하여 사용하는 사람 혹은 조직 제품과 서비스의 현재 사용자와 잠재적 사용자를 모두 포함하며 제품과 서비스의 최종 사용자이거나 구매자이다. 따라서 고객은 현재와 미래의 조직의 고객이거나 경쟁자의 고객을 의미한다.

고객집단이란 비슷한 특성을 가진 고객의 모임으로 정의할 수 있으며 고객집단은 구성원은 어떤 제품이나 서비스의 특정 속성에 대해 동일한 반응을 가진 집단이다.

세분시장(Market Segment)이란 고객 집단 중에서 비슷한 욕구를 가진 집단으로 구성된다. 여기서 세분시장을 더욱 세밀하게 관찰하면 틈새시장(Niche Market)을 발견할 수 있는데, 틈새시장이란 기존의 세분시장에서 충족되지 못한 욕구를 가진 고객집단으로 구성된다. 서비스 시장에서 틈새시장의 예로는 저비용항공사(Low Cost Carrier; LCC) 시장을 들 수 있다. 높은 항공 요금 때문에 항공사를 이용할 수 없는 소비자층을 겨냥한 저가항공산업은 미국에서 처음 시작되었는데 사우스 웨스트 항공이 그 시초라 할 수 있다.

잠재적 고객(potential customer)은 현재 다른 제품과 서비스를 구매하고 있거나 현재는 전혀 구매하지 않지만 구체적 구매 욕구(wants)를 가진 고객을 의미한다. 잠재적 고객은 잠재적 시장을 형성하고 있으며 이는 시장을 확대하려는 조직의 주된 관심대상이 된다.

1) 고객의 분류

서비스를 담당하는 직원들은 다양한 고객의 형태를 접하게 되는데 고객을 크게 세분화하면 외부고객과 내부고객으로 분류할 수 있으며, 외부고객은 기업 외부에 존재하는 고객으로 지원고객, 판매점, 최종고객으로 재분류되며, 내부고객은 기업 내부에 존재하는 고객으로 전후 공정과 상사와 부하로 나누어진다.

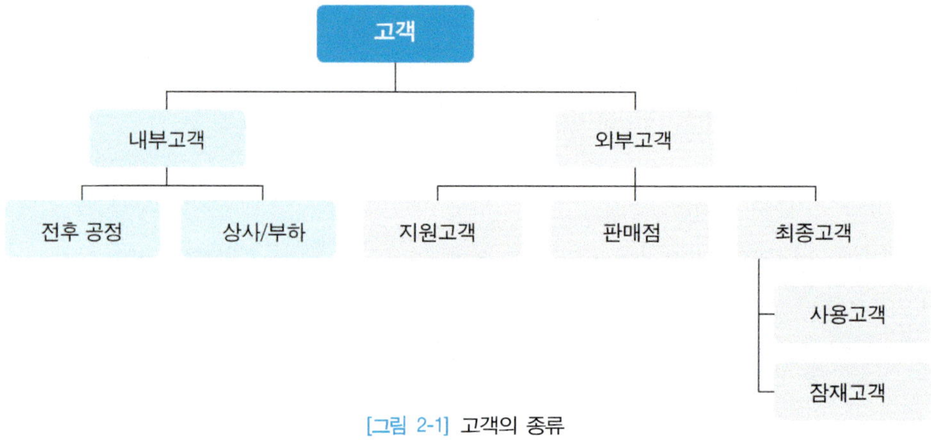

[그림 2-1] 고객의 종류

〈표 2-1〉 고객의 유형 및 의미

고객의 유형		의미
외부고객	지원고객	– 소재, 부품을 생산·납품하는 협력기업 – 투자자, 자금지원을 해주는 금융기관
	판매점	– 자사의 제품을 구입해서 최종고객에게 판매하는 기관
	최종고객	제품을 구매하는 고객 – 사용고객 : 현재 자사의 제품을 사용하는 사람 – 잠재고객 : 당장은 아니라도 언젠가는 제품을 구입할 사람
내부고객		– 내부고객은 외부고객의 가치, 현실, 기대, 욕구 충족의 기반
이해관계자		– 제품을 구입하거나 사용하는 데 영향을 주는 모든 관련자를 '이해관계자(Stakeholder)'라고 통칭

고객을 직접 만나거나 소통하면서 업무를 수행하는 현장 직원인 영업사원과 서비스 접점의 직원에게 가장 중요한 고객은 바로 최종고객이다. 하지만 영업과 서비스 부문에서 소비자인 최종고객에게 좋은 서비스를 제공하기 위해서는 그들만

의 노력으로는 한계가 있다. 이들이 고객에게 좋은 서비스를 제공할 수 있도록 기업에서는 시스템, 프로세스, 데이터 등을 개발하고 지원해야 한다. 품질 좋은 외부 서비스는 내부서비스가 바탕이 되지 않으면 지속성이 저하되기 때문이다.

〈표 2-2〉 기업의 이익과 관계 진화적 과정에 의한 분류

고객의 분류	내용
잠재고객	– 기업에 대해 인지하고 있지 않거나 인지하고 있어도 관심이 없는 고객 – 구매경험은 없지만 향후 고객이 될 잠재력이 있는 고객(예. 아직 상품 구매 의사를 확인할 수 없지만 이벤트에 응모하여 정보를 알고 있는 잠재적 고객)
가망고객	– 기업에 대해 인지하고 있고 관심을 보이며 신규고객이 될 가능성이 있는 상태의 고객(구매 가능성이 있는 상태의 고객)
신규고객	– 처음 기업과 거래를 시작하는 고객
기존고객	– 2회 이상 반복 구매 – 어느 정도의 고객정보가 쌓여 효율적 마케팅이 가능한 고객 – 재구매가 이루어질 수 있는 고객
충성고객	– 상품, 서비스를 반복적으로 구매하여 기업과 강한 유대를 형성하는 고객 – 기업에서 가장 희망하는 고객으로 입소문을 내주는 고객

자료: 기존 연구를 활용한 저자 재구성

잠재고객 발굴을 위한 방법으로는 첫째, 만나고 싶은 사람들을 리스트업(List Up)한다. 둘째, 첫 만남 후 24시간 이전에 연락을 한다. 셋째, 그들로부터 어떤 정보를 얻고 싶은지 리스트를 정한다. 넷째, 만남이 끝난 이후 주고받은 명함을 자신의 스타일로 분류한다. 다섯째, 학연, 지연, 업종, 취미 등의 공통점을 찾아 친구가 되려고 노력해야 한다.

우량고객 중에서도 최상위의 고객을 로열고객(Loyal Customer) 혹은 충성고객이라고 하는데 이들의 특징은 아래와 같다.

- 관대함 : 기업 및 브랜드에 대한 애착심으로 가격상승까지도 수용한다.
- 교차구매 : 현재 사용하고 있는 상품을 생산하는 기업의 다른 상품을 구매한다.
- 상승구매 : 동일한 기업의 상위 제품을 구매한다.
- 구전활동 : 고객 스스로 지인에게 소개하는 활동을 한다.
- 반복구매 : 반복적인 구매행동을 한다.

〈표 2-3〉 현대 마케팅적 측면의 고객 분류

고객의 분류	내용
소비자	– 물건이나 서비스를 최종적으로 사용하는 고객
구매자	– 물건을 구매하는 고객 – 상품을 직접 이용하는 것은 아니지만 구매를 결정하는 고객
구매승인자	– 구매를 허락하고 승인하는 고객
구매영향자	– 구매 의사결정에 직·간접적으로 영향을 미치는 고객

자료: 기존 연구를 활용한 저자 재구성

〈표 2-4〉 프로세스적 관점에서의 고객 분류

고객의 분류	내용
외부고객	– 기업의 상품과 서비스를 직접 구매하거나 이용하는 고객
중간고객	– 기업과 최종 소비를 하는 고객 사이에서 그 가치를 전달하는 고객 – 소매상, 도매상, 중간상의 고객
내부고객	– 기업의 내부 직원으로 본인이 하는 일의 결과를 사용하고 가치 생산에 직접 참여하는 고객

자료: 기존 연구를 활용한 저자 재구성

내부고객의 특징은 아래와 같다.

- 기업의 입장에서 외부고객에게 직접 서비스를 제공하는 주체인 내부고객(직원)이 가장 먼저 고려해야 할 고객이다.
- 내부고객(회사직원)은 서비스를 제공하는 대가로 임금을 지급받는다.
- 내부고객을 우선 만족시켜야 외부고객을 만족시킬 수 있다.
- 외부고객이 원하는 것을 제공하는 중요한 일을 담당한다.

〈표 2-5〉 참여적 관점에서의 고객 분류

고객의 분류	내용
직접고객 (1차 고객)	– 제품과 서비스를 직접 구매하는 고객
간접고객	– 최종 소비자 또는 2차 소비자
내부고객	– 기업 내부의 직원, 주주, 가족 고객
의사결정 고객	– 상품을 구입하는 데 있어 영향을 미치는 사람

의견선도 고객	– 상품의 평판, 심사 등에 참여하여 의사결정에 영향을 미치는 사람
경쟁자	– 전략이나 고객관리 등에 중요한 인식을 심어주는 고객
단골 고객	– 기업의 제품이나 서비스는 반복적, 지속적으로 애용하는 고객이지만 타인에게 추천할 정도의 충성도를 가지고 있지 않은 고객
옹호 고객	– 단골고객이며, 타인에게 추천할 정도의 충성도를 가지고 있는 고객
한계 고객	– 기업의 이익실현에 방해가 되며, 마케팅활동 등 여러 요소에 방해 작용을 하는 고객
체리피커 고객	– 잠시 사용할 목적으로 구매한 후 반품하는 등의 행동을 하는 등 자신의 실속만 차리고 기업에 피해를 주는 고객

자료: 기존 연구를 활용한 저자 재구성

〈표 2-6〉그레고리 스톤(Gregory Stone)의 고객 분류

고객의 분류	내용
절약형 고객 (경제적 고객)	– 고객가치를 극대화하려는 고객 – 고객이 투자한 시간, 노력, 돈에 대하여 최대한의 효용을 얻으려는 고객 – 가정으로 실시간 배달해주는 마트의 시스템을 선호함
윤리적 고객	– 고객의 구매의사 결정에 있어서 기업의 윤리성이 가장 큰 비중을 차지하는 고객 – 사회적으로 신뢰할 수 있는 기업의 단골이 되는 것을 선호함
개별화 추구 고객 (개인적 고객)	– 개인 대 개인의 교류를 선호하는 고객 – 서비스 경험으로부터 인사나 대화 같은 대인관계의 만족을 원하는 고객 – 고객에게 친밀하게 인사하는 태도를 보이는 종업원의 서비스에 만족함
편의성 추구 고객 (편의적 고객)	– 자신이 사용한 시간, 노력, 금전으로부터 획득할 수 있는 가치를 극대화하려는 고객 – 서비스 이용에 있어 자신의 편의성을 가장 우선으로 생각하는 고객

자료: 기존 연구를 활용한 저자 재구성

2) 목표 고객 및 목표 시장 선정

어떤 고객과 고객집단, 세분시장에 조직의 제품과 서비스를 제공할 것인가를 결정하는 문제는 시장과 고객에 대한 지식을 필요로 한다. 목표시장을 선정하기 위해서 조직은 고객, 고객집단, 세분시장을 정의한 후 각 시장별 접근전략을 설정한다. 그 후에 각 시장의 특징을 분석하고 조직의 전략적 목표달성을 위해서 어느 시장을 공략 목표로 삼을지를 결정하여 목표시장을 선정한다.

[그림 2-2]와 같이 목표시장 선정 후 목표시장의 특징별로 대응전략을 수립하여 사용될 제품과 서비스의 핵심기술을 선정한다. 이후에 목표시장에서의 매출목표와 시장점유율 목표를 설정하는 것으로 절차를 마무리한다.

상황분석	당사의 M/S 파악 및 매출 증대 시장 요소 분석
시장세분화	성능과 용도를 Factor로 사용하여 수 개의 시장과 세분화
시장별 접근 전략 설정	세분화된 시장과 주요 항목들에 대해 분석한 후, 시장 영역별로 접근 전략을 설정함
각 영역별 특징 분석	각 영역별로 설문조사 및 인터뷰를 통하여 구매우선순위, 요구기능에 대한 고객 요구사항을 분석하여 선전업체와의 Gap을 도출
Target 시장 선정	시장 매력도와 당사 강점을 기준으로 표적 시장을 선정
Target 시장 대응전략 수립	선정된 표적 시장의 특징에 따라 제품 품질 및 가격적인 측면에서 고객지향 제품을 신규 개발하여 대응하는 전략을 수립
IPA분석	Target 시장에 대한 IPA(Importance Performance Analysis) 분석을 통해 Sales Point 및 Weak Point를 도출
핵심기술 도출	선진사 제품 분석을 통하여 확보해야 할 핵심 기술을 도출
Elimination 분석	도출된 물량에 대하여 품질 배제 항목을 도출하고 이에 대한 대책을 수립하여 Feature 설계 시 이를 적용·검증함으로써 제품 신뢰성을 확보
Target 시장 목표설정	Target 시장에 대한 중점개선항목과 유지 강화 항목을 선정하여 선진사와의 Gap을 반영하여 당사의 목표를 설정

[그림 2-2] 목표고객 및 목표시장 선정절차(사진=경영품질의 이해, 2016)

[그림 2-2]의 프로세스의 강점은 선정절차의 체계성으로 볼 수 있으며 개선점은 Target 시장 선정 시 세분시장에서의 선진사의 시장점유율 파악이 필요하다는 점이다.

제 2 절 고객심리의 이해

1. 고객의 기본 심리

고객의 기본 심리는 환영기대 심리, 우월심리, 독점심리, 모방심리, 보상심리, 자기본위적 심리, 존중기대 심리 등으로 나눌 수 있다.

〈표 2-7〉 고객의 기본 심리

고객의 기본 심리	내용
환영기대 심리	– 고객은 언제나 환영받기를 원하며 항상 밝은 미소로 환영하고 맞이해야 한다.
독점심리	– 고객은 모든 서비스에 대하여 독점하고 싶은 심리가 있다. – 고객의 독점심리를 만족시키다 보면 다른 고객의 불만을 야기할 수 있으므로 모든 고객에게 공정하게 서비스해야 한다.
우월심리	– 고객은 서비스 직원보다 우월하다는 심리가 있다. – 서비스 종사자는 고객이 가진 우월심리를 잘 이해해야 한다. 고객은 늘 자신이 서비스 직원보다 우월하다는 심리를 가지고 있으므로 직업의식을 가지고 고객의 자존심을 인정하고 자신을 낮추는 겸손한 자세가 필요하다
모방심리	– 고객은 다른 고객을 닮고 싶은 심리가 있다.
보상심리	– 고객은 비용을 들인 만큼 서비스를 기대한다. – 다른 고객과 비교해 손해를 보고 싶지 않은 심리가 있다.
자기본위적 심리	– 고객은 각자 자신의 가치 기준을 가지고 항상 자기 위주로 모든 상황을 판단하는 심리가 있기 때문에 타인을 배려하는 심리는 상대적으로 약하다.
존중기대 심리	– 고객은 자신을 중요한 사람으로 인식되고 기억해주기를 바란다.

자료: 기존 연구를 활용한 저자 재구성

2. 고객 요구 변화의 특징

고객 요구 변화의 특징은 아래와 같다.

- 의식의 존중화 : 자신에 대한 존중과 인정에 대한 욕구가 많아지면서 요즘 고객들은 누구나 자신을 최고로 우대해 주기를 바란다.
- 의식의 고급화 : 삶의 질적 향상과 양적으로 풍부해진 생활환경이 서비스 의식의 고급화를 지향하게 되었고, 소비자 선택의 폭이 확산됨에 따라 고객들

은 점점 인적서비스의 질을 중요하게 생각하고 자신의 가치에 합당한 서비스를 요구한다.

- 의식의 복잡화(다양화) : 고객의 유형이 다양하고 복잡해짐에 따라 그들의 요구도 다양하고 복잡해지고 있다.
- 의식의 개인화 : 고객은 본인만이 특별한 고객으로 인정받고 대우받으며 자신만이 특별한 고객이라고 생각하는 경향이 많아졌다.
- 의식의 대등화 : 경제성장 및 물자의 풍족으로 고객과 서비스 종사자 간의 서로에 대한 존경, 신뢰가 떨어지면서 서로 대등한 관계를 형성하려는 상황에서 많은 갈등이 발생하고 있다.

고객의 다양한 니즈를 서비스 현장에서 구체적으로 이해하고 적용할 수 있도록 세분화하면 아래와 같다.

- 잠재니즈 : 인간의 기본적인 욕구에서 해석되는 니즈이다.
  무의식적으로는 있었으면 좋겠다는 느낌이 있지만 반드시 필요하다는 인식을 못하거나 어떤 장애 요소로 인해 욕구가 발전하지 못한 상태이다.
- 보유니즈 : 어떤 자극이나 정보에 의해 잠재니즈가 조금 구체화되어 표현된 상태이다. 구체적으로 니즈가 강화되지는 않았지만 약간의 구매의욕과 필요성을 보유한다. 니즈 개발의 유무에 따라 현재니즈로 성장 혹은 잠재니즈로 후퇴할 수 있다(예. 고객이 구매 견적을 요청한 상태는 현재니즈 경우에 따라 보유니즈일 수도 있음).
- 핵심니즈 : 고객 개인의 특수한 상황으로 인해 특별히 집중되어 있는 특수한 니즈이다. 개별 고객의 특수한 상황을 해결하고자 하는 개별적인 니즈이며 유연하고 다양한 니즈라 볼 수 있다.
- 현재니즈 : 필요성을 인지하고 구체적인 결정의 과정에서 나타나며 니즈를 구체적으로 실현하고자 하는 실행의 단계에 있는 니즈이다.
- 가치니즈 : 고객의 만족이 극대화된 단계에서의 니즈이다.
  서비스 제공자와 고객이 함께 과정과 결과에 만족을 느끼는 가장 이상적인 고객니즈 단계이다.

다음은 고객의 서로 다른 니즈별 적절한 서비스 제공자의 역할에 대한 설명이다.

- 잠재니즈 상태에서 서비스 제공자는 고객이 미처 인지하지 못하고 있는 고객의 욕구를 이해할 수 있도록 도와주어야 한다.
- 보유니즈 상태에서 서비스 제공자는 고객이 표현하는 니즈를 강화시키거나 잠재적인 장애 요소 및 염려 사항을 주도적으로 해소시켜주어 현재니즈로 강화할 수 있도록 해야 한다.
- 핵심니즈 상태에서 서비스 제공자는 고객의 상황과 서비스의 접점을 찾아 고객에게 가장 적합한 해결책을 제시해 줄 수 있어야 한다.
- 현재니즈 상태에서 서비스 제공자는 고객의 의사결정과 실행에 적극적으로 도움을 주어야 한다.
- 가치니즈 상태를 위해 서비스 제공자는 서비스 제공에 따른 특정한 결과 뿐만 아니라 과정상의 고객만족을 극대화하려는 목표와 최선의 노력이 필요하다.

☞ 고객의 생각을 바꾸기 위한 방법

- 고객을 만족시킬 수 있는 창조적 대안을 제시한다.
- 고객의 결정 기준을 파악하고, 그에 잠재된 니즈를 이끌어낸다.
- 고객의 중요한 기준을 충족할 때 발생하는 제한이나 불이익을 설명한다.
- 고객이 중요하다고 말하는 기준은 바꾸기 어려우므로 이를 충족시키기 어려울 때 고객에게 그것이 중요하지 않다고 설득하려는 실수를 범해서는 안 된다. 그러한 시도는 대부분 실패로 끝나며 오히려 기준을 더욱 강화하는 결과를 초래한다.
- 고객이 중요하게 생각하는 기준의 중요성을 부각시켜 가격보다 핵심적인 기준으로 만든다.

3. 고객의 욕구와 동기부여

1) 매슬로우(Maslow)의 욕구 5단계 이론

매슬로우는 인간의 동기가 작용하는 양상을 설명하기 위해 욕구를 5단계로 구분했다. 1단계 생리적 욕구, 2단계 안전의 욕구, 3단계 사회적 욕구, 4단계 존경의 욕구, 5단계 자아실현의 욕구로 설명하고 있는데 이때 하위 욕구가 충족되어야만 상위 욕구가 나타나게 된다. 이 이론은 고객 심리를 이해하는 것뿐만 아니라 인간의 기본 심리를 이해하는 데 매우 중요하기에 서비스 제공 직원이라면 누구나 알아야 될 기본적인 지식이다.

[그림 2-3] 매슬로우(Maslow)의 욕구 5단계 이론(Maslow's hierarchy of needs)

- 1단계 : 생리적 욕구(Physiological Needs) : 의식주 등 생존을 위한 기본 욕구이다.
- 2단계 : 안전의 욕구(Safety Needs) : 위험으로부터 신체적, 감정적으로 안전하고자 하는 자기보존에 대한 욕구이다. 최근에는 경제적인 욕구라고도 한다.
- 3단계 : 사회적(애정적) 욕구(Belongingness and Love Need) : 사회적 존재로서 친화적이고 소속감과 애정을 느낄 수 있는 욕구이다.
- 4단계 : 존경(자기존중)의 욕구(Esteem Needs) : 내적으로 자아존중감, 자율, 성취하고자 하는 욕구와 외부적으로 존경, 인정을 받고자 하는 욕구이다.

• 5단계 : 자아실현의 욕구(Self-Actualization Needds) : 자신의 재능과 잠재력을 극대화하여 자아를 완성하고자 하는 욕구이다. 성장욕구, 자기완성욕구 등이 포함된다.

TIP

• 서비스 경영의 욕구 5단계 이론적 접근 : 고객이 가지는 기본 욕구단계에 맞게 서비스를 잘 제공하고 있는지를 점검하면서 서비스를 제공한다면 매슬로우의 5단계 욕구를 활용하여 고객만족을 위한 심리적 접근이 가능하다.
• 매슬로우의 욕구 5단계 중에서 1단계에 해당하는 생리적 욕구에 해당하는 말은 자칫 고객의 기분을 상하게 할 수 있으므로 잘 사용하지 않는다.

2) ERG 이론(Existence-Relatedness-Growth; ERG Theory; 생존-관계-성장 이론, 존재-관계-성장 이론)

ERG 이론은 클레이튼 알더퍼(Clayton P. Alderfer)가 매슬로우의 욕구단계 이론이 직면한 문제점들을 극복하고자 실증적인 연구에 기반하여 제시한 수정이론으로 인간행동의 동기가 되는 욕구를 존재(Existence)욕구, 관계(Relatedness)욕구, 성장(Growth)욕구로 구분한 동기부여 이론이다.

〈표 2-8〉 매슬로우의 욕구 5단계와 ERG 이론의 비교

매슬로우의 욕구 5단계	ERG 이론
1단계: 생리적 욕구	존재 욕구(E) – 인간이 기본적인 생존을 유지하기 위해 필요한 욕구
2단계 : 안전의 욕구	
3단계: 사회적 욕구	관계 욕구(R) – 사회적 존재로서 타인과 인간관계를 맺으려고 하는 욕구
4단계: 존경의 욕구	
5단계: 자아실현의 욕구	성장 욕구(G) – 개인적 성장을 위한 개인의 노력과 관계된 모든 욕구

자료: 기존 연구를 활용한 저자 재구성

TIP

서비스 경영의 ERG 이론적 접근 : 고객의 기본 욕구인 환영 받고자 하는 심리의 충족을 위해 접점 현장에서 존재감을 느낄 수 있도록 서비스를 제공하고 좋은 관계를 지속하며 고객과 기업이 동반 상승할 수 있도록 욕구를 잘 파악하여 서비스 제공을 시스템적으로 운영하도록 한다.

4. 고객의 구매의사 결정과정

고객 의사결정 과정의 순서는 문제 인식 → 정보 탐색 → 대안의 평가 → 구매 → 구매 후 행동의 단계로 구분한다.

1) 문제 인식

문제 인식은 고객의 현재 상태와 그 문제가 해결되었을 때의 차이를 충분히 느낄 때 발생하고 그 차이를 해결해 줄 수 있는 수단에 대한 욕구가 전환되는 시점에서 고객의 구매의사결정 과정이 시작된다.

2) 정보 탐색

구매상황과 관련하여 고객은 자신의 내부에 저장되어 있는 경험적 정보를 회상하고 검토하는 과정인 내부정보탐색을 시작한다. 인간은 자신의 경험을 통한 정보를 가장 신뢰하는 경향이 있기 때문이다.

내부탐색만으로 문제가 해결되면 더 이상의 탐색은 일어나지 않으나, 내부탐색으로 문제가 해결되지 않을 때 외부출처로부터 정보를 찾는 외부탐색이 일어난다.

3) 대안의 평가

고객의 구매행동 과정 중 대안평가는 수집한 정보를 바탕으로 고객이 가지고 있는 지식이나 믿음, 상황과 조건, 선호도 등의 기준으로 평가한다.

대안평가 및 고객의 상품 선택과 관련된 효과(상품 선택에 관여하는 방법)는 아래와 같다.

- 후광효과(hallo effect) : 상품 평가 시 일부 속성에 의해 형성된 전반적 평가가 그 속성과는 직접적 관련이 없는 다른 속성의 평가에 영향을 미친다는 효과이다.

- 빈발효과 : 첫인상이 좋지 않게 형성되었다고 할지라도 반복해서 제시되는 행동이나 태도가 첫인상과는 달리 진지하고 솔직하면 점차 좋은 인상으로 바뀌는 현상이다.
- 유인효과 : 고객이 기존안을 우월하게 평가하도록 상대적으로 열등한 대안을 내놓아 기존안을 상대적으로 돋보이게 하는 방법이다.
- 프레밍효과 : 대안들의 준거점에 따라 평가가 달라지는 효과이다.
- 유사성효과 : 새로운 상품 대안이 나타난 경우 그와 유사한 성격의 기존 상품을 잠식할 확률이 다른 경쟁 상품에 의해 잠식될 확률보다 높은 현상이다.

4) 구매

구매 단계에서는 평가된 상품 중에서 가장 선호하는 상품을 구매하고자 하는 구매의도가 형성된다. 구매시기가 지체된다면 고객이 변심하거나 주변의 상황에 따라 구매의도가 변하는 경우가 있다.

〈표 2-9〉 고객의 구매 행동에 영향을 끼치는 요인

구매행동의 영향요인	내용
사회적 환경	– 직접적으로 주변인이나 서비스 종사자에게 질문하여 구매행동에 영향을 미치거나 간접적으로 타인의 관찰에 의해 영향을 미침
물리적 환경	– 상표, 점포의 실내 디자인, 제품, 조명, 소음 등의 환경적 요인
커뮤니케이션 상황	– 고객 주변의 구전이나 광고, 점포 내 디스플레이등 제품 정보가 노출되었을 때의 상황
소비 상황	– 고객이 제품을 사용하는 과정상 발생 가능한 상황
구매 상황	– 제품 구매 가능성, 가격 변화, 경쟁 상품의 판매 촉진 등 제품을 구매하게되는 시점의 상황

자료: 기존 연구를 활용한 저자 재구성

〈표 2-10〉 고객의 구매행동 유형

고객의 구매행동 유형	내용
고객의 고관여 구매행동	- 부조화 감소 구매행동이 나타난다. - 고관여 고객이 구매한 상표에 만족하면 그 상표에 충성도가 생겨 반복적인 구매행동을 하게 되는 경우이다.
고관여 소비자 의사결정과정	- 태도 변화가 어렵고 드물다. - 불일치하는 정보에 저항한다. - 능동적으로 제품 및 상표정보를 탐색한다. - 설득을 위하여 메시지의 수보다 내용이 더욱 중요하다
고객의 저관여 구매행동	- 일상적으로 빈번하게 구매하는 제품인 경우에 해당한다. - 수동적으로 획득한 지식으로 형성된 상표신념에 따라 구매한다. - 구매제품군의 상표 간 차이가 미미할 경우 습관적으로 구매한다. - 제품의 개별 상표 간 차이가 뚜렷할 경우 다양성 추구 구매 행동이 나타난다.
저관여 소비자 의사결정과정	- 구매 후 부조화 현상이 적다.

자료: 기존 연구를 활용한 저자 재구성

5) 구매 후 행동

구매 후 소비자 행동과정은 구매 후 부조화, 만족과 불만족의 형성, 재구매 혹은 불평행동으로 나눌 수 있다.

구매 후 부조화는 고객은 구매를 하고 나면 자신이 결정한 구매에 대하여 옳은 결정을 하였는가에 대한 심리적 갈등을 느끼게 된다. 이에 영향을 주는 요인으로는 구매에 대한 고관여, 선택하지 않은 대안이 선호될 때, 고객의 경향성, 두 개 이상의 대안의 선호도가 유사하게 평가되었을 때 등이다.

만족과 불만족의 형성은 고객이 지각한 제품의 성과와 고객의 기대 차이에 따라 만족이나 불만족의 형태로 나타난다. 기업은 서비스실패에 대해 고객이 기대하는 것 이상의 노력을 보여줄 때만 고객을 만족시킬 수 있다.

재구매 혹은 불평행동으로는 원인을 찾아 인과추론을 한 후 재구매 혹은 불평행동을 하게 된다.

5. 고객의 성격유형

1) TA 교류분석(Transactional Analysis; TA)

고객의 유형을 구분할 수 있는 도구로 TA 교류분석을 사용하는데 TA 교류분석은 1957년 미국의 정신과 의사인 에릭 번(Eric Berne)에 의해 창안된 것으로 인간의 교류나 행동에 관한 이론체계이자 동시에 효율적인 인간변화를 추구하는 분석이다.

TA의 기본이 사람은 누구나 자신의 마음속에 "3개의 나"를 갖고 있다는 것이며 그것을 자아상태(Ego State)라고 부른다.

- 부모(어버이) 자아상태(Parent ; P) : 이상을 추구하는 나
- 어른 자아상태(Adult ; A) : 생각하는 나(이성적인 자아상태)
- 어린이 자아상태(Child ; C) : 느끼는 나(감정적인 자아상태)

☞ 서비스경영에서의 TA

- 서비스 종사자는 감정노동자라고 불리며 감정 조절의 필요성이 강조되고 있으므로, TA 교류분석의 기초 지식인 자신의 감정을 이해하고 조율함으로써 타인의 감성을 이해하고 공감하는 능력을 기르는 기초지식으로 활용한다.
- 서비스 접점에서 발생할 수 있는 여러 감정들에 대한 이해를 높일 수 있으며 고객감동을 위해 감성 지능을 활용할 수 있는 도구로 활용할 수 있다.

2) MBTI

MBTI(Myers-Briggs Type Indicator)는 스위스의 정신분석학자인 칼 융(C.G.Jung)의 심리유형론을 근거로 하여 브릭스(Katharine Cook Briggs)와 마이어스(Isabel Briggs Myers)가 고안한 자기보고식 성격유형 검사 도구이다. MBTI는 네 가지 분류 기준에 따른 결과에 의해 수검자를 16가지 심리 유형 중에 하나로 분류한다.

서비스에서의 MBTI적 접근의 목적은 고객의 성격 유형이 소비행동에 직접적인

영향을 미칠 것으로 보고 성격 유형별 구매행동의 특성을 밝히는 것이다. 고객의 특성을 이해하고 서비스 종사자로서의 자기 자신도 이해하여 인간관계와 업무 방식 등의 여러 갈등 요소를 이해하기 위한 것으로 활용되고 있다.

〈표 2-11〉 MBTI의 4가지 선호 경향

선호지표	특징
외향형 (Extraversion)	– 폭넓은 대인관계를 유지하며 사교적이고 정열적이며 활동적이므로, 조용하고 신중히 글로 표현하기 보다는 말로 표현하는 것을 선호한다.
내향형 (Introversion)	– 깊이 있는 대인관계를 유지하며, 조용하고 신중하며 이해한 후에 경험한다.
감각형 (Sensing)	– 오감에 의존하여 실제의 경험을 중시하며 지금, 현재에 초점을 맞추고 정확하고 철저하게 일처리 한다.
직관형 (Intuition)	– 육감 내지 영감에 의존하며 미래지향적이고 가능성과 의미를 추구하며 신속, 비약적으로 일처리를 한다.
사고형 (Thinking)	– 진실과 사실에 주된 관심을 두고 논리적이고 분석적이며 객관적으로 판단한다.
감정형 (Feeling)	– 사람과 관계에 주된 관심을 두고 상황적이며 정상참작한 설명을 한다.
판단형 (Judging)	– 분명한 목적과 방향이 있으며 기한을 엄수하고 철저히 사전계획하고 체계적이다.
인식형 (Perceiving)	– 목적과 방향은 변화 가능하고 상황에 따라 일정이 달라지며 자율적이고 융통성이 있다.

자료: 한국 MBTI 연구소

제3절 열성고객

열성고객(Engaged customer)은 브랜드 및 제품과 서비스에 지속적으로 투자하거나 헌신하는 고객을 의미한다. 고객이 지속적으로 조직의 제품을 구매하거나 사용하려는 의지를 가지면 충성고객(Loyal Customer)이 된다. 충성고객과는 달리 열성고객은 고객의 니즈를 만족시키고 관계를 구축하는 지속적인 능력이 있어야 한다.

열성고객은 충성고객보다 기업의 브랜드, 제품 및 서비스에 더 강한 애정을 가지고 있으며 충성고객보다 더 헌신적이다. 열성고객은 충성고객이 가지고 있는 재구매 성향뿐만 아니라 브랜드와 제품 및 서비스에 애정도가 더 높으며 적극적으로 주변에 권유하고 홍보하며 옹호하는 고객이다. 그러므로 열성고객은 기업과 지속적으로 비즈니스를 하려고 한다.

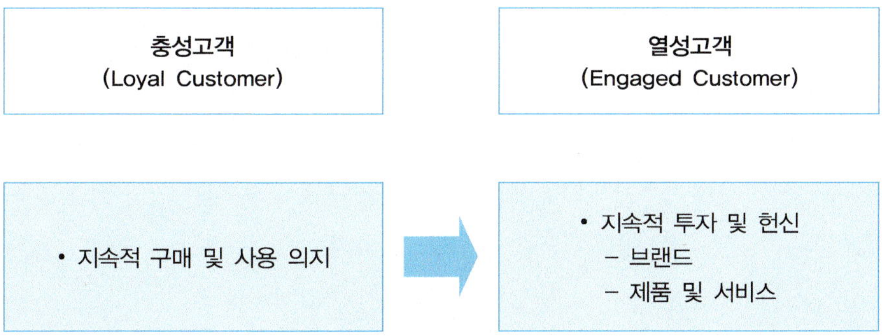

[그림 2-4] 충성고객과 열성고객의 정의

일반고객을 열성고객으로 만드는 첫 단계로 조직은 제품이나 브랜드에 고객이 가지고 있는 요구조건을 만족시키는 것으로 출발한다. 이러한 요구조건의 만족은 열성고객을 만들기 위한 최소한의 조건이다. 이 단계가 지나면 기업은 고객이 가지고 있는 기대수준을 초과하여 고객의 니즈를 만족시켜야 한다. 이 단계에서 고객으로부터 얻은 정보(예. VOC, 고객만족과 불만족, 정보, 고객 클레임 정보 등)를 제품과 서비스 혁신과 고객만족을 위해 효과적으로 사용해야 한다. 그럼으로써 기업은 열성고객을 창출할 수 있다. 또한 기업은 고객중심의 문화를 구축하여 모든 비즈니스 프로세스가 고객을 중심으로 재편되어야 하고 모든 의사결정이 고객 중심적으로 이루어져야 하며 고객과의 적극적인 관계 구축이 필요하다.

최근 발달한 SNS는 열성고객과 결합될 때 새로운 고객 창출 가능성을 높일 것으로 보인다. 열성고객은 자신의 경험을 주변에 전파하는 경향이 강한 사람이다. 만약 이들이 SNS를 활용한다면 더 많은 사람들에게 자신들이 열광하는 제품을 적극 추천하게 될 것이다. 그러므로 열성고객을 많이 가지고 있는 기업일수록 SNS시대에 더 많은 고객을 창출할 수 있는 가능성이 이전보다 매우 높다고 할 수 있다(서창적, 2016).

☞ 열성고객 사례

- **노드스트롬 백화점(Nordstrom Department Store)**

노드스트롬 백화점의 대다수 고객은 노드스트롬을 적극적으로 홍보하고 모든 쇼핑을 노드스트롬에서 해결하려는 열성고객이다. 노드스트롬이 열성고객을 확보할 수 있었던 이유는 소비자 각각의 니즈에 맞춘 상품의 제공한다는 점과 모든 상품의 무조건적인 환불이 가능하다는 점이다. 노드스트롬 직원들은 소비자를 위해 자사에 없는 상품은 다른 백화점을 알아본 소비자에게 이를 추천함으로써 소비자가 백화점에 계속 방문하도록 유도한다. 물건의 유 · 무에 관계없이 노드스트롬에 가면 연결해주기 때문이다.

- **자포스(Zappos)**

하버드 비즈니스 리뷰(Harvard Business Review)는 자포스를 '고객을 위해 극단까지 간(going extremes for customers) 회사'라고 표현했다. 고객이 원하는 제품의 재고가 없을 경우 경쟁업체를 친절하게 안내해 주거나 '구매일로부터 30일'이던 무료 반품 기한을 고객 요구에 따라 365일로 늘린 전략이 그런 예이다. 하지만 자포스라는 이름을 대중에 확실히 알리고 열성고객을 만든 것은 크고 작은 서비스 전설들이다.

예를 들어 늦은 밤 피자를 먹고 싶었던 사람들이 혹시나 하는 마음에 자포스 콜센터에 전화를 해 도움을 요청하자 상담원이 근처에 문을 연 피자 가게 5곳의 전화번호를 찾아 알려줬다는 이야기, 여성 샌들의 경우 온라인 구매 시 착용감과 반품의 어려움을 극복하고자 반품기한을 1년으로 변경하여 1켤레 구매하던 소비자들이 3~4켤레를 구매하게 되어 판매율이 급성장하게 되었다.

제 4 절 고객지원

1. 고객지원

고객지원의 목적은 고객이 제품과 서비스를 더욱 쉽게 소비하고 더 많은 만족을 느끼며 지속적인 비즈니스를 하도록 하기 위함이다. 고객지원은 많은 형태로 행해질 수 있는데 크게 비포 서비스(before service), 진행 중 서비스, 애프터 서비스(after service)로 나눌 수 있다.

비포 서비스(before service)는 구매 전에 고객에게 제품과 서비스에 대해 더 많은 정보를 제공해주는 서비스의 형태이다. 신문이나 잡지에서 이루어지고 있는 광고 및 홍보는 기존의 고객에게 정보를 제공하는 수단으로 활용되고 있으며 최근에는 대부분 웹에서 원하는 정보를 얻도록 하는 형태의 고객지원 서비스가 보편화되고 있는 추세이다. 고객은 이러한 서비스를 통해 구매 후기, 타사와의 비교 등의 정보를 얻을 수 있다.

진행 중 서비스는 고객이 이야기하기 전에 알아서 해주어야 하는 서비스 형태이며 이는 고객감동으로 이어질 수 있다. 예를 들어 리츠칼튼 호텔에서는 정보공유시스템을 통하여 고객이 전 세계 어느 리츠칼튼 이용하더라도 커스터마이징(customizing)된 서비스를 제공 받을 수 있다.

애프터 서비스(after service)도 매우 중요하다. 서비스 산업에서 서비스의 많은 경우가 생산과 소비가 동시에 전달되어 소비되므로 애프터 서비스의 중요성이 간과되는 경우가 많으나 모든 서비스는 서비스 패키지의 한 부분으로 고객에게 제공되는 상품은 모두 애프터 서비스의 대상이 된다. 그러므로 상품에 대한 성격을 검토하여 애프터 서비스 시스템을 정교하게 설계하여 구축하여야 한다.

2. 고객문화 구축

1) 고객중시 문화

조직의 문화가 고객의 편익을 중심으로 생각하고 이를 극대화시키기 위한 노력을 할 때, 이러한 문화를 고객중시 문화라고 한다. 고객중시 문화는 단기간에 형성되는 것이 아니다.

기업의 문화는 기업의 성과를 달성하는 방법과 조직구성원의 태도에 큰 영향을 미친다. 기업 문화는 창업자의 철학 · 이념 · 비전, 기업의 전략적 목표, 고객관련 시스템 등 어느 한 요소가 아닌 [그림 2-5]와 같이 여러 요소를 통해 생성된다.

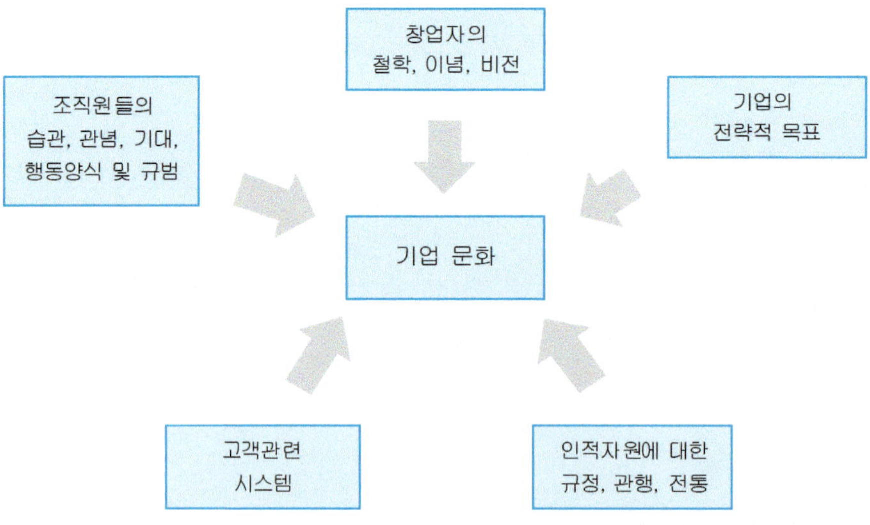

[그림 2-5] 기업 문화(서창적, 2018)

고객중시 문화를 형성하기 위해서는 기업의 비전과 미션에서 고객이 어떤 위치를 차지하고 있는가를 명확하게 하는 것을 최우선으로 고려해야 한다. 고객이 기업의 비전과 미션에 적절하게 언급되지 않는 기업은 고객중시 문화를 구축하기가 어렵다. 이는 기업의 비전과 미션이 그 기업이 나아갈 바를 밝혀주고 있기 때문이다.

고객중시 문화를 구축하기 위해서는 최고경영자의 리더십 아래 체계적으로 고객중심의 시스템을 만들고 전 조직구성원들이 많은 시간을 투자하여 이를 활용하며 끊임없이 개선해야 한다. 고객중시 문화가 성립되어야 고객중심의 운영시스템이 가능하지만 반대로 고객중심의 운영시스템이 고객중시 문화에 영향을 준다. 그러므로 고객중심의 운영시스템의 지속적인 개선은 고객중시 문화를 강화시키는데 큰 역할을 한다.

고객중시 문화의 예로는 고객에게 꿈같은 경험을 주는 비즈니스를 펼치고 있는 월트 디즈니를 들 수 있다. 디즈니랜드나 디즈니월드에서는 조직원에게 쇼 비즈니스 용어를 사용하여 운영하고 있다. 예를 들어, 테마파크 현장에서 일하는 모든 조직원은 출연자(Cast Member)라고 불리고 있으며 이들은 고객을 위해서 쇼를 제공하는 역할을 한다. 테마파크에서 일하는 조직원 중 많은 직원이 파트 타이머이거나 대학생 인턴 직원 혹은 계약직 직원이지만 이들은 고객을 위해서 고객서비스의 기본에서부터 디즈니랜드와 디즈니월드의 비전에 이르기까지 많은 것을 배우고 있다. 이는 월트 디즈니사가 고객만족을 위한 고객중시 문화를 가지고 있기 때문에 가능하며 고객 서비스를 위한 일관된 태도가 정규직 사원뿐만 아니라 인턴 직원과 파트 타이머 등에게도 녹아 있음을 알 수 있다.

도쿄 디즈니의 경우 하루 평균 약 10만 명의 입장객이 방문하는데 이들이 반드시 들르는 곳인 화장실 바닥을 건식으로 하여 청결함을 유지함으로써 고객에게 어느 한 곳에서라도 불쾌감을 주지 않으려 노력하고 있다.

제 5 절 고객관계관리(Customer Relationship Management; CRM)

고객관계관리는 기업이 고객을 발굴, 선정, 획득, 개발, 유지하는 모든 비즈니스 프로세스를 말한다. 이는 기업이 고객과의 유대관계를 강화하기 위해서 하는 관리 활동을 의미하며 분산되어 있는 데이터를 일관성 있게 수집 · 통합 · 가공하여 숨겨져 있는 가치를 찾아 고객관계 형성에 활용하는 과정이라 할 수 있다. 즉, CRM은 고객 상담 애플리케이션, 고객 데이터베이스, 콘택트관리시스템 등의 고객지원 시스템을 기반으로 신규고객을 획득하고 기존고객을 유지하기 위해 고객요구와 행동을 분석하여 개별고객의 특성에 맞춘 마케팅을 기획하고 실행하는 경영관리 기법이다.

필립 코틀러(Philip Kotler)에 따르면 CRM은 '고객충성도를 높이기 위해 모든 고객과의 접점을 조심스럽게 관리하는 과정'을 의미하는데 이때 고객과의 접점이란 고객이 상표나 제품에 접촉하는 기회를 말한다. 기업은 고객의 자료를 이용하여 고객접점에서 고객별로 개별화된 서비스를 제공할 수 있으며 이는 고객만족을 높이고 고객충성도를 제고할 수 있게 한다.

CRM의 특징으로는 고객중심 마케팅 전략과 순환적 프로세스를 들 수 있다. CRM을 통한 마케팅 전략이란 신규고객의 확보, 기존고객의 개발 및 우수고객 유지 전략을 전개하여 고객 수익성을 향상시키고 이를 통하여 기업의 이익 극대화라는 목적을 달성하는 것이다. 순환적 프로세스는 마케팅 조사 분석, 마케팅 관리, 세일즈 및 서비스 등으로 구분할 수 있다.

고객관계는 열성고객을 창출하고 유지하기 위한 중요한 관리대상 요인이다. 열성고객은 지속적으로 관리되어야 그 열성을 유지할 수 있다. 고객의 열성에 따라서 고객을 분류하고 이를 바탕으로 열성고객 창출을 위한 프로그램을 작성하며 실행에 옮기는 것이 고객관계를 이용한 열성고객 창출의 핵심이다. 그러나 모든 고객을 대상으로 동일한 관계전략을 펼치는 것은 불가능할 수 있으므로 기업의 CRM 전략은 모든 고객, 고객그룹, 세분시장별로 각기 다른 관계전략이 필요하다.

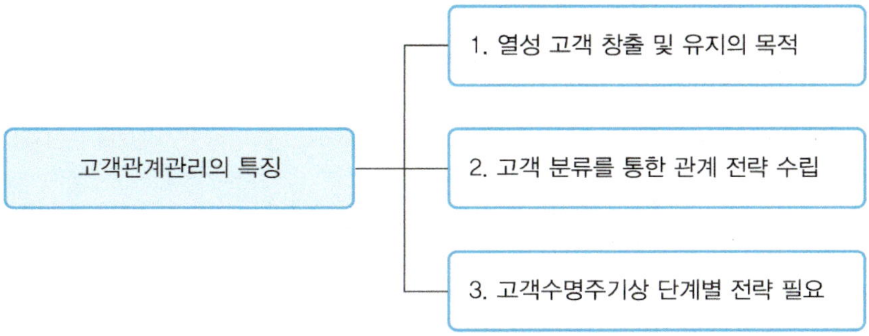

[그림 2-6] 고객관계관리의 특징(서창적, 2018)

고객관계관리의 목적은 [그림 2-6]과 같이 고객충성도 증진, 고객에게 개인화 서비스 제공, 우수고객 파악 등으로 볼 수 있으며 CRM의 활용은 고객접점(Contact Point)의 강화에 있다. 고객 한 사람은 상품 구매 상담과정부터 환불과정까지 여러 부서와의 접점에 연결되어 있다. 이러한 정보들을 통합적으로 관리하여 고객을 편안하게 해주는 것이 필요하다.

그러므로 CRM의 핵심 개념으로는 첫째, 고객가치 향상을 통한 기업 수익성의 극대화가 목적이다. 둘째, 이를 위해 가치 있는 고객을 분별하고 세분화한다. 셋째, 차별화된 서비스로 개별적인 고객과의 관계를 개선한다. 넷째, 고객관계개선은 순환적 프로세스를 통해 장기간 지속되어야 한다. 다섯째, 신규고객의 획득, 기존고객의 개발, 우수 고객 유지와 같은 순환적 프로세스를 통하여 고객을 적극적으로 관리(예. DB 마케팅)한다. 여섯째, CRM 활동은 회사 전체의 관점에서 통합된 마케팅, 세일즈 및 고객 서비스 전략을 통하여 개별 고객의 평생가치를 극대화 한다. 일곱째, 이와 같은 CRM 활동은 전사적인 차원에서 접근해야 한다.

CRM 전략 계획 절차는 아래와 같다.

- 환경 분석 : 고객과 시장 환경을 모두 고려하여 전략을 계획한다.
- 고객 분석 : 세분화된 고객 평가를 통하여 자사 고객에 대한 심층적인 분석을 시행한다.
- 전략 방향 설정 : CRM의 목적과 기대효과 및 이를 위해 필요한 활동과 활동의 주체 등을 설정한다.
- 고객 가치 설정 : 고객이 필요로 하는 서비스 상품이 무엇인지 구상한다.

- 서비스 개인화 : 고객의 인적, 심리적 특성 등을 고려하여 개인적 특성에 적합한 서비스 상품 설계한다.
- 수단 설계 : 고객에게 해당 서비스 상품을 어떻게 제공할 것인지를 결정한다.

〈표 2-12〉 성공적인 CRM 전략

CRM 전략	내용
고객유지 전략	– 고객의 지각된 위험과 구매 후 부조화를 최소화
고객활성화 전략	– 인센티브, 쿠폰, 이벤트 등의 판촉을 통해 서비스 사용 빈도를 향상
고객충성도 제고 전략	– 고정 고객에 대한 차별적 서비스로 고객 관계를 강화
교차 판매 전략	– 특정 서비스 상품의 고객에게 자사의 다른 서비스 상품 구매를 유도 – 신제품의 판매를 위해 기존 제품의 DB를 이용
과거 고객 재활성화 전략	– 과거의 거래 DB를 통해 거래 중단 고객의 재거래 유도
신규 고객 확보 전략	– 거래 경험이 없는 잠재고객의 서비스 상품 구매를 유도

자료: SMAT Module B, 2018

고객관계관리의 성공요인은 고객의 차별화 즉, 차별화된 서비스를 제공하는 데 있다. 기업은 고객의 자료를 이용해서 고객접점에서 고객별로 개별화된 서비스를 제공할 수 있으며 이는 고객만족을 높이고 고객충성도를 제고할 수 있다. 따라서 조직 전반의 고객중심문화의 확립, 우량고객에 대한 명확한 기준 설정, 고객에 대한 공정한 차별 대우, 관련 사업부서 간 협력체계 확립, 성과평가의 합리적인 반영 등이라 할 수 있다.

고객관계관리 활용에 대한 기대 효과는 첫째, 고객 충성도를 유지함으로써 우수고객을 유치하고 이탈 고객을 줄일 수 있다. 둘째, 틈새시장(niche market)을 개척함으로써 가망고객을 탐색하고 잠재 고객을 활성화시킬 수 있다. 셋째, 자료 분석을 통해 향상된 영업망을 형성함으로써 판매액 증가 가능성을 높일 수 있다. 넷째, 품질 개선과 고객 만족 증대를 동시에 달성할 수 있으며 재구매 가능성을 높일 수 있다. 다섯째, 교차판매의 가능성은 높아지고 고객가치도 쉽게 파악할 수 있어 판촉효율을 증가시킬 수 있다.

CRM 실행의 일반적인 실패 원인으로는 첫째, CRM을 기술에 기반한 것이라고 보는 것이다. 둘째, 고객 중심 사고의 부족이다. 셋째, 고객 생애 가치에 대한 이해가 충분하지 않다. 넷째, 최고경영층의 적절하지 못한 지원이다. 다섯째, 협업의 부족이다. 여섯째, 비즈니스 과정을 재설계하는 것에 대한 실패이다. 일곱째, 데이터 통합의 과소평가 등으로 볼 수 있다.

이렇듯 고객관계관리는 단순히 제품을 팔기보다는 '고객과 어떤 관계를 형성해 나갈 것인가?' 혹은 '고객들이 어떤 것을 원하는가?' 등에 주안점을 둔 방법론이라 볼 수 있다.

CRM을 기업에 성공적으로 도입하기 위한 전략은 아래와 같다.

- 소매유통점을 통한 간접판매가 많은 부분을 차지하는 제조기업에 비해 고객 정보를 직접적으로 수집할 수 있는 서비스기업은 CRM을 도입하는 데 용이한 편이다.
- CRM 활동은 정보기술을 담당하는 조직과 마케팅을 담당하는 관련 부서에서만 관심을 가져서는 안 되며 회사 전체에 대한 관심과 지원 하에 이루어져야 한다.
- CRM 전담조직 전문가에 의한 CRM 전략의 실행은 다른 조직의 구성원들로부터 무관심을 유발할 수 있으므로 기업의 모든 직원이 참여하는 회사 전체의 CRM 활동으로 확대해야 한다.
- 서비스기업이 소매 유통점과의 수직적 통합에 의한 공동의 통합 CRM 전략을 실행할 수 있는 환경이 준비되어 있다면 고객과의 장기적 관계를 발전시킬 수 있는 CRM의 실행이 용이할 것이다.
- CRM은 고객이나 자사 영업사원(유통소매점 포함)의 입장이 최우선적으로 고려되어 설계되어야 한다.

고객관계관리에서 장기적이고 지속적인 거래관계가 주는 이점을 기업의 입장과 고객의 입장에서 살펴볼 수 있다. 기업의 입장에서는 마케팅비용의 감소, 고객에 대한 이해 증가, 고객화 서비스 제공, 서비스 제공 단계의 간소화, 교차판매나 up-sale로 거래관계의 확대 등으로 볼 수 있다.

고객의 입장에서는 탐색비용의 감소, 사회적 편익, 특별대우 편익, 서비스제공자에 대한 학습비용 감소, 고객화 서비스의 수혜, 서비스요청단계의 간소화, 위험의 감소 등으로 볼 수 있다.

☞ 고객관계관리(CRM) 성공사례

- **싱가포르 창이 공항(Singapore Changi Airport)**

2013년 Skytrax World Airport Awards에서 세계 최우수 공항으로 선정된 싱가포르 창이 공항은 최고의 고객 서비스 수준을 유지하기 위해 Salesforce의 Service Cloud로 통합 CRM 시스템을 구축하였다.

고객은 공항에 있는 상점, 레스토랑, 시설관리, 수하물 처리, 청소 등의 모든 개별 서비스를 '창이 공항' 하나의 서비스로 인식하고 있다. 이에 따라 창이 공항은 CRM 시스템을 도입하여 웹사이트, 이메일, 콜센터 및 공항터미널에 있는 피드백 시스템과 여러 채널에서 수집된 피드백을 하나의 플랫폼으로 통합하여 실시간으로 고객에게 최고의 서비스를 제공하였다. 하나로 수집된 정보는 공항 파트너 및 입점 상점과 공유되어 각자의 운영과 관련된 성과 및 피드백을 모니터링할 수 있고 창이 공항은 파트너와 입점 상점이 서비스 수준 규정을 준수할 수 있도록 도왔다. 또한 모든 파트너와 고객서비스 담당자에게 소통협업 플랫폼을 제공하여 축적된 경험과 지식을 활용하여 어떤 상황에서도 효과적으로 협업할 수 있게 하였다.

- **쉐라톤 워커힐 호텔(Sheraton Walkerhill Hotel)**

호텔 분야에서 고객관계관리(CRM)에 대한 중요성을 가장 먼저 깨닫고 이를 도입한 곳은 바로 쉐라톤 워커힐 호텔이다. 워커힐 호텔은 2000년 초부터 각 지점에서 별도로 관리되는 고객 정보를 통합하고, 이를 바탕으로 고객 세분화 작업을 시작하였다. 성별 · 연령 · 직업 · 거주지 등으로 고객을 분류하여 각 분야별 고객들에게 맞춤형으로 각기 다른 프로모션을 제공하는 타깃 마케팅을 진행하고 기존 회원을 대상으로 생일을 맞이한 고객에게 특별한 혜택을 제공하는 이벤트를 매달 진행하면서 반응을 분석하기도 하였다. 그 결과 이러한 이벤트가 고객들에게 우호적인 반응을 이끌어내고 있다는 사실을 깨닫게 되었다. 이렇듯 고객과의 관계를 제고해가고 있는 워커힐 호텔은 매달 우수고객을 선정하여 소정의 상품을 발송하면서 그 관계를 더욱 돈독히 다지고 있다.

• **킴벌리 클라크(Kimberly-Clark)**

보다 나은 삶을 위한 생활필수품을 공급하는 글로벌 기업 킴벌리 클라크(Kimberly Clark)는 Salesforce의 Sales Cloud, App Cloud 및 Marketing Cloud (Radian6)로 직원과 고객이 소통하고 협업이 가능한 솔루션을 구축하였다. 자사의 비즈니스가 개인관계에 의해 영향을 받는다는 것을 알고 있는 Kimberly-Clark는 직원들이 협력하고 제품을 사용하는 고객들과 긴밀한 관계를 유지하는 데 도움이 되는 새로운 소셜테크놀로지를 찾게 되었다. 이에 Salesforce 시스템을 도입하여 세계 곳곳에 흩어져 있는 직원들과 소통과 협업을 할 수 있었고 보다 쉽게 거래 진행상황 및 지원문제에 대한 정보를 공유하고 논의하여 비즈니스를 진척시킬 수 있었다. 또한 소셜 분석 도구인 래디안6(Radian6)을 사용하여 소셜 상에서 소비자들끼리의 대화를 통해 제품의 아이디어, 중대한 요인, 경쟁사의 제품만족도 등을 파악하고 분석하여 제품에 반영하기도 하였으며 다양한 소셜 채널에서 발생하는 정보를 하나의 플랫폼으로 수집하여 고객에게 신속하게 응대할 수 있었다.

• **빅히트 엔터테인먼트**

흔하지 않게 팬들과 사이가 좋은 아이돌 기획사로 유명한 방탄소년단(BTS)의 소속사 빅히트 엔터테인먼트는 고객관계관리를 통한 성공사례로 볼 수 있다.

비활동 시기에도 팬들과 적극적으로 꾸준히 소통할 수 있는 창구를 만들어서 콘텐츠를 유통하여 팬들과의 관계를 지속적으로 유지하여 팬들은 끊임없이 입덕 포인트를 받는다. 반면 휴덕이나 탈덕 포인트가 많지 않기 때문에 한번 방탄소년단의 팬덤에 들어오게 되면 '출구 없는 덕질'을 하게 된다. 팬들과의 지속적인 관계를 유지하는 비결은 사회관계형서비스(SNS) 등 온라인 공간에 먹는 음식부터 안무 연습, 신곡 홍보까지 팬들과 공유한다. 또한 '오늘의 방탄'이라고 하여 모든 스케줄을 하루도 빠짐없이 올려주고 아티스트 상황에 대한 자세한 피드백, 팬들을 위한 서비스 개선을 위한 설문조사 등을 진행하는 등 팬들과의 지속적인 소통을 하며 중소기획사 소속 아이돌이 빌보드 뮤직 어워드(Billboard Music Awards)에서 팬이 가장 많은 가수에게 주는 '톱 소셜 아티스트' 부문에서 한국 가수 최초로 2년 연속 수상이라는 기염을 토했고, 유엔 총회에서 연설을 하는 등 큰 성공을 거두고 있다.

☞ 고객을 지속적으로 유지하기 위한 방법

- 고객 서비스에 대한 원활한 정보전달
- 내부 고객에게 제공하는 서비스 향상
- 고객의 요구에 유연하게 대응할 수 있도록 종업원에게 높은 자율성 부여
- 위험감수, 새로운 아이디어 창출을 위한 기업문화 조성
- 모든 의사결정, 시스템 및 공정을 고객의 욕구와 기대에 초점

1. 고객관계 유지 전략

고객을 오래 유지하기 위한 전략은 크게 두 가지로 요약할 수 있다.

첫째, 단기 이익보다는 장기 이익에 초점을 맞춰라.

가장 높은 매출을 기록하고 있는 한국만 생각하면 눈물이 난다는 인터뷰 기사로 화제가 된 코스트코의 공동 창업주인 짐 시네갈(Jim Sinegal)은 코스트코의 마진율 15% 원칙을 고수하고 있으며 마진율이 더 높아지면 과감히 판매 가격을 낮춘다. 그의 철학은 '15% 이상 이익을 남기면 기업의 규율이 사라지고 탐욕을 추구하게 된다. 당장은 좋을지 몰라도 길게 봤을 때 고객들이 떠나고 기업은 낙오한다.'는 것이다.

둘째, 좋은 이익 극대화를 목표로 하라.

이익에는 좋은 이익도 있지만 직원이나 회사에 치명적인 해가 되는 나쁜 이익도 있는데 이는 고객과의 관계를 해치면서 얻은 이익이다. 이런 이익의 비중이 높은 회사는 성장하기 어렵다. 서비스 접점의 직원이나 해당 기업으로부터 부당한 대우를 받았다고 느낀 고객은 관계를 끊고 다른 경쟁사로 옮겨갈 뿐만 아니라 주변

사람들, 사회관계형서비스(SNS) 등 온라인 공간에 불만을 토로하며 기업 이미지의 악영향을 끼친다. 따라서 이윤 극대화가 아닌 좋은 이익 극대화가 기업의 목표가 되어야 하며 직원, 고객, 사회 등 이해관계자 모두의 행복을 추구해야 한다.

최근 착한기업으로 브랜드 이미지가 급상승하며 '갓뚜기'로 불리고 있는 식품기업 오뚜기는 10년간 라면 가격을 동결한 점과 석봉토스트가 노숙자들에게 토스트를 일부 무료로 나눠줄 때 오뚜기에서 무료로 소스를 제공했다는 사실이 10년 만에 알려지며 화제가 되었다. 이제 기업이 이윤만 추구하는 시대는 지났다. 사회적 책임과 의무, 고객을 위한 좋은 이익 극대화를 중요시할수록 기업의 가치는 더욱 상승한다. 이러한 기업은 굳이 홍보 활동을 열심히 하지 않아도 고객이 스스로 알아보기 때문이다.

한 사람이 기업의 고객으로 존재하는 기간 동안 만들어 내는 이익의 총합을 고객평생가치라고 한다. 한 번의 거래에 초점을 맞추지 않고 장기적이고 지속적인 관계에서 오는 총이익을 생각하는 것이다. 서비스 경영과 일반 경영의 차이는 여기에 있다. 서비스 경영은 이익 확보를 우선으로 하기보다는 고객만족에서 출발하여 그 결과로 이익을 확보하고 평생가치를 소중히 여기며 고객점유율을 확대하는 전략을 취한다. 고객을 만족시킨 대가로 얻는 팁을 이익으로 정의하는 것이다. 이것이 바로 좋은 이익을 극대화하는 방법이다.

2. 고객관계마케팅(Customer Relationship Marketing)

고객관계마케팅이란 고객의 데이터베이스에 근거한 고객과 신뢰를 바탕으로 지속적인 유대관계를 형성함으로써 상호이익을 극대화하여 고객만족을 달성하는 마케팅전략이다. 「1장」 관계마케팅에서는 기업 입장에서 관계마케팅을 성공적으로 수행하기 위한 방법을 살펴보았다. 과거의 기업들은 고객이라는 존재를 단지 제품을 구입하는 존재로 여겼지만 요즘에는 고객과 특별한 관계를 유지하는 것이 장기적으로 매출에 도움이 된다. 실제로 신규고객을 유치하는 비용보다 기존고객을 유지하는 비용이 훨씬 적게 드는 데 반해 그 효과는 장기적이라는 것이 여러 연구결과에서 입증되었다. 따라서 기업은 기존 고객들의 구매 행태나 라이프스타일을 면밀히 분석하여 그들이 보다 가치 있게 느끼는 맞춤형 서비스와 제품을 제공하는 고객관계마케팅을 효과적으로 활용해야 한다.

☞ 고객관계마케팅 사례

• **테스코(Tesco)**

우리나라에는 '홈플러스'로 더 잘 알려진 기업 테스코는 고객관계마케팅을 적극적으로 활용하여 효과를 본 기업이다. 테스코는 고객 정보를 기반으로 고객 세분화 작업을 진행하고, 이를 바탕으로 각각의 고객니즈에 맞는 맞춤형 쿠폰을 발송하여 지속적인 구매를 이끌어냈다. 고객 분석을 기초로 맞춤형 쿠폰북이 제작되었기 때문에 실제로 업계 평균 쿠폰북 사용 비율 대비 테스코 쿠폰북 사용 비율은 수배나 높은 수준인데, 이것은 테스코가 고객이라는 존재를 일시적인 판매의 대상으로 여기지 않고 장기적으로 우호적인 관계를 유지해야 하는 상생의 존재로 여겼기 때문에 가능하였다. 뿐만 아니라 오프라인 마트와 연계되는 온라인 쇼핑몰 사업을 준비하면서도 고객들의 구매 패턴이나 라이프스타일에 근거한 고객중심적인 서비스를 개발하여 큰 성공을 거두게 되었다.

• **교보생명**

교보생명은 회사매출의 70%가 고객의 20%에게서 창출된다는 사실을 깨닫고 20%의 우량고객들을 유지시키는 데 집중하고자 고객관계마케팅을 시작하게 되었다. 2001년 본격적으로 고객관계관리를 시작한 교보생명은 수년에 걸쳐 체계적인 고객데이터 분석시스템을 개발한 후 고객정보 분석결과를 바탕으로 우량고객들과의 유대관계 형성을 위한 전략을 단계적으로 수립하였다. 이러한 마케팅 전략은 단지 우량고객들만을 위한 서비스가 아니라 고객과의 접점에 위치하고 있는 직원들에게 고객정보를 공유하여 고객니즈를 파악하고 만족시킬 수 있도록 도와줌으로써 기존 고객들의 이탈을 방지하는 데 목표를 두고 있다고 할 수 있다.

제6절 고객의 소리(Voice Of Customer; VOC)

고객의 소리는 시장의 개선, 고객 문화의 구축, 혁신 기회의 규명을 위해 제품과 서비스 및 이의 전달 과정에 대한 고객의 의견을 청취하는 것을 의미한다. 즉, 고객이 기업에게 보내는 모든 Communication Message 의 통합체라고 할 수 있다.

고객은 기업에게 끊임없는 아이디어를 제공해주는 원천이며 기업은 그들과의 대화를 통해서 항상 그들의 욕구를 파악하고 잘못된 점을 개선해야한다. 하지만 핵심은 고객의 소리는 쉽게 들리는 경우도 있지만 그렇지 않은 경우도 많다는 점이다. 고객이 자신의 욕구를 명확히 표현할 수 없거나 제품이나 서비스에 대한 문제들을 기억할 수 없는 경우도 있으며 고객의 소리가 회사 내부로 들어오지 못하고 현장에서 묵살되는 경우도 많다. 그러므로 기업은 잘 들리지 않는 고객의 소리를 적극적으로 들으려는 노력을 기울여야하며 그들의 소중한 소리를 데이터베이스화하여 개별적이고 세심한 관리에 활용하여야 한다(이유재, 2001).

고객의 소리 관련 프로세스는 고객의 소리 청취 프로세스, 만족 및 불만족 측정 프로세스, 자료의 분석과 활용 프로세스로 분류할 수 있다.

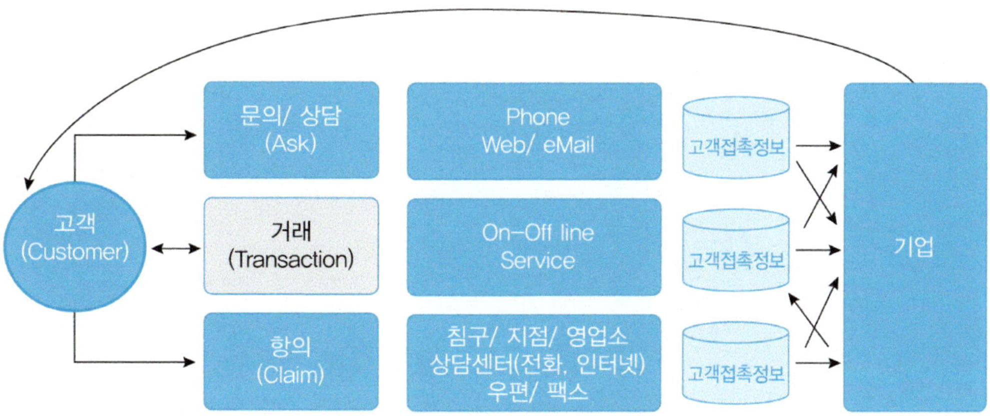

[그림 2-7] 고객의 소리

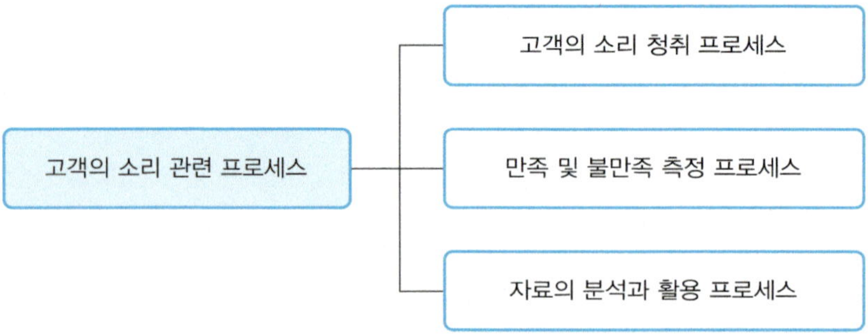

[그림 2-8] 고객의 소리 관련 프로세스

고객의 소리 프로세스는 기대되는 고객의 요구사항, 기대 및 욕구를 듣기 위한 프로세스로 주도적이며 지속적이어야 한다. 이 프로세스의 목표는 고객열성을 달성하는 것이다.

고객의 소리를 듣는 것은 고객의 구매결정에 영향을 미치는 설문조사자료, 포커스 그룹 인터뷰, 불만자료 등 여러 가지 유형의 고객자료를 수집하고 통합하는 것이다. 기업은 여러 가지 방법으로 고객의 소리를 듣는다. 주로 사용되는 방법은 핵심고객과의 포커스 그룹 인터뷰, 핵심고객과의 밀접한 통합, 잃어버린 고객과 잠재고객의 구매의사결정에 대한 인터뷰, 핵심 상품요소를 이해하기 위한 고객불만 프로세스의 활용, 경쟁사와의 상대적 승패 분석, 설문조사 결과 및 피드백 정보의 사용이다.

급변하는 환경에서는 많은 요인이 고객의 기대와 충성심, 고객과의 상호작용에 영향을 미친다. 그러므로 지속적으로 고객의 소리를 청취하고 학습하는 것이 필요하다.

고객의 소리도 고객의 상태에 따라서 듣는 방법이 달라진다. 현재 제품을 이용하는 고객이라면 고객의 소리는 전통적인 온라인과 오프라인을 통해서 VOC 청취가 이루어진다. 온라인의 경우 홈페이지와 이메일과 같은 컴퓨터 온라인 매체와 전화, 팩스 등이 활용된다. 오프라인의 경우 방문, 설문지, 인터뷰 등을 통하거나 교육이나 세미나에서 얻게 되는 고객의 소리를 수집한다. 이후 취합된 고객의 소리를 분석하여 개선점을 파악하고 기존 시스템의 개선이나 새로운 시스템 구축과 같은 방법을 통해서 이를 실행에 옮기며 고객의 소리에서 얻어진 개선점, 고객관련 정보, 영업이나 마케팅에 영향을 미칠 수 있는 요소는 모든 직원과 공유한다.

마지막 단계는 개선활동의 단계로 시정 및 예방조치를 행하고 관련 직원에 대한 평가나 문책이 필요하면 이를 행한다.

TIP 기업에서의 VOC 활용

- 정성적 자료와 정량적 자료를 모두 활용함으로써 고객이 원하는 요구사항을 정리할 수 있다.
- VOC 자료는 제품의 불만족, 고객의 언급, 고객의 이탈과 획득, 찬사, 계약취소, 반품, 시장 점유율 변화 등에서도 습득할 수 있다.
- 고객의 소리를 활용하면 기업의 비전도 정립시킬 수 있고 기업의 효과적인 운영에도 기여할 수 있다.
- VOC를 통해 얻은 자료는 빅데이터 분석을 통해 고객의 원하는 요구사항을 정리하여 전략에 반영한다.

1. VOC 추진 전략

1) 고객의 소리를 들어라(VOC 수집)

VOC 과정 중 특히 고객의 불평을 들어주는 것에 많은 신경을 써야한다. 통계에 따르면 불만이 있을 때 기업에 직접 토로하는 고객의 경우는 25~30%에 불과하며 나머지 70% 이상의 고객은 불만이 있어도 드러내지 않는다는 것이다. 문제는 침묵하는 불만고객은 다시는 돌아오지 않는 고객이 될 수 있다는 점이다. 침묵하는 불만고객의 재구매율은 9% 내외이다. 따라서 침묵하고 있는 불만고객이 불만을 털어놓도록 유도하고 권장해야 하는 것은 기업의 사명이다.

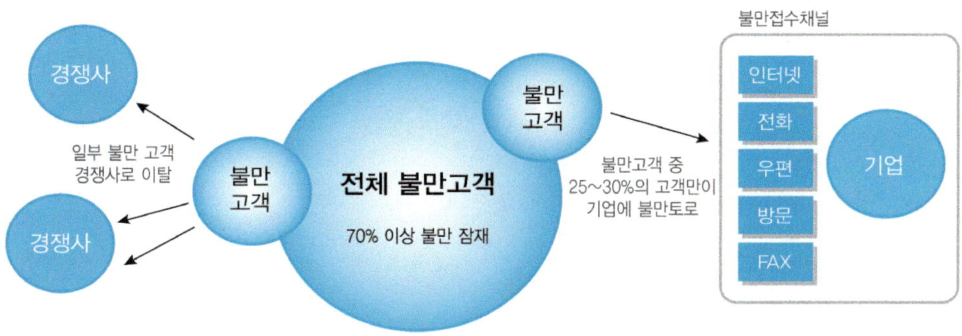

[그림 2-9] VOC 수집 프로세스

VOC를 수집하고 활용하는 목적은 제품이나 서비스에 대한 고객의 만족 여부를 파악함으로써 고객의 니즈와 기대를 분석하여 고객의 관점에서 나오는 새로운 아이디어를 제품이나 서비스 개선에 반영하고 장기적인 차원에서 기업과 고객 간의 유대 강화로 고객을 기업에 밀착시키는 것이다. VOC를 청취하기 위해서 주로 사용하는 방법은 전화 서베이, 고객패널, 우편조사, 추적 전화, 사후 거래 조사 등이 있다. 각 채널별로 들어오는 고객의 소리를 CVMS(Customer Voice Management System) Channel 시스템으로 취합하여 고객접점의 일원화 관리 및 채널별 고객관리 프로세스를 구축해야 한다.

2) 고객의 소리를 신속하게 해결하라

불만 있는 고객의 문제를 해결하였을 때의 재구매율은 무려 54%이지만, 불평을 토로했지만 문제가 해결되지 못한 경우의 재구매율은 19%로 측정되었다. 이 수치는 불만을 토로하지 않을 경우의 재구매율보다 9~10%정도 높다. 이처럼 단순 불만토로 고객의 재구매율이 높은 이유는 불만을 털어놓는 순간 불만의 일정 부분이 해소되기 때문이다. 고객의 불만을 들어주는 것 자체가 고객 서비스가 될 수 있다. 특히 해결될 수 없는 문제일수록 더 그렇다.

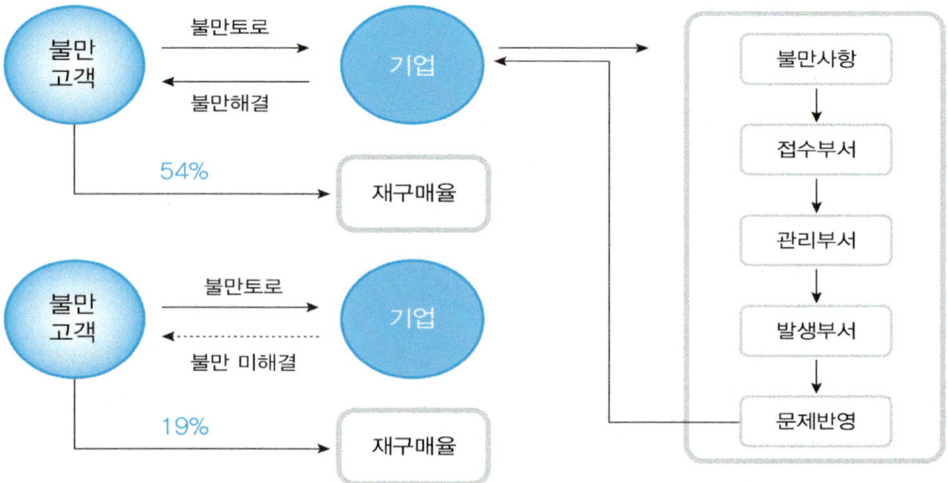

[그림 2-10] 고객의 소리 처리 프로세스 구축

VOC 처리 프로세스는 아래와 같다.

- 고객접점에서 VOC를 접수하는 동시에 VOC 관리 부서에서 VOC 담당 부서로 분배한다.
- 담당 부서에 할당된 VOC는 부서관리자에 의해 담당자를 지정(이관, 중재, 강제이관 등)한다.
- 담당자는 처리에 관련된 VOC 정보를 VOC 처리지침 관리시스템을 통해 조회하여 VOC를 해결한다.
- 고객의 VOC와 함께 고객의 과거 불만내용과 조치되었던 담당자 및 조치 내용을 조회한다.
- 처리된 VOC는 고객에게 피드백이 되고 고객상담부서를 통해 고객에게 Happy Call을 수행한다.

3) 고객의 소리를 자산화하라

고객의 소리는 대개가 불만이나 불편사항이므로 이를 처리하는 것이 최우선이다. 불만처리가 확실하게 될 수 있도록 시스템을 구축하고 실제로 잘 되었는지를 조사하고 고객의 소리를 경영정보화하는 단계를 거쳐야한다.

한번 떠난 고객을 다시 고객으로 만드는 것은 쉽지 않다. 고객이 불만족하고, 고객을 잃기 전에 미리 고객을 위한 준비를 해두어야 한다. 고객이 다른 경쟁사로 가는 것을 조기에 제대로 파악하지 못했을 경우 이러한 문제에 봉착하게 된다. 따라서 고객이 외면하기 전에 불만족 조기 경보시스템을 도입하여 고객의 니즈를 파악하고 그것을 경영에 직접 반영하는 것이 중요하다.

(1) VOC 빅데이터 수집 방법

① 기존 VOC 시스템의 한계

- 기존 고객의 소리에만 집중한다.
- 사후적인 고객의 소리에 집중된다.
- 경쟁사를 이용하는 고객의 소리를 분석하지 못한다.

- 새로운 시장이나 고객의 소리를 놓치게 된다.
- 새로운 서비스나 상품의 출시에 대한 기대를 파악하기 어렵다.
- 비정형 데이터에 대한 파악을 하지 못한다(데이터는 80%는 비정형 데이터임).
- 빅마우스(Big Mouth)에 대한 영향력을 파악하지 못한다.

② VOC 빅데이터 수집과 활용을 위한 조건

〈표 2-13〉 VOC 빅데이터 수집과 활용을 위한 조건

빅데이터 활용을 위한 조건	핵심 이슈
VOC Data 접근성	– 외부의 제3자 데이터 활용 가능성 – 내·외부 데이터의 체계적 결합 및 VOC 전사적 이용 가능성
빅데이터 인프라	– 클라우드 기반 통합 분석 시스템 – 전사적 데이터 통합 활용 체계 – 분산된 데이터의 클라우드 기반 통합으로 데이터 공유 프로세스 필요
분석역량	– 대용량 데이터 분석기술(하둡 등) – 실시간 기반분석, 시각화 S/W에 대한 역량 등을 준비 – 이를 위해서는 내부 데이터베이스와 결합분석을 통한 warning system 구축 필요
Data 중심 조직	– 전문적 분석조직 및 전문 인력 양성 – 데이터 기반 의사결정 조직 구조 – 통찰력 있는 전문가를 활용한 분석 전문 조직 구축

자료: 기존 연구를 활용한 저자 재구성

2. 고객의 소리 관련 프로세스의 점진적 개선

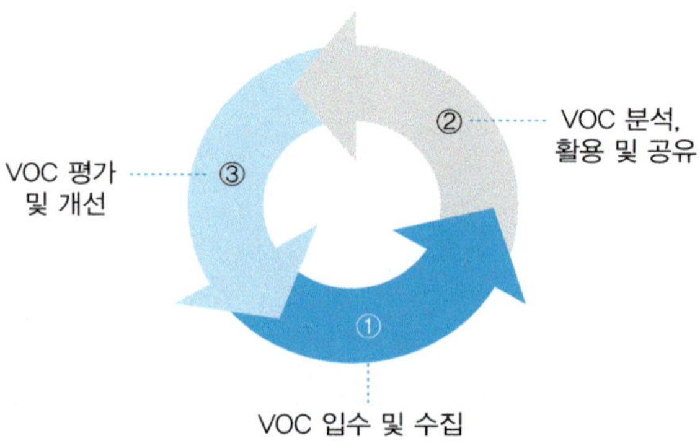

[그림 2-11] 고객의 소리(VOC) 관련 프로세스의 점진적 개선

VOC 수집, 정리 및 우선순위 평가의 프로세스는 1단계 목표 고객 선정, 2단계 VOC 수집, 3단계 VOC 정리, 4단계 VOC의 우선순위 평가로 나눌 수 있다.

• 1단계 : 목표 고객 선정

목표 고객 선정 단계에서는 고객 파악, 목표 고객 선정이 필요하다.

고객 파악은 관련 고객 집단을 파악하고, 세분화 기준을 선정하여 고객 세그먼트(Segment)를 생성한다. 목표 고객 선정은 각 세그먼트별 특성 및 가치를 평가하여 가장 가치 있는 고객 세그먼트를 목표 고객으로 선정한다.

이때 주의할 점은 다양한 VOC가 수집되도록 여러 부류의 고객을 포함하는 것이 중요하다. 만족감을 나타내는 기존고객뿐만 아니라 불만을 나타내는 기존고객(적극적으로 불만을 나타내는 고객, 불만은 있으나 겉으로 나타내지 않은 고객), 이탈한 고객, 경쟁사의 고객, 잠재고객 등도 정확한 자료 파악을 위해서 반드시 포함해야 한다. 특히, 이탈 고객을 조사하여 정확한 이탈 원인을 분석해야 한다.

• 2단계 : VOC 수집

VOC 수집 방법은 직접조사 방법과 간접조사 방법이 있다. 직접조사 방법은 설문 조사, 인터뷰 조사, 포커스그룹 조사 등이며, 간접조사 방법은 고객스코어 카드, 데이터 웨어하우스 및 데이터마이닝 활용, 협력업체의 의견 등으로 볼 수 있다.

• 3단계 : VOC 정리

VOC 정리 단계에서는 친화도법과 계통도법을 활용할 수 있다. 친화도법은 상향식 방법으로 일본 Kawakita Jiro 박사의 K-J법에 해당되며, Affinity Diagram으로도 지칭된다. 계통도법은 하향식 방법이며, Logic Tree라고도 지칭된다.

• 4단계 : VOC의 우선순위 평가

VOC의 우선순위를 정하기 위해 우선순위를 평가해야 한다. 평가는 각 항목별 중요도를 5점 척도로 흔히 표현한다. 평가에 도움을 주는 방법으로는 파레토 투표, Q분류법, (Q-Sort) AHP 등이 활용된다.

☞ 고객의 불평과 불만을 피드백 받기 위한 VOC의 성공조건

- 모든 임원들이 VOC를 이용하도록 한다.
- 고객으로부터의 피드백 발생 시 반드시 기록한다.
- 고객 불평의 추세판단을 위한 통계보고서를 작성한다.
- 고객으로부터의 피드백을 분류하여 신뢰성을 제고한다.
- 제품과 서비스의 수명주기를 통해 적극적으로 추구한다.

☞ VOC와 고객만족도 조사의 차이점

- VOC가 수동적인 고객의 의견수렴이라 하면 고객만족도 조사는 능동적인 의견수렴이다.
- 고객만족도 조사는 목적이 명확한 조사이고, VOC는 조사되기 전까지는 어떠한 내용인지 알 수 없다.
- 고객만족도 조사는 서비스 전략을 수립한 후, 이에 적합한 조사 대상과 조사 범위를 선정할 수 있다.
- 고객만족도 조사는 고객 개개인의 특성을 조사와 설계에 반영하여 결과에 반영할 수 있다.
- VOC 정보는 수집된 이후에 성격과 목적을 분류하여 전략에 반영할 수 있다.
- VOC 자료를 수집하는 과정에서 고객 불만족 여부를 확인하여 불만족의 원인을 분석할 수 있다.

제 7 절 고객불만관리

고객만족은 기본적으로 고객의 불만을 없애는 것에서부터 시작하지만 고객의 만족과 불만은 다른 차원의 문제이므로 고객의 불만 제거가 바로 고객만족으로 연결되지 않는다. 그러나 고객의 불만이 존재하는 상태에서는 고객만족을 달성하기 어렵기 때문에 적극적으로 고객불만 요인을 제거하여야 한다.

고객의 불평 수집 및 불만 원인 규명을 통해 불만원인을 제거하고 프로세스 개선과 상품 개선의 우선순위를 결정하는 과정이 고객불만관리(Consumer Complaints Management)이다. 대부분의 기업들이 고객불만을 분석할 때 고객만족도에서 분석하는데 이것은 잘못된 접근 방법이다. 만족도 점수가 낮은 것은 불만족이 아니다. 다만 점수가 낮은 것일 뿐이다. 그럼으로 기업은 반드시 불만족 조사를 별도로 하여 관리해야 한다.

고객불만은 주로 콜센터를 통해서 접수되고 있으며 현장에서 고객과의 직접 대면을 통해서도 많은 불만이 접수되고 있다. 이러한 고객불만은 VOC 시스템이 CRM에 연결되어 있어서 고객의 불만을 CRM에 직접 입력하는 효과를 지닌다. 그 결과 CRM 시스템에서는 어떤 고객이 어떠한 불만을 가지고 있는지를 알 수 있으며 이러한 불만이 고객과의 관계에 어떤 영향을 미칠 것인가를 유추할 수 있게 된다.

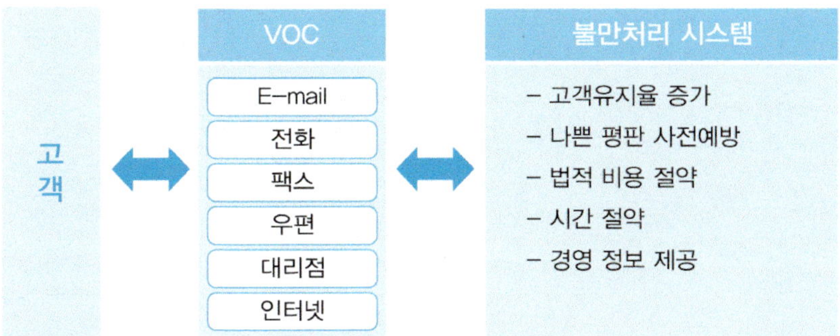

[그림 2-12] 고객불만처리 시스템

상황에 따른 고객의 불만 사항은 〈표 2-14〉와 같다.

〈표 2-14〉 상황 분류와 고객 불만사항

상황 분류	고객의 불만사항
물리적 상황에 대한 컴플레인	외형, 인테리어, 매장의 위치 조건, 설비, 재질 등에 대한 컴플레인
시간적 상황에 대한 컴플레인	매장 운영시간, 고객 상담 시간, 지연 시간 등에 대한 컴플레인
인적 상황에 대한 컴플레인	종업원의 복장, 접객 태도, 상담 태도, 대화 태도에서의 컴플레인
절차적 상황에 대한 컴플레인	회원가입 절차, 구매 절차 등에 대한 컴플레인
감각적 상황에 대한 컴플레인	음악, 주변의 소음, 인테리어 색감, 지나친 방향제 사용 등에 대한 컴플레인
금전적 상황에 대한 컴플레인	지불수단이나 결제조건, 멤버십 유무에 따른 금전적인 부담 정도, 고객 우대사항 등에 대한 컴플레인
정보적 상황에 대한 컴플레인	카탈로그, 상품설명서, 통보서, 인터넷 게시판 등의 정보제공에 대한 컴플레인

자료: 기존 연구를 활용한 저자 재구성

고객불만관리의 성공 전략은 첫째, 고객의 기대 수준을 뛰어넘어라. 둘째, 고객 불만관리 시스템을 도입하라. 셋째, 고객 만족도와 직원 보상을 연계하라. 넷째, 진실의 순간(Moment of Truth)을 관리하라. 다섯째, 고객서비스에 대한 오만을 버려라.

고객불만관리의 최대 적은 고객서비스에 대한 오만이다. 기업들은 자신의 서비스 수준을 과신하는 경향이 있는데 기업들은 자신들이 생각하는 자사 제품 및 서비스와 고객이 생각하는 수준 간에 큰 차이가 존재한다는 사실에 주목할 필요가 있다.

고객불만을 줄이기 위한 현장 서비스 전략은 서비스의 시작은 잘못된 부분을 인정하고 모두에게 알리는 용기에서부터 출발함을 인지하는 것이다. 보상보다 자성하려는 태도가 훨씬 더 강력한 서비스 전략임을 알아야 한다. 그러므로 고객 불만을 줄이기 위한 적절한 현장 서비스 전략은 모든 고객에게 잘못된 부분은 알리고 사과문을 게시함과 동시에 명확한 보상처리를 행하는 것이다.

불만고객 응대는 감정통제와 인내심이 상당히 요구되는 어려운 일이다. 따라서 서비스 종사자는 불만고객 응대 후 자기관리가 잘 되어야만 스트레스를 상대적으로 덜 받게 된다. 불만고객 응대 후 효과적인 자기관리 방법은 자기만족하기, 자신에게 보상하기, 부정적 기억 지우기, 객관적으로 자신 들여다보기 등의 방법을 활용하여 스트레스 관리, 즉 불필요한 감정소모를 줄여야 한다.

Chapter 03

고객불만관리와 서비스 회복

서비스경영론

CHAPTER 03

고객불만관리와 서비스 회복

제 1 절 고객불만관리와 서비스 회복 시스템

1. 고객불만관리와 서비스 회복의 이해

고객불만은 성가시고 귀찮은 일이 아니다. 문제를 해결하고 해당고객을 충성고객으로 만들 수 있는 절호의 기회이다. 특히 어쩔 수 없는 불만을 해소해 주었을 때 만족과 감동의 크기는 훨씬 커진다. 따라서 고객불만이 많이 발생하는 부서일수록 시스템을 개선해주고 더 많은 지원과 교육을 통해 관심을 가져주어야 한다.

불만고객은 사회적 규범 내에서 자신의 의견을 적극적으로 개진하는 고객으로 기업은 불만고객을 활용하여 서비스 회복 개선의 기회를 가질 수 있다.

완벽한 기업은 없으며 소비자에게 상품이 전달되기까지 실수가 있을 수 있다. 특히 서비스업의 경우 서비스 제공과정에 고객이 개입하며, 다양성을 그 본질로 하기 때문에 완벽한 목표나 무결점 운동은 불가능한 목표일 수 있다. 세계 최고 수준의 기업들에게도 도착 지연이나 배송 잘못 등이 그리 낯선 일이 아니다. 그렇기 때문에 실수를 만회하고 상처받은 고객의 마음을 회복시키는 서비스 회복(Service Recovery)의 중요성이 대두되는 것이다.

서비스 회복은 서비스 실패를 경험하지 않고 일상적인 서비스를 경험한 고객보다 서비스 회복을 통해 만족고객으로 전환된 고객이 더 호의적인 이미지를 형성할 수 있으므로 서비스 회복은 기업의 경쟁우위 확보에 매우 중요한 수단이 된다.

서비스 회복 시스템은 다섯 단계로 이루어진다.

1단계 : 인정과 사과

고객은 실수의 원인에 관심이 없다. 단지 어떻게 해결해 줄 것인가에 관심을 가지므로 다른 핑계를 대는 것은 고객을 오히려 실망시킬 뿐이다.

2단계 : 신속한 조치

실수로 인해 고객은 시간과 비용 면에서 예기치 못한 부담을 가지게 되었으므로 신속한 원상회복만이 용서받을 수 있는 길이다.

3단계 : 감정이입

고객의 심정을 충분히 이해하고 공감해야 한다.

4단계 : 기대 이상의 보상

실망했던 고객을 감동시키기 위해서는 원상회복을 넘어서는 기대 이상의 파격적인 보상이 필요하다. 위기를 기회로 바꿀 수 있는 상황을 만들어야 한다.

5단계 : 피드백

고객의 실망감이 완전히 해소되었는지 검토하고 확인해야 한다. '우유를 엎지르고 나서 그 다음이 중요하다.' 실수를 하고 나서 어떻게 처리하느냐가 상대의 마음을 바꾸어 놓기 때문이다. 실수를 상대방에게 감동을 주는 기회로 바꾸는 지혜가 필요하다.

☞ 기업의 서비스 회복 전략

- 조직은 서비스 회복을 통한 경험적 학습이 가능하다.
- 소비자의 불평 및 불만사항은 최대한 빨리 해결해야 한다.
- 서비스 실패 자체가 처음부터 발생하지 않도록 주의를 기울여야 한다.

- 소비자의 서비스 관련 불평 및 불만사항, 발생과정 등을 복합적으로 이해하고 이를 해결해야 한다.
- 소비자는 서비스 회복의 전 과정, 결과물 그리고 제공자와의 상호접촉 등에 있어서 공평함을 기대한다. 조직이 서비스 회복 노력을 즉각적으로 하더라도 그것이 고객(이용자)에 따라 다르게 느껴지는 경우 고객은 서비스가 회복되었다고 생각하지 않기 때문이다.

☞ 고객불만관리 우수 사례 및 실패 사례

- **고객불만관리 우수 사례 : 그랜드 인터컨티넨탈 서울 파르나스(Grand Inter Continental Seoul Parnas)**

그랜드 인터컨티넨탈 서울 파르나스를 운영하는 글로벌 호텔 그룹 'IHG'는 전 세계 4540개 호텔에서 발생하는 불만사항을 모두 하나로 통합 관리하는 '인트라넷'을 운영하고 있다. IHG의 인트라넷에 따르면, 고객들이 많이 제기하는 불만은 예약이 완료되지 않은 경우, 욕조가 더러운 경우, TV리모컨이 작동하지 않은 경우, 직원이 모닝콜을 하지 않은 경우, 사용하지 않은 금액이 청구된 경우 등이다. IHG 계열 호텔들은 이런 불만 내용들에 대해선 '재점검 시스템'을 운영해 더 이상 발생하지 않도록 하고 있고, 별도의 컴플레인 총괄 부서도 두고 있다.

- **고객불만관리 우수 사례 : JW 메리어트 호텔 서울(JW Marriott Hotel Seoul)**

JW 메리어트 호텔 서울에서는 각 부서 팀장들이 컴플레인을 사전에 방지하기 위한 컴플레인 재발 방지 회의를 한다. 예약 시스템상에 고객이 요청한 문의, 불편사항, 요구 내용 등을 고객 개별 노트에 기록하여 같은 내용으로 불만이 생기지 않도록 대비한다.

- **고객불만관리 우수 사례 : 롯데 백화점·현대 백화점·신세계 백화점**

롯데백화점에는 "사람이 많은 주말에 백화점에 갔는데, 점원들이 길을 제대로 알려주지 않아 헤맸다."는 불만이 접수되었다. 이에 롯데백화점은 즉각적으로 문제 해결에 나섰다. 불만이 접수된 다음 달부터 출입구에서 문을 열어주고 위치를 안내해 주는 도어맨 서비스를 새롭게 시작하였다.

현대백화점은 "비가 오면 종이로 된 쇼핑백이 다 젖어 물건이 떨어진다."는 불만이 제기되자, 비 오는 날엔 쇼핑백 위에 비닐을 씌워주는 '비닐 포장 서비스'를 진행하였다. 또한 매장에서 사용하는 박스 테이프 소리가 너무 시끄럽다는 불만을 반영하여 모든 점포에서 소리가 덜 나는 박스 테이프를 사용하고 있다. 최근에는 "아이를 데리고 백화점에 왔는데 기저귀 갈 곳이 없다."는 남성 고객의 불만을 해소하기 위해서 남성 화장실에도 기저귀 교환대와 유아 의자를 비치하였다.

신세계백화점은 "화장실 세면대에서 손을 씻을 때 가방을 둘 곳이 없다."는 불만이 접수되자 세면대 옆에 가방을 거는 고리를 설치하였다.

이처럼 고객의 불만을 잘 활용하면 경쟁력을 확보하는 유용한 수단이 될 수 있기 때문에 일부 기업에서는 '숨어 있는 컴플레인'을 찾아내기 위해 설문지를 작성하기도 한다. 우수한 서비스 기업에서는 불만을 제기하는 고객을 '단순 불만고객'으로 취급해 버리기 보다는 'Best Friend'로 관리한다. 고객은 자신이 경험한 불만을 표출해 줌으로써 기업에서는 문제를 바로 시정할 수 있는 기회를 갖게 되고 이를 통해 보다 질 높은 제품과 서비스를 제공할 수 있기 때문이다. 서비스 실패(Service Failure)는 어떤 회사에서든 발생할 수 있다. 하지만 여기서 더 중요한 것은 그 서비스 실패 후 어떻게 회복(Service Recovery)시킬 수 있냐는 것이다. 그것이 고객의 입장에서 합리적이고 만족스럽게 이루어졌을 때 불만을 제기했던 고객이 오히려 충성고객이 되고 기업의 Best Friend가 될 수 있기 때문이다.

- **고객불만관리 실패 사례 : 케이마트(Kmart)**

미국 최대의 대형마트였던 K마트는 성의 없는 고객 서비스, 최저가격 보장 정책 폐지, 이름뿐인 고객중심 정책 등 고객서비스에 대한 오만으로 몰락하게 됐다. K마트는 광고 메시지 등을 통해 질 좋은 제품을 가장 저렴한 가격에 제공하겠다고 고객과 약속했다. 그러나 실제 경영 정책에서는 특별할인제도를 폐지하는 등 정반대의 전략을 펼쳤고 직원들의 서비스 또한 엉망이어서 고객의 불평은 끊임없었다.

외형확장에만 치중하면서 고객불만을 야기하는 서비스 개선에 소홀한 K마트는 2002년 창립 40주년을 맞은 해에 법정관리를 신청했다.

고객불만관리의 최대 걸림돌은 고객 서비스에 대한 오만이라고 해도 지나친 말이 아니다. 기업이 제공하는 서비스 수준과 실제로 고객이 인지하는 서비스 수준 간에는 큰 차이가 존재하기 때문에 기업들은 자신의 서비스 제공 수준을 너무 과신하지 않는 것이 좋다.

2. 고객불만 대응 방법

서비스 회복은 시간이 지나면 스스로 좋아지는 것이 아니라 서비스 직원의 노련한 기술과 경험, 정성이 깃든 단계를 거쳐야 회복할 수 있다.

고객의 불만에 대한 대응 단계를 알아보자.

첫째, 경청하라

고객이 분노하고 있을 때는 설득하려 해서는 안 된다. 분노를 충분히 발산할 수 있도록 말을 가로막지 않고, 감정을 발산할 시간적 여유를 준다. 중요한 것은 문제를 해결하기 전에 우선 감정을 완화시키는 것이다. 이때 중요한 것은 경청하는 일이다. 고객이 부정하고 분노하고 있을 때 말을 가로막거나 논리적으로 설득하려 하는 것은 고객을 더욱 분노하게 하는 일이다.

둘째, 공감하라

고객들은 어느 정도 선의를 갖고 불만을 제기한다. 그런데 직원이 제품에만 초점을 맞추어 논리적으로 접근하고 수리 자체에만 집중하게 되면 고객은 순식간에 배신감을 느끼게 된다. 그렇기 때문에 고객의 심정을 이해해 주는 직원의 공감 능력과 감성적 태도가 중요하다.

고객이 분노를 표현하는 것은 직원 때문이 아니다. 문제점에 대한 감정을 마주하고 있는 직원에게 발산하는 것일 뿐이므로 개인적인 일로 받아들일 필요는 없다. 고객의 감정이 다소 누그러지면 "고객님께서 말씀하시려는 점을 충분히 알겠습니다. 많이 불편하셨을 것 같습니다."라고 이야기하여 고객의 분노와 당혹감을 충분히 공감하고 있음을 표현해주는 자세가 필요하다.

셋째, 사과와 함께 신속하게 솔루션을 제공하라

불만을 제기한 고객은 이미 인내심이 한계점에 도달해 있는 상태이기 때문에 신속한 솔루션으로 회사도 고객에게 최선을 다하고 있다는 것을 분명하게 보여주어야 한다. 얼마나 신속하고 정확하게 고객의 불만에 대응하는가 하는 점이 위기를 기회로 반전시키는 핵심이다.

넷째, 상징적 보상을 하라

회복이란 원래 상태로 되돌려 놓음을 의미한다. 회사는 문제 자체를 해결하는 것도 좋지만 이러한 해결과정을 통해 고객과의 돈독한 관계를 유지하고 궁극적으로 이탈하지 못하게 해야 한다. 회사가 고객을 위해 무엇인가를 더 주고 있다는 제스처를 보여주는 것으로, 문제 해결 자체로 끝내거나 앞으로 주의하겠다는 말로만 마무리하는 것보다는 불편을 느끼게 한 부분에 대한 특별 할인이나 기념품 제공 등 상징적인 보상이 필요하다.

다섯째, 고객의 만족을 확인하라

이는 고객이 회사의 조치에 만족했다는 것을 확인하는 후속 조치를 의미한다. 이메일 혹은 전화를 통해 다시 한 번 사과를 전하며 우리 회사는 당신을 진심으로 소중하게 생각하고 있다는 것을 느낄 수 있게 한다. 고객이 해결책에 만족하지 않는다면 추가적으로 필요한 사항이 무엇인지 알아본다. 고객이 만족감을 느낀다면 문제를 제기해준 것에 대한 감사 표시를 잊지 않는다.

실수했을 때가 바로 고객 감동의 기회라는 것을 깨닫고 복구공사를 잘하는 기업이 진정한 고객만족경영을 실천하는 기업이기 때문이다. 모든 비즈니스에서 불만족을 느끼는 고객은 반드시 있다. 차이점은 불만 고객에게 얼마나 잘 대응하여 그 고객을 평생친구로 만드는 것인가이다.

☞ 고객불만 대응 우수 사례 : 노드스트롬(Nordstrom)

한 남성이 출장 중에 착용할 양복이 필요하여 노드스트롬 매장을 방문하였다. 세일 품목 중 마음에 드는 정장 한 벌과 세일 품목이 아닌 것 등 두 벌의 정장을 구입한 그는 그 자리에서 수선을 맡기고 돌아갔다. 다음날 그가 다시 백화점을 찾았을 때 전일 그를 응대하였던 판매원은 그의 이름까지 기억하며 반갑게 그를 맞이했다. 하지만 수선한 옷을 찾으러 갔던 그 판매원은 잠시 후 빈손으로 돌아와서 '구매한 옷의 수선은 다음날까지' 해 주는 것이 원칙이지만 세일기간 중에 구매한 옷의 수선은 예외이기 때문에 아직 수선이 되어 있지 않다고 전하였다. 고객은 어제 이야기를 하지 않은 점에 대하여 직원에게 불만을 표시하였다.

어쩔 수 없이 고객은 새로 산 양복을 입지 못한 채 시애틀로 출장을 가게 되었다. 그러나 그가 시애틀의 호텔에 도착했을 때 자신보다 먼저 도착한 98달러의 배달료가 지급된 페덱스(Fedex) 특송 소포를 발견하였다. 발신인은 노드스트롬이었는데 그 소포 속에는 수선된 양복 두 벌이 단정하게 들어 있었고 그 위에는 주문하지도 않은 25달러짜리 실크 넥타이 3점이 놓여 있었다. 물론 무료 증정품이었으며 그 소포 안에는 그의 집으로 전화를 하여 출장 일정을 확인하였다는 내용과 함께 판매원의 정중한 사과편지도 함께 들어있었다.

이처럼 판매와 반품, 애프터서비스, 서비스 회복에 이르기까지 유통의 전 과정에 걸쳐 고객이 원하는 바를 한 발 앞서 실천하는 노드스트롬의 고객 최우선주의를 느낄 수 있는 사례이다.

[고객불만 대응 우수 및 실패 사례 토론]

1. 자신이 경험한 고객불만 대응의 우수 사례

2. 자신이 경험한 고객불만 대응의 실패 사례

3. 자신이 제공한 고객불만 대응의 우수 사례

4. 자신이 제공한 고객불만 대응의 실패 사례

제 2 절 불량고객

2010년 파리파게트 식빵에서 쥐가 나왔다고 민원을 제기하였던 이른바 '쥐식빵' 사건이 경쟁사 점주의 자작극으로 밝혀졌다. 하지만 쥐식빵의 진실이 밝혀지기까지 수많은 소비자들이 식빵 구매를 주저해야 했고 해당 기업의 매출은 급감하였다.

또한 미국으로 가던 여객기 비즈니스 클래스에서 기내서비스로 민원을 제기하고 승무원을 폭행하였던 모 기업 임원의 행적은 수많은 네티즌들의 비난을 사며 인터넷을 삽시간에 도배하였다. 정상적인 수준을 넘는 비이성적인 민원제기는 서비스 종사자의 인권을 훼손하였고 정신적 상처를 남겼다.

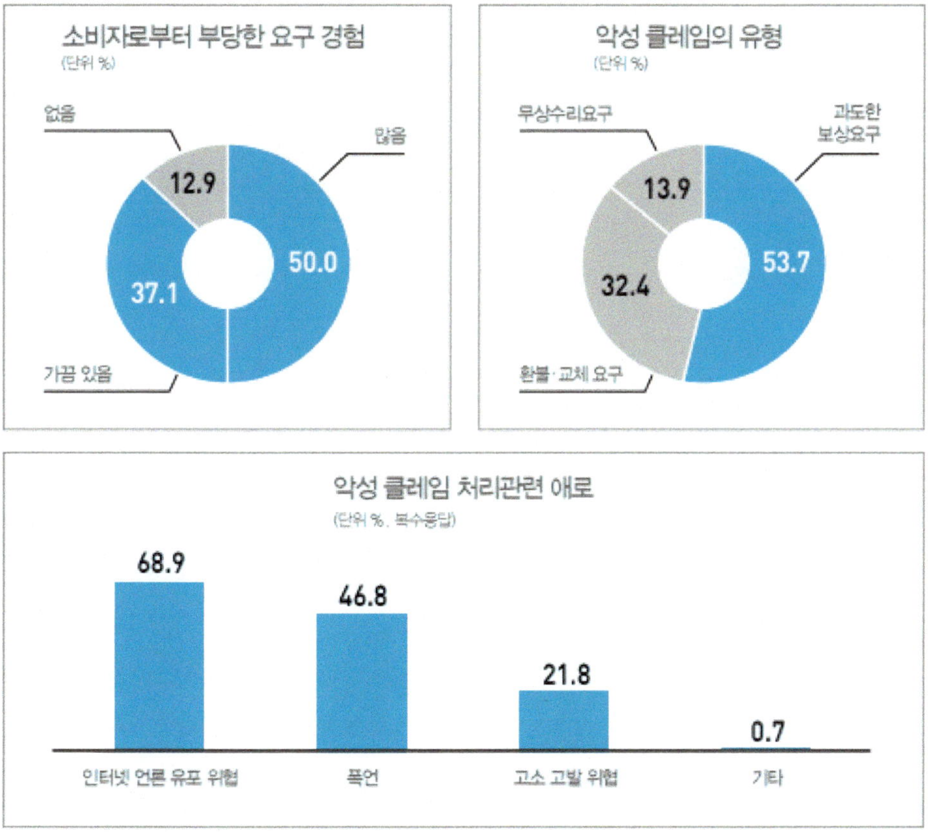

[그림 3-1] 소비자로부터 부당한 요구 경험, 악성 클레임의 유형, 악성 클레임 처리관련 애로사항에 대한 설문조사(사진=대한상공회의소)

이처럼 한 명의 불량고객 때문에 많은 선량한 소비자들과 서비스 종사자들이 피해를 입고 있다. 언론에 '블랙 컨슈머'라는 이름으로 이슈가 되고 있는 불량고객은 기업을 상대로 구매한 상품이나 제공받은 서비스에 대해 의도적으로 악성 민원을 제기하는 사람들을 일컫는다(조선비즈, 2013). 과거에 금전적 보상을 위해 악의적인 민원을 제기하던 것에서 최근에는 본인의 심리적 만족감을 위해 기업 자체를 음해하는 고의적 민원까지 발생한다는 점에서 불량 행동의 강도가 점차 심해지고 있다고 볼 수 있다. 대한상공회의소는 최근 300여 개의 국내 기업을 조사한 결과, 83%가 과도한 보상을 요구한다든지 규정에도 없는 환불이나 교체를 요구하는 불량고객을 경험하였다고 보고하였다.

불량고객에 의한 피해가 큰 이유는 불량고객이 주장하는 바가 논란이 되는 순간 진위에 상관없이 그동안 쌓은 평판이나 브랜드 이미지가 한순간에 무너져서 회복하는 데 많은 노력과 시간이 들기 때문이다. 불량고객은 기업뿐만 아니라 소비자에게도 피해를 준다. 정당한 소비기회를 상실할 수 있을 뿐만 아니라 불필요한 불만처리 비용은 제품 가격을 상승시킬 수 있기 때문이다. 불량고객응대 인력에 대한 인건비, 소송비를 포함하는 민원처리비, 각종 보상비용은 결국 제품 가격에 포함이 되고 결국은 소비자의 피해로 돌아간다.

1. 불량고객의 정의

불량고객을 국내 언론에서는 일반적으로 '블랙 컨슈머' 또는 '진상고객'이라는 단어를 사용하는데, 이는 학술용어는 아니다. 영어에서 '블랙'이란 단어는 '검정'의 의미도 있지만 '흑인'을 의미하기도 하며 '블랙 컨슈머'의 경우 흑인 소비자를 지칭하는 용어로 자주 사용되기 때문에 이를 적절한 단어라고 보기는 어렵다.

국내 연구에서 불량고객이란 용어는 소비자학 관점에서는 고의적으로 기업에 손해를 입히는 고객(Jaycustomer, Bad Customer, Problem Customer)으로 사용되고 있으며, 재무 및 회계학 관점에서는 고객 신용도 등의 불량으로 인해 기업에 재무적 손실을 입히는 고객(Bad Credit Customer)으로 정의하였다(이유재, 2002, 김성환, 2007).

〈표 3-1〉 불량고객과 우수고객의 유형

불량 고객유형	특성
제이커스터머 (Jaycustomer)	– 무례하게 험담을 하는 등의 행동을 하는 고객으로 기업, 종업원, 다른 고객에게 부정적인 영향을 주는 고객 유형
무책임형 고객	– 감정적 · 비합리적 사고로 서비스에 참여하는 유형으로 행동이 자만적이고 자기중심적이기 때문에 서비스 대응상 불안정성과 실패, 충돌이라는 위험적 상황을 가져오기 쉬운 고객 유형
블랙 컨슈머 (Black Consumer)	– 서비스에 만족하지 못하여 불만을 제기하는 고객이 아닌 보상금을 목적으로 의도적인 악성 민원을 제기하는 고객 유형
우수 고객유형	**특성**
화이트 컨슈머 (White Consumer)	– 기업과 소비자의 관계를 대립적인 관계가 아닌 상생의 관계로 보고 소비자로서의 권리와 의무를 명확히 지켜나가는 고객 유형
책임형 고객	– 이성적 · 합리적이며 일관성을 가지고 서비스에 참여하는 고객 유형 이들의 행동은 개방적 · 사교적 · 타협적이고 유연하면서도 정의로우며 엄격한 태도를 보이기도 함

자료: 기존 연구를 활용한 저자 재구성

2. 불량고객의 행동 유형

일반적으로 적용될 수 있는 불량고객의 유형으로 도둑형, 규칙위반형, 호전형, 내분형, 파괴형, 신용불량형의 6가지를 들 수 있다(이유재, 2002).

- 도둑형 고객 : 제품이나 서비스를 훔치려 하는 고객으로 가게 좀도둑이나 타인의 개인정보를 도용하여 사용하는 경우가 그 예이다.
- 규칙위반형 고객 : 기업과 고객사이의 명시된 약속을 이행하지 않는 유형이다.
- 호전형 고객 : 본인의 의사대로 일이 진행되지 않을 때 욕설과 고성으로 반응한다.
- 내분형 고객 : 함께 온 일행 또는 다른 고객들과 싸우는 것으로 부부간에 상품에 대한 이견으로 싸우거나 야구경기장에서 관람객 간에 싸움이 나는 것을 예로 들 수 있다.
- 파괴형 고객 : 기업의 설비나 장비에 물리적 손해를 입힌다.
- 신용 불량형 고객 : 제공받은 제품이나 서비스에 대한 대가를 지불하지 않으려는 고객으로 술값을 내지 않고 도망가는 고객 등이 그 예이다.

Harris와 Reynolds(2004)는 실증연구를 통해 일탈적이고 역기능적인 고객을 8가지 유형으로 분류하였다. 8가지 유형은 불만편지를 통한 보상요구자(compensation letter writers), 달갑지 않은 고객(undesirable customers), 기물 파손자(property abusers), 서비스업 종사자(service workers), 보복형 고객(vindictive customers), 언어폭력을 행사 하는 고객(oral abusers), 물리적 폭력을 행사하는 고객(physical abusers), 성범죄자(sexual predators)로 분류하였다.

- **불만편지를 통해 보상을 요구하는 유형(compensation letter writers)**

본사 고객서비스 부서에 호소하는 편지를 보내 타당한 이유 없이 금전적 보상이나 배상금을 타려고 한다. Harris와 Reynolds의 연구에 따르면 식당의 60%, 호텔의 32%, 바(bar)의 8%의 고객이 이러한 유형이고 이러한 유형의 72%가 32세 이상의 여성으로 나타났다.

- **달갑지 않은 고객 유형(undesirable customer)**

암묵적 약속을 깨는 유형으로 서비스 종사자, 조직 관리자 또는 타 고객 입장에서 매력적이지도 바람직하지 않고, 심지어는 거부하고 싶은 고객이다. 식당에서 아이들이 뛰어노는데도 통제하지 않고 있는 부모 등 다소 경미한 수준에서 고객의 물건을 훔치러 들어온 노숙자 등 범법자 수준까지 다양하다.

- **기물을 파손하는 유형(property abusers)**

고의적으로 기업의 서비스 환경 내에 있는 물건을 제거하거나 파손한다.

- **서비스업 종사자(service workers)**

현재 또는 과거에 서비스업에 종사하였던 사람이 고객의 입장에서는 불량행동을 보이는 경우이다. 이러한 행동의 원인으로는 서비스 종사자의 경우 업계 내부 프로세스가 어떻게 진행되는지 잘 알고 있고, 어떻게 해야 금전적 보상을 받고 있는지에 대해서도 해박하다.

- **보복형 고객(vindictive customers)**

개인적인 이익이나 금전적인 이익을 위해 미리 계획한 사악한 행동을 하는 유형이다. 이런 유형은 기업에 대해서 일부러 부정적인 소문을 내거나, 자신의 책임을 전가하기 위해 종업원 개인을 비난하거나 조직이나 종업원에게 복수하기 위해 물리적 폭력을 행사한다.

- **언어폭력을 행사하는 고객(oral abusers)**

무례하고 인격 모독적인 언어로 서비스 현장을 망치는 것이 불량고객들에게 가장 흔히 보이는 행동이기도 하다.

- **물리적 폭력을 행사하는 고객(physical abusers)**

의도적으로 난폭하고 공격적인 태도로 서비스 종사자를 물리적으로 폭행하는 유형이다.

- **성범죄자(sexual predators)**

구두상 또는 행동으로 서비스 종사자에게 개인적인 성적 욕구를 드러내는 고객이다.

이러한 불량고객의 행동은 그 일차적인 목적이 경제적이냐 심리적이냐에 따라서 다시 〈표 3-2〉와 같이 구분할 수 있다.

〈표 3-2〉 동기요인에 따른 불량행동 유형 분류

동기요인	불량행동 유형
심리적 만족감 추구	- 호전형, 내분형, 파괴형 - 언어 폭력을 행사하는 고객 - 물리적 폭력을 행사하는 고객 - 성범죄자(sexual predators)
경제적 이익 추구	- 도둑형, 규칙위반형, 신용불량형 - 서비스업 종사자 - 불만편지를 통한 보상요구자 - 기물 파손자
복합적 양상	- 달갑지 않은 고객 - 보복형 고객

불량고객의 행동유형을 파악해야만 적절하게 대응할 수 있으므로 기업에서는 자사의 불량고객 유형 사례 분석 등을 통하여 상황별 · 행동별 응대 매뉴얼을 제작하는 것이 필요하다.

3. 불량고객 유형 사례

1) S 생명보험

- **도둑형**

보험의 내용을 잘 이해하고 보험의 약점을 자신의 욕구충족을 위해 활용하는 고객들이 도둑형 불량 고객이다. 생활 설계사에게 보험료를 대신 납부하게 하여 계약을 체결한 후에 청약을 철회하여 보험료를 사취하는 고객, 보험금 수령을 목적으로 속임수, 거짓정보를 통하여 가입하는 고객, 훔친 주민등록증을 사용하여 보험금 및 기타 혜택을 받는 고객 등이 여기에 속한다.

- **규칙위반형**

건강진단 고지를 허위로 기재하거나 병력, 수입상태 등을 허위로 신고하는 고객, 환급창구에서는 고객이 집중 몰리는 시간에 번호표를 부여하여 순서를 기다리도록 하는데 급하다고 순서를 무시하고 보험금 또는 해약환급금을 요구하는 고객, 주소지 변경 시 회사에 알리지 않는 고객은 규칙위반형 고객으로 분류할 수 있다.

- **사기형**

규칙 위반을 넘어서 사기성이 짙은 청약 철회 상습 고객 즉, 보험 가입 후 3개월 이내에 보험품질보증(자필 서명, 약관 미수령, 영수증 미수령)에 이의를 제기해 청약을 철회하는 등 회사 제도를 악용해 보험료를 되돌려 받는 고객, 보험 가입 후 설계사로부터 각종 판촉물 등을 받은 후 15일 이내에 계약을 철회하는 고객은 사기형 불량고객이라 부를 수 있다.

- **호전형**

보험 해약, 구비서류 문제로 내방한 고객이 큰 소리를 치는 경우 지급 창구에서 자기 뜻대로 되지 않으면 고함을 치거나 폭력을 행사하는 고객, 영업소 내에서 심한 욕을 하거나 육체적인 폭력을 행사하는 고객, 환급 창구에서 해약 환급금이 고객이 예상한 것보다 적게 나왔다고 고함을 치거나 욕설을 하는 고객 등이 여기에 속한다.

- **신용불량형**

보험료를 연체시키는 고객, 약관대출을 활용한 경우 이자를 연체시키는 고객, 악성 연체자이면서 연체 독촉 방법이 무례하다고 화를 내는 고객 등이 이 경우에 속한다. 이 회사는 사전 심사 기능을 강화하여 이러한 고객과 거래를 시작하지 않거나, 신용 불량 고객 중에서 가능성 있는 고객은 구제하는 한편 가능성이 없는 사람은 거래 중지하고 이 고객에 대한 정보를 공개하고 있다.

- **독불장군형**

상식 수준을 넘어서서 계약서 상에 제시되지 않은 별도 서비스를 추가로 요구하는 고객이나 무리한 리베이트를 요구하는 고객은 독불장군형으로 분류할 수 있다.

- **소문 협박형**

보험사에 대한 불만 사항을 다른 고객에게 널리 이야기하거나 언론사를 통해 공개적으로 퍼뜨리는 고객, 경쟁사와 비교하여 이를 공론화하는 고객, 자신의 불만족 경험을 언론에 알리겠다고 협박하는 고객 등을 말한다.

자료 : 불량고객의 유형과 전략적 관리(이유재, 2002)

2) 다양한 얼굴의 불량고객

(1) A 성형외과

인천의 A 성형외과에서는 쌍꺼풀 수술 결과가 마음에 들지 않는다는 환자가 재수술을 요구하며 피해보상으로 무료 보톡스 시술을 원한 경우가 있다. 해당 병원장은

"온라인 성형카페에 올린다는 말 한마디에 요구를 들어줄 수밖에 없었다. 왜냐하면 환자가 인터넷 검색으로 병원을 선택하는 경우가 많아 어쩔 수 없다."고 밝혔다.

자료 : 한국일보, 2015-07-29

(2) B 백화점

한 고객이 백화점에 자신이 주문한 상품이 다른 곳으로 배송되었다고 클레임을 제기했다. 확인 결과, 해당 상품은 이미 그 고객이 요청한 주소로 배송됐으며 고객 부재로 인해 해당 배송지의 안내데스크에 보관 중이었다. 이와 관련해 배송 시 문자메시지로 알리고 회신까지 받았다. 그럼에도 불구하고 고객은 늦은 저녁시간에 전화를 걸어 욕설 및 폭언과 함께 당장 물건을 다시 가져오고 상품권으로 피해를 보상하라고 요구하였다. 이에 담당자가 업무가 종료한 시간이었음에도 주문한 상품을 가지고서 고객의 집을 방문하였으나 고객은 욕설과 함께 뺨을 2~3 차례 때렸다. 이 고객은 상습적으로 일부러 배송주소를 잘못 기입하여 불만을 제기하는 행태를 반복한 것으로 확인되었다.

자료 : Huffingtonpost Korea, 2015-10-21

(3) S 은행

8개월에 걸쳐 민원을 제기한 고객은 S은행과 L카드사에 대출하여 변제하지 않고 4년이 경과된 상태에서 파산면책을 한 경우이다. 그는 대출금을 변제하지 않았음에도 불구하고 여러 가지 억지사유로 완납을 주장하면서 사실 정황에 대해 계속 말을 바꾸었다. 때를 가리지 않고 전화를 걸어 억지주장을 하고 이에 객관적 사실 확인을 해주면 언성을 높이거나 욕설을 하였다.

언론사와 기자를 계속 언급하고 감독기관에 알리겠다고 협박하면서 신문고, 권익위, 감사원, 금융감독 당국, 해당 금융회사 등에 중복 및 반복하여 민원을 제기하였다. 매번 새로운 담당자나 상급자들을 찾아 상담 요청하는 관계로 관련 담당자가 16 명이나 되었고 해당 민원처리에 상당한 시간을 소모하였으며 법적 고발을 심각하게 고려할 만한 블랙컨슈머의 유형이었다.

자료 : 금융내비게이터, 2013-12

(4) C 은행

C 은행은 “아파트 단지 안에 있는 현금자동지급기(ATM) 위생 상태가 불량하여 모기에 물렸으니 ATM 관리 업체가 사과문을 쓰고 사례품을 보내달라”는 한 소비자의 문의메일을 받았다. 은행 측의 확인 결과 이미 몇 차례 민원을 제기해 사은품을 받은 고객이었다.

(5) D 항공사

국내 항공사를 이용해 제주도에서 골프여행을 한 승객은 항공사 측에 연락해 운송 중 골프채가 부러졌으니 배상을 해달라는 요청을 접수했다. 그러나 사실 확인 결과 해당 승객이 골프를 치던 중 채가 부러졌고 이를 항공사에 뒤집어씌우려고 한 사실이 드러났다. 항공사 측에서 이러한 사실을 조심스레 승객에게 알리자 폭언을 하기 시작했다.

자료 : IBK 기업은행, 2013-07-04

4. 불량고객 응대

서비스의 비중이 전체 산업의 70%에 이르는 오늘날 고객의 불량행동이 성행하는 것은 놀라운 일이 아니다. 연구에 의하면 콜센터 직원들은 매일 약 7명의 불량고객으로부터 모욕적인 언사를 듣고 있으며, 서비스 직원 10명 중 1명은 고객의 모욕적인 언행에 시달리고 있다.

따라서 서비스 리더는 서비스 접점 직원이 불량고객으로 인해 겪는 스트레스를 보다 깊이 이해하고 적절히 중재할 수 있어야 하며 그들에게 어떻게 하면 더 효과적으로 지원해줄 수 있을지 끊임없이 고민해야 한다. 직원이 감동해야 고객 감동도 가능하기 때문이다. 또한, 불량고객의 행동들로 인해 정당한 요구를 요청하는 고객들도 그에 맞는 보상을 받지 못할 수 있으므로 서비스 리더는 불량고객의 행태가 고객이라는 이름으로 둔갑되지 않도록 체계적인 대응 방안이 필요하다.

1) 불량고객 응대 방법

(1) 불량고객 유형을 파악하라

불량고객의 유형은 매우 다양하다. 레스토랑에서는 일부러 이물질을 넣고 보상을 요구한다거나 문제가 없는 제품에 흠집을 내고 화를 내기도 한다. 이외에 서비스 직종에서는 '불친절하다', '인사를 하지 않았다' 등의 내용으로 민원을 제기하는 경우가 많다. 이러한 불량고객의 유형을 어느 정도 파악해 두어야 악의를 가지고 민원을 제기하는 불량고객인지 아니면 순수한 의도로 피해를 보상받길 원하는 고객인지 구분할 수 있다. 따라서 기업은 다양한 불량고객의 유형을 파악하여 적절하게 대응하는 것이 좋다.

(2) 철저하게 품질을 관리하라

애초에 기업은 악성 민원의 단초를 제공할 수 있는 제품의 결함이나 품질 관리에 총력을 기울여 그 원인에서부터 불량고객의 활동을 방지해야 한다. 이러한 활동은 불량고객 활동뿐만 아니라 기업의 품질과 서비스의 향상을 불러오기 때문에 기업의 이미지 향상에도 도움이 될 수 있다.

(3) 투명한 처리 과정과 적절한 보상체계 확립하라

기업은 이미지 실추를 우려하여 악성 컴플레인이 제기되면 잘잘못을 살펴보기 전에 해당 고객이 만족할 만한 적당한 보상을 해줌으로써 사실을 마무리 지으려고 한다. 하지만 이는 오히려 불량고객을 양산하는 것으로 장기적으로는 기업에게 더 큰 손실을 초래한다. 따라서 문제 발생 당시부터 모든 절차를 투명하게 처리하며, 잘못을 공개하고 보상하는 것이 기업에 이득이 될 것이다.

(4) 처벌 규정을 세분화하라

기업의 원칙 없는 주먹구구식 대응은 불량고객 양산을 초래한다. 따라서 발생 시점의 초기 대응부터 사실 여부 확인 단계 및 최종 조치 방안 마련까지 발생 가능한 상황별로 구체적이고 세부적인 처리 절차를 구축하여 운영할 필요가 있다.

(5) CCTV, 통화내용 녹음 등 증거를 확보하라

불량고객의 민원은 비논리적인 내용이 대부분이다. 그러나 명확한 증거가 없다면 정당한 대응을 할 수 없기 때문에 증거자료를 확보해 둘 필요가 있다. 만약 CCTV나 전화통화 녹음 등과 같은 증거자료가 없다면 목격자를 찾는 것도 하나의 증거로 이용될 수 있다. 물론 CCTV, 통화내용 녹음에 대해서는 사전의 공지가 반드시 필요하다.

(6) 불량고객의 이야기를 적극적으로 경청하고, 내용을 확인하라

고객이 이야기하는 불평 속에 합리적인 불만내용이 있는지를 찾아내기 위해 적극적으로 경청하고 고객이 주장하는 장황한 불만내용을 서비스 제공자의 표현으로 요약해서 확인하라.

(7) 고객이 과장하거나 확대하는 일을 줄이기 위해 사실관계를 질문하라

(8) 서비스 제공자의 문제해결 방식에 만족하지 않을 때에는 고객이 직접 문제해결방법을 제시하도록 유도하라

2) 불량고객 대응 사례

(1) 게스트 체커(Guest Checker)

미국의 '게스트 체커' 사이트에는 7천여 개의 호텔이 가입되어 있다. 이 사이트에서는 호텔 입장에서 불량 고객에 관한 정보(Protecting you from nightmare guests)를 공유한다. 예를 들어 금연구역에서 담배를 피거나 수건을 훔치는 등 불량 고객의 정보를 한번 등록하면 4년 동안 보관된다.

(2) 에어비앤비(Airbnb)

에어비앤비의 경우 고객이 집을 평가하기도 하지만 반대로 집을 빌려준 집 주인도 사용자를 평가한다. 그 결과 평가가 나쁜 손님의 경우 이용을 제한될 수도 있다. 에어비앤비에서는 평가의 대상이 쌍방이 된 것이다.

(3) A 카드사

국내의 A 카드사는 기존에는 규정상 고객의 전화를 먼저 끊을 수 없었지만 블랙리스트 고객의 전화인 경우 텔러마케터가 3번 경고 후 먼저 끊을 수 있도록 규정을 변경하였다.

3) 상황별 불량고객 응대 매뉴얼

(1) 대면폭언/협박 時

1단계 [고객 진정]	**– 정중한 어조로 중지 요청** · 고객님, 화가 나셨겠지만 마음을 가라 앉히시고 차분히 말씀해 주시겠습니까? · 고객님의 말씀을 잘 듣고 도움드릴 수 있는 방법을 찾아보겠습니다.
2단계	**– 단호한 어조로 중지 요청** · 그렇게 말씀하시면 응대가 어렵습니다.
3단계	**– 녹음/녹화 안내** · 지금부터 정확한 상담을 위해 녹음/녹화를 실시하도록 하겠습니다.
4단계	**– 다시 한 번 고객 진정 및 중지 요청** · 마음을 가라 앉히시고 차분히 말씀해 주시겠습니까?
5단계 [조치사항 안내]	**– 폭력/협박 관련 법규위반으로 처벌 받을 수 있음을 안내** · 고객님의 이러한 말씀과 행동은 상대방에게 모욕감과 공포심을 일으키는 위법행위로서 관련 법령에 저촉될 수 있습니다. 이 점 참고하시어 자제 부탁드립니다. (형법 제311조 모욕죄)
6단계	**– 책임자 및 보안요원 호출** · 고객님, 필요하시다면 담당부서 책임자를 불러드리겠습니다.
7단계	**– 응대 종료 안내** · 고객님, 더 이상의 응대가 어렵습니다. 응대를 종료하겠습니다.
8단계	**– 내용 공유**

(2) 전화폭언/협박 時

1단계 [고객 진정]	**– 정중한 어조로 중지 요청** · 고객님, 화가 나셨겠지만 마음을 가라앉히시고 차분히 말씀해 주시겠습니까? · 고객님의 말씀을 잘 듣고 도움드릴 수 있는 방법을 찾아보겠습니다.
2단계	**– 단호한 어조로 중지 요청** · 그렇게 말씀하시면 응대가 어렵습니다.
3단계 [조치사항 안내]	**– 폭언/협박 관련 법규위반으로 처벌 받을 수 있음을 안내** · 고객님, 공포심이나 불안감을 조성하는 말씀들을 반복적으로 하는 것은 위법 행위로서 관련 법령에 저촉될 수 있습니다. (형법 제283조 협박죄)
4단계	**– 응대 종료 안내** · 고객님, 더 이상 응대가 어렵겠습니다. 응대를 종료하겠습니다.
5단계	**– 내용 공유**

(3) 방송 · 언론사 관계자라며 제보하겠다고 협박 時

1단계 [고객 진정]	**– 정중한 어조로 중지 요청** · 고객님, 화가 나셨겠지만 마음을 가라 앉히시고 차분히 말씀해 주시겠습니까? · 고객님의 말씀을 잘 듣고 도움드릴 수 있는 방법을 찾아보겠습니다.
2단계	**– 책임자 및 보안요원 호출** · 고객님, 필요하시다면 담당부서 책임자를 불러드리겠습니다.
※행동요령	– 고객서비스담당 내용 공유 및 홍보실 확인
3단계 [증거 확보]	**– 녹음/녹화 안내** · 지금부터 정확한 상담을 위해 녹음/녹화를 실시하도록 하겠습니다.
4단계	**– 다시 한 번 고객 진정 및 중지 요청** · 마음을 가라앉히시고 차분히 말씀해 주시겠습니까?
5단계 [조치사항 안내]	**– 문제 해결을 위해 최선의 방법으로 처리/안내 했음을 설명** · 고객님, 지금까지 문제 해결을 위해 최선을 다하였으나 도움 드리지 못해 죄송합니다. 방송 또는 언론 제보 시에도 동일한 처리 방법과 답변을 드릴 수 있음을 안내해 드립니다.
6단계	**– 제보 내용 왜곡 시 법적 대응 안내** · 고객님, 제보내용이 지금과 다르게 왜곡될 경우 불가피하게 법적으로 대응할 수밖에 없음을 안내해 드립니다.
7단계	**– 응대 종료 안내** · 고객님, 더 이상의 응대가 어렵습니다. 응대를 종료하겠습니다.
8단계	**– 내용 공유**

(4) 책임자 나오라며 폭력 時

1단계 [고객 진정]	**– 정중한 어조로 중지 요청** · 고객님, 공적인 부분에 대해서만 말씀해 주시기 바라며, 그 외 사적인 부분은 말씀을 자제해 주시기 바랍니다.
2단계	**– 단호한 어조로 중지 요청** · 고객님의 이러한 말과 행동(신체적 접촉)을 중지해 주시기 바랍니다.
※ 행동요령	– 담당자, 고객서비스담당, 보안팀에 연락 및 조용한 장소로 이동
3단계 [증거 확보]	**– 녹음/녹화 안내** · 지금부터 정확한 상담 및 신변보호를 위해 녹음 및 녹화를 실시하도록 하겠습니다.
4단계	**– 다시 한 번 고객 진정 및 중지 요청** · 마음을 가라앉히시고 차분히 말씀해 주시겠습니까?
5단계	**– 책임자 및 보안요원 호출** · 고객님, 담당부서 책임자를 불러드리겠습니다.
6단계	**– 해당 팀 팀장과 면담할 수 있도록 대기** · 해당 팀 전체를 총괄하는 책임자이며 해당본부 임원으로부터 현장 처리 권한을 위임받아 처리해 드리도록 하겠습니다.
7단계	**– 내용 공유**

(5) 대면 성희롱 時

1단계	**– 정중한 어조로 중지 요청** · 고객님, 공적인 부분에 대해서만 말씀해 주시기 바라며, 그 외 사적인 부분은 말씀을 자제해 주시기 바랍니다.
2단계	**– 단호한 어조로 중지 요청** · 고객님의 이러한 말과 행동(신체적 접촉)을 중지해 주시기 바랍니다.
3단계	**– 성희롱 관련 법규위반으로 처벌 받을 수 있음을 안내** · 고객님의 행동은(성적, 언어폭력) 상대방으로 하여금 성적 수치심이나 혐오감을 일으키는 위법행위로서 관련 법령에 저촉되어 처벌 받으실 수 있습니다.
4단계 [증거 확보]	**– 녹음/녹화 안내** · 지금부터 정확한 상담 및 신변보호를 위해 녹음 및 녹화를 실시하도록 하겠습니다.
5단계 [조치사항 안내]	**– 책임자 및 보안요원 호출** · 고객님, 필요하시다면 담당부서 책임자를 불러드리겠습니다.
6단계	**– 응대 종료 안내** · 고객님, 더 이상 응대가 어렵습니다. 응대를 종료하겠습니다.
7단계	**– 내용 공유**

(6) 전화 성희롱 時

1단계	**– 단호한 어조로 중지 요청** · 고객님, 공적인 부분에 대해서만 말씀해 주시기 바라며, 그 외 사적인 부분은 말씀을 자제해 주시기 바랍니다.
2단계	**– 단호한 어조로 중지 요청** · 고객님, 말씀을 중지해 주시기 바랍니다.
3단계	**– 성희롱 관련 법규위반으로 처벌 받을 수 있음을 안내** · 고객님, 상대방에게 성적 수치심이나 혐오감을 일으키는 말을 지속적으로 사용할 경우 성폭력범죄의 처벌 등에 관한 특례법 제13조에 해당되며, 2년 이하의 징역 또는 500만 원 이하의 벌금에 처할 수 있음을 안내드립니다.
4단계	**– 응대 종료 안내** · 고객님, 더 이상 응대가 어렵습니다. 응대를 종료하겠습니다.
5단계	**– 내용 공유**

(7) 여러 접점에서 동일한 컴플레인 제기로 업무 방해 時

1단계	**– 정중한 어조로 중지 요청** · 고객님, 지금까지 문제 해결을 위해 최선을 다하였으나 도움 드리지 못해 죄송하며 동일한 사안에 대해 반복적으로 요청하셔도 동일한 처리방법과 답변을 드릴 수 있음을 안내해 드립니다.
2단계	**– 반복적인 응대 정중히 거절** · 고객님, 동일한 내용으로 더 이상의 응대는 곤란합니다.
3단계	**– 책임자 및 보안요원 호출** · 고객님, 담당부서 책임자를 불러드리겠습니다.
4단계	**– 응대 종료 안내** · 고객님, 더 이상 응대가 어렵습니다. 응대를 종료하겠습니다.
5단계	**– 내용 공유**

(8) 기타 무리한 요구 時

정신적 피해보상	– 당사 과실이 없는 경우 정중하면서도 단호히 보상기준이 없음을 안내 – 당사 과실이 있는 경우 유관부서와 협의 후 처리 기준에 따라 신속히 처리
책임자 면담요구	– 서포터, 파트리더, 팀장 등 순차적으로 면담 유도 및 팀장의 경우 해당본부 임원 권한을 위임 받아 컴플레인 처리에 적극 관여하고 있음을 안내

자료 : L백화점 상황별 불량고객 응대 매뉴얼을 활용한 저자 재구성

제3절 컴플레인 개념의 이해

컴플레인(Complain)은 서비스마케팅 차원에서 고객이 상품을 구매하는 과정이나 구매한 상품에 관하여 품질, 서비스, 불량 등을 이유로 불만을 제기하는 것이다.

1. 고객 컴플레인 응대 기법

1) MTP 기법

MTP 기법이란 고객의 컴플레인을 처리하는 기법 중 하나로 사람(Man), 시간(Time), 장소(Place)를 바꾸어 컴플레인을 처리하는 방법이다.

〈표 3-3〉 MTP 기법과 내용

MTP	내용
사람(Man) (응대하는 사람을 바꾼다)	**나를 바꾸려고 노력한다.** - 표정 : 진중한 표정으로 응대하며 절대 장난스럽게 웃지 않는다. - 자세 : 고객을 존중하고 있다는 느낌을 주도록 하고 너무 꼿꼿한 자세는 고객으로 하여금 거만하게 느껴질 수 있다. - 시선 : 컴플레인 고객의 경우에는 시선을 떼지 말고 응대해야 한다. **새로운 사람으로 바꾼다.** - 담당 직원에서 책임자(하급자 → 상급자, 판매사원 → 판매담당)로 직원의 성별을 교체하여 응대한다.
시간(Time) (시간을 바꾼다)	- 고객의 화난 감정을 누그러뜨리고 싶을 때는 차를 권유하는 등 상황을 잠시 벗어나도록 한다. - 고객의 이야기를 중간에 끊지 않고 차분히 듣는다. - 고객에게 이성적으로 생각할 수 있는 시간을 준다.
장소(Place) (장소를 바꾼다)	- 고객에게 앉을 자리를 권한다. - 장소를 매장에서 사무실이나 소비자 상담실로 바꾼다. - 조용한 장소에서 차분한 분위기를 유지한다.

자료: 기존 연구를 활용한 저자 재구성

2) 컴플레인 유형별 고객 분류와 해결방법

(1) 성격이 급하고 신경질적인 유형의 고객

성격이 급하고 신경질적인 유형의 고객은 기다리지 못하고 계속 재촉하며 작은 것에도 민감한 반응을 보이므로 응대 시 인내심이 요구되며 말투나 태도에 유의하고 불필요한 대화를 줄이면서 신속하게 처리되고 있음을 보여주는 것이 무엇보다 중요하다.

☞ 응대 요령

- 그 어느 유형보다 인내심이 요구되므로 끝까지 참는다.
- 고객의 감정이 더 이상 고조되지 않도록 말투, 시선 등 언행에 주의하면서 신속하게 처리한다.
- 불필요한 대화를 줄이고 원리원칙만 내세우기보다는 유연하게 응대한다.

(2) 신중하고 꼼꼼한 유형의 고객

실용성에 대하여 질문을 많이 하고 망설임이 많으며 논리적인 유형으로 서비스 종사자의 지나치게 자세한 설명이나 친절을 때로는 의심한다.

☞ 응대 요령

- 초조해하지 않고 질문에 성의껏 대답한다.
- 사례나 타 고객의 예를 들며 추가 설명한다.
- 혼자 생각할 수 있는 시간적 여유를 준다.
- 지나친 설득이나 너무 많은 설명은 오히려 역효과를 유발한다.
- 분명한 근거나 증거를 제시하여 스스로 확신을 갖도록 유도한다.

(3) 빈정거리며 무엇이든 반대하는 유형의 고객

열등감이나 허영심이 강하고 자부심이 강한 유형이다. 문제 자체에 중점을 두고 이야기하지 않고 특정한 사람이나 문구, 대화중에 사용한 단어로 항의한다.

☞ 응대 요령

- 대화의 초점을 주제 방향으로 유도하여 해결에 접근할 수 있도록 자존심을 존중해주면서 응대한다.
- 고객의 빈정거림을 인정하고 고객의 만족감을 유도하면 타협의 자세를 보이게 된다.

(4) 쉽게 흥분하는 유형의 고객

상황을 처리하는데 단지 자신이 생각한 한 가지 방법밖에 없다고 믿고 남으로부터 피드백을 받아들이려 하지 않는 고객이다.

☞ 응대 요령

- 고객과 논쟁을 하거나 같이 화를 내는 일이 없도록 하며 고객이 감정을 소진할 때까지의 시간을 두고 기다리며, 부드러운 분위기를 유지하며 웃음이 섞이지 않도록 주의한다.
- 말하고 있는 도중 고객이 방해하면 말할 수 있는 편안한 분위기를 유지해주고 고객 스스로가 문제를 해결할 수 있도록 유도한다.
- 고객 스스로 감정을 조절할 수 있도록 유도하는 우회적인 화법을 활용한다.

(5) 전문가이고 거만한 자기 과시 유형의 고객

자신을 과시하는 타입으로 자신은 모든 것을 다 알고 있는 전문가인 듯 행동하는 유형이다. 자신이 가지고 있는 확신에 대해 좀처럼 고집을 꺾지 않으려하고, 좀처럼 설득되지 않으며, 직원보다는 책임자에게 접근하려 한다.

☞ 응대 요령

- 고객의 말을 경청하며 칭찬과 감탄으로 고객을 인정하고 높여주며 친밀감을 조성한다.
- 대화중에 반론을 하거나 자존심을 건드리는 행동은 하지 않는다.

(6) 얌전하고 과묵한 유형의 고객

속마음을 헤아리기 어려운 고객이다. 한 번 마음에 들면 충성고객이 되지만 마음이 돌아서면 관계를 끊는다. 불만스러운 사항이 있어도 내색하지 않는다.

☞ 응대 요령

- 단어 하나하나 표현에 주의하며, 시선은 반드시 마주치며 응대한다.
- 다른 고객을 대하는 모습도 영향을 줄 수 있으므로 언행에 주의한다.
- 말이 없다고 해서 만족한 것으로 착각하면 안 된다.

(7) 소리 지르는 유형의 고객

목소리는 최대한 크게, 욕과 함께하면 일이 더 빨리 해결될 줄 아는 고객이다.

☞ 응대 요령

- 직원의 목소리를 작게 낮추고 말을 천천히 이어감으로써 고객 스스로가 자신의 목소리가 크다는 것을 인지하게 해야 한다.
- 분위기를 바꾸는 것도 필요하다. 장소를 바꾸면 대화가 중단되어 목소리를 낮추게 하는 효과가 있다.

2. 서비스 실패

서비스 실패는 고객에게 서비스 과정이나 결과에서 만족스럽지 못한 경험을 제공하는 서비스 문제이며 서비스 제공자가 인지하거나 인지하지 못하는 고객의 모든 부정적 경험을 의미한다. 서비스 실패는 곧바로 주변의 잠재고객에 영향을 끼쳐 미래의 고객을 잃게 하는 결과를 초래한다.

서비스 실패를 체계적으로 분석하기 위해 보다 중요하게 고려해야 하는 실패 요소는 서비스 제공 과정의 실패와 서비스 제공 결과의 실패이다. 서비스를 체계적으로 관리하기 위해서는 서비스가 전달되어 고객이 인지하는 과정의 핵심적 요소를 고려해야 한다.

기업 측의 서비스 실패 원인은 충분하지 않은 설명이나 의사소통의 미숙에서 발생한다. 서비스 실패는 고객 측 원인보다 기업 측 원인이 훨씬 많지만 고객 측 원인도 무시할 수 없다. 고객 측 원인 중에서 거래 중단과 바꾸려는 심리로 의도적인 불만 제기를 하게 되면 담당 직원은 매우 난감해진다. 또한 구매 전의 지나친 기대나 자신의 기억 착오로 직원과 마찰이 생겨서 서비스가 나쁘다고 하는 경우도 의외로 많다.

고객 측의 원인으로 인해 발생하는 서비스 실패는 고객의 기억 착오로 인한 마찰, 거래를 중단하거나 바꾸려는 심리, 고객의 고압적인 자세와 감정적 반발, 제품 · 상표 · 매장 · 회사 등에 대한 잘못된 인식, 고객의 지나친 기대, 고객의 성급한 결론, 고객의 독단적 해석, 고객의 심리적 오류, 할인 · 거래 중단 · 교환 등의 이유로 고의나 악의에서 제기하는 불만 등으로 볼 수 있다.

기업 측 원인으로는 직원의 불만고객에 대한 인식 부족, 고객 감정에 대한 배려 부족, 무성의한 고객 대응 태도, 직원의 업무 지식 및 제품 지식의 결여, 충분하지 않은 설명이나 의사소통의 미숙, 제품관리 소홀, 무리한 판매 권유, 단기간의 이해 집착, 약속 불이행, 일 처리 미숙 · 오류, 교환이나 환불의 지연, 서비스 프로세스 및 지원 시스템의 결여, 원활하지 못한 내부 커뮤니케이션, 불친절 및 서비스 정신의 결여, 교환이나 환불의 지연, 서비스 지향적인 조직문화 구축 실패 등으로 볼 수 있다.

[서비스 경험 사례 토론]

1. 본인의 불만고객 대응 경험 사례

    1-1. 우수(성공) 사례

    1-2. 실패 사례

2. 내가 경험한 불만족스러웠던 서비스 경험 사례

3. 내가 경험한 만족스러웠던 서비스 경험 사례

4. 본인의 경험 중 불량고객 대응 사례

5. 본인이 불량고객이었던 경험 사례

Chapter

04

서비스의 이해

서비스경영론

CHAPTER 04

서비스의 이해

제 1 절 서비스의 의의와 개념

1. 서비스 산업구조의 변화

우리 경제는 제조업으로부터 서비스업으로의 구조 변화가 빠른 속도로 진행되고 있다. 이러한 경제의 서비스화는 비단 우리만 겪는 현상이 아니라 국가경제발전에 따라 모든 선진국들이 공통적으로 경험한 과정이다. 우리나라의 경우 발전단계에 비해 서비스화의 진전은 상대적으로 늦은 것으로 나타나고 있다. 경제의 서비스화는 그것이 비록 바람직한 것이든 아니든, 또 우리가 원하든 원하지 않던 간에 우리경제가 필연적으로 나아갈 수밖에 없는 과정이다.

우리나라의 본격적인 경제개발이 시작된 1960년대 이후 제조업은 우리 경제의 중심이자 성장의 동력으로서 그 역할을 수행해 왔다. 그러나 경제발전에 따른 1차 산업 → 2차 산업 → 3차 산업으로의 구조이행에서 지적했던 바와 같이 우리 경제도 1990년대 이후 제조업의 상대적 정체와 서비스업의 빠른 신장이 두드러지게 나타났다. 물론 다른 선진국이나 우리나라와 비슷한 발전단계에 있는 국가와 비교할 때 우리나라 제조업은 여전히 강세를 유지하고 있지만 이미 과거 개발연대와 같은 눈부신 성장은 기대하기 어렵다. 반면 서비스업은 생산과 고용 양면에서 매년 그 비중이 꾸준히 늘어나고 있으며 선진국들의 경험에 비추어 볼 때 이러한 추세는 앞으로도 지속될 것이다.

이러한 경제의 서비스화의 급격한 진전은 그동안 제조업 중심의 고도성장을 지속해 온 우리 경제에 새로운 과제를 던져주고 있으며 앞으로 우리 경제의 성쇠는 급격히 진전되는 서비스화에 어떻게, 얼마나 효과적으로 대처하는가에 달려 있다고 하여도 과언이 아니다.

경제가 발전할수록 서비스산업이 경제에서 차지하는 비중이 높아지는 '경제의 서비스화' 현상이 진행되는 것이 일반적이다. 이는 서비스산업이 생산, 고용, 소비, 무역 등에서 차지하는 비중이 높아질 뿐만 아니라 제조업 등 여타 산업 생산에 투입되는 중간재로서의 서비스 비중도 높아지게 되기 때문이다.

C.Clark는 1950년대에 국가경제의 발전에 따라 산업의 중심이 1차 산업(농림어업)에서 2차 산업(공업), 3차 산업(서비스업)으로 이행된다고 지적한 바 있다. 세계 주요 국가의 특징을 보면 선진국일수록 국민경제에서 차지하는 제조업 비중이 낮고, 서비스업 비중이 높으며 추세상으로도 거의 모든 국가에서 예외 없이 경제의 발전에 따라 제조업 비중이 낮아지고 서비스업 비중이 높아지고 있는 것으로 나타나고 있다.

국가경제에 영향을 미치는 요인은 GDP와 고용이다. 서비스산업이 우리 경제에서 차지하는 비중은 선진국에 비하여 20%(명목GDP기준) 정도 낮은 편이다. 특히 90년대 이후 제조업에서 서비스산업으로 노동력 이동이 빠르게 진행되면서 서비스산업의 취업자 비중은 큰 폭으로 증가하였지만 주요 선진국과 비교해 보면 우리나라는 서비스산업의 비중이 상대적으로 낮은 수준에 있다. 선진국으로 진입하게 되면 서비스 비중이 높아질 것이라 전망된다.

경제의 서비스화는 구체적으로 두 가지 방향으로 전개된다. 하나는 산출에서 차지하는 서비스의 비중이 커진다는 것으로 이는 다른 말로 하면 '서비스의 산업화'라고 개념화할 수 있다. 독자적인 시장을 갖지 못하고 재화에 부수되어 제공되

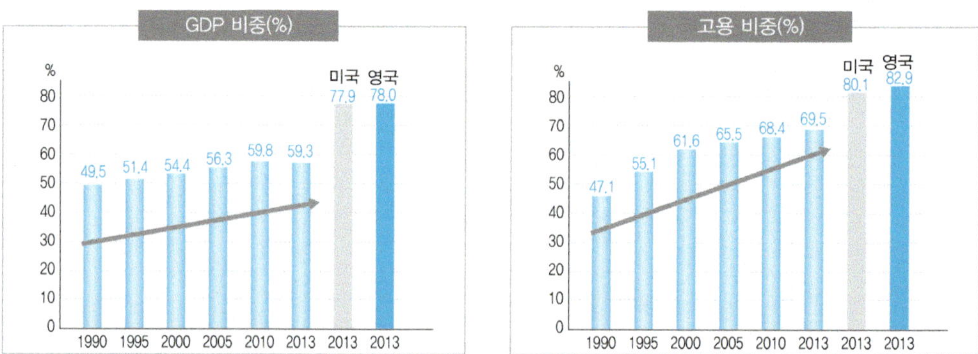

[그림 4-1] GDP 비중과 고용비중으로 보는 서비스 산업구조의 변화(사진=통계청)

던 서비스가 하나의 독립된 경제재로서 산업을 형성한다는 의미이다.

다른 또 하나의 방향은 '산업의 서비스화'이다. 이는 과거에는 재화중심의 투입물에 의해 이루어지던 산업생산에서 중간투입물로서의 서비스의 비중이 높아진다는 것을 의미한다.

과거에는 소비자들이 상품의 기능을 중시하였지만 개성화와 가치관의 다양화가 진전되면서 상품의 기본적인 기능보다는 디자인, 감성 등의 무형적 가치에 점차 큰 비중을 두는 경향이 커지기 때문이다. 그 결과 산출뿐만 아니라 투입 면에서도 서비스화는 꾸준히 진행되고 있다. 현재 우리는 서비스 경제(Service Economy), 서비스 사회(Service Society)로 진입하였다. 이는 소비자 욕구의 다양화, 급속한 기술의 진보, 제품의 평준화, 서비스 비중 증대로 서비스가 곧 경쟁우위 요인이 된 것임을 의미한다.

1) 서비스 확대 유형

서비스업은 제조업과는 달리 끊임없이 팽창하고 있다. 과거에 기업은 제품만 판매하였으나 현재는 판매 이후의 사후 서비스도 중요해졌다. 이는 고객이 사후 서비스를 중시하기 때문이다. 따라서 기업은 제품이 소진될 때까지 서비스를 어떻게 할 것인지에 대한 서비스 디자인이 중요하며 이는 내재된 서비스(Embodied Service)를 하는 것이 핵심이다.

〈표 4-1〉 서비스의 확대 유형

신종 서비스업의 등장 (O2O 사업 등)	- 음식 배달(예. 배달의 민족, 요기요) - 숙박 예약(예. 야놀자, 에어비앤비)
서비스 기업의 보조 서비스 추가, 확장	- 이동통신 산업의 부가 서비스, - 호텔 피트니스센터, 면세점
서비스의 고급화, 전문화, 다양화	- 우버 택시, 포장 이삿짐 센터, 애견미용실, 아내사랑보험
제조기업의 서비스 사업 추가	- 제조기업의 서비스 내재화(제품과 서비스의 융합)
제조기업의 부가 서비스 증가	- 판매 후 서비스(사후 서비스)

2) 서비스산업의 경쟁력

우리나라 서비스업의 노동생산성은 미국의 절반 수준인데 이는 서비스 생산성이 낮기 때문에 질 낮은 일자리만 생성되기 때문이다.

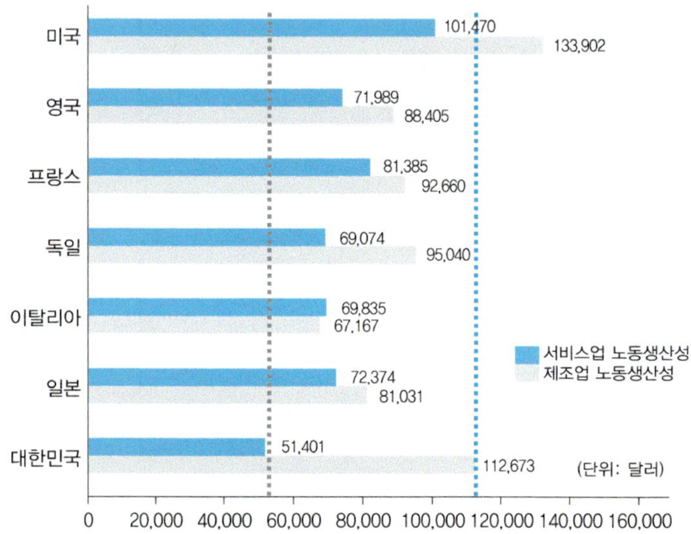

*주 : 미국, 영국, 프랑스는 2012년 기준

[그림 4-2] 제조업 · 서비스업 노동생산성(사진=OECD, 2013)

〈표 4-2〉 생산성 증가율(미국)

분류	1970년대	1980년대
제조업	1.4%	3.3%
서비스업	0.7%	0.8%

금융그룹 UBS의 조사에 따르면, 2015년 우리나라의 1인당 GDP는 세계 28위지만, 전반적인 서비스 요금 수준은 세계 40위 바깥이었다(KBS NEWS, 2016). 우리나라는 소득 수준에 비해 이른바 '사람값'이 저렴하다는 것을 보여준다. 이러한 이유는 서비스산업에서는 범세계적인 경쟁 압력이 존재하지 않는다는 점, 서비스 부문에의 투자 및 교육, 연구개발의 투자가 제대로 이루지지 않고 있다는 점, 경영자의 관심 부족과 능력 한계 등이 주요 요소라고 볼 수 있다.

☞ 서비스업의 이해

- 서비스산업과 제조업의 구분이 필요하며, 특히 최근 제조업의 산출물인 제품의 차별화를 위해 서비스가 활용되고 있다.
- 도시화가 진행됨에 따라 서비스산업이 성장하였다.
- 새로운 직업의 대부분은 서비스에 의해 창출되고 있다.
- 서비스의 경우 임대의 개념으로 보는 것이 적절하다. 예를 들어 의료서비스의 경우 병원의 시설과 의사의 전문지식을 빌리는 것으로 이해할 수 있다.
- 첫 구매의 경우, 서비스는 무형재이기에 첫 구매 시 고객 기대형성이 어렵다.

☞ 서비스 패러독스(Service Paradox)의 개념과 발생원인

서비스 패러독스란 서비스 경제의 발달, 경제적 풍요, 기술의 발달에도 불구하고 고객이 체감하는 서비스품질은 하락하는 현상을 뜻한다.

서비스 패러독스의 발생 원인으로는 서비스 표준화 및 획일화로 서비스의 개별성 상실, 기술기반의 비인간적 서비스 증가(서비스의 기계화; Self Service Technologies), 숙련되지 않은 일선 근무자의 서비스 제공, 셀프서비스 증가, 일부 기업의 좋은 서비스로 인한 고객의 기대 수준 증가, 약속한 양질의 서비스 미제공, 경쟁적인 서비스 환경이 차별성을 상실, 시간이 지날수록 기술은 복잡해지고 고객은 이러한 기술의 진보를 따라잡지 못하고 있는 실정 등이 있다.

2. 서비스의 개념과 특성

1) 서비스의 개념

서비스(Service)의 사전적 정의는 '생산된 재화를 운반·배급하거나 생산 또는 소비에 필요한 노무를 제공하는 것'이다. 서비스 자체의 다양한 성격으로 인해 서비스에 대한 정의와 정확한 개념의 설정이 어려울 뿐만 아니라 재화와의 구분조차 쉽지 않은 일이며, 최근에는 제품과 서비스의 경계까지 모호해지고 있는 추세이다.

서비스는 시간, 장소, 형태 또는 심리적인 효용을 생산하는 경제 활동을 의미한다. 예를 들어 가정부의 서비스는 고객의 시간을 제공하는 것이고 백화점과 식료품점은 한 곳의 편리한 장소에서 각종 상품을 제공하는 것이며, 데이터베이스 서비스는 유용한 형태의 정보를 제공하는 것이고(예. 신용평가회사), 레스토랑은 심리적인 기분전환을 제공하는 곳이다.

서비스는 눈에 보이지 않기 때문에 물리적 증거를 통해 기업의 인상과 서비스 품질을 고객에게 전하려 한다. 실내온도, 조명, 소음, 색상 등 주변적 요소와 서비스 매장의 공간적 배치와 기능성, 표지판, 상징물, 조형 물 등 물리적 증거를 남기고 싶어 하는 것이 서비스이다.

서비스 인더스트리 4.0시대에 서비스는 더 이상 선택 사항이 아니라 필수 요소(must)이다. 학교에서 교수자가 제공하는 강의는 학교라는 공동체의 주 고객인 학생들에게 제공되는 가장 중요한 서비스이며, 가족들을 위해 준비한 맛있는 저녁식사와 따뜻한 집안 분위기는 어머니가 가족들에게 제공하는 최고의 서비스이다. 이처럼 직장과 학교, 가정에서 우리는 끊임없이 서로가 서로에게 서비스를 제공하고 또 제공받고 있다. 이제 서비스는 give & take를 넘어 share & share로 서로가 서로에게 서비스를 제공하고 또 제공받고 있다. 다른 여러 가지 요소들이 있겠지만 결국에는 조직에서 자신을 둘러싼 주위 사람 혹은 관계 지향적인 사람이라고 정의한다. 이처럼 우리의 삶은 내가 관계하는 상대방에서 서비스를 제공하고 또 상대방으로부터 서비스를 제공받는 것으로 이루어진다고 하여도 과언은 아니다. 우리는 스스로 서비스의 제공자이면서 소비자인 사회에 살고 있는 것이다.

기업에서 내부적으로 이야기하는 서비스는 대부분 고객 서비스를 말한다. 고객에게 제공되는 사전 서비스, 진행 중 서비스, 사후 서비스를 모두 서비스라고 표현한다. 고객 서비스란 기업이 운영하는 여러 가지 경영활동 중에서 고객의 기대를 충족시키기 위한 서비스로 고객이 지금 당면하고 있는 문제를 해결해주는 서비스 활동을 의미한다. 이러한 고객 서비스 활동을 통하여 기업은 고객이 계속 자신의 고객으로 남아 있게 만들고 지속적으로 재구매가 일어나도록 마케팅 활동을 진행한다. 이러한 과정을 통하여 상당 기간 동안 서비스에 만족한 고객은 단순한 고객을 넘어 한 걸음 더 나아가 그 기업의 충성고객으로 전환된다. 대부분의 충성고객은 주위의 가족, 친구, 동료들에게 해당 기업과 상품을 적극적으로 추천함으로써 그들이 새로운 고객이 되는 데 많은 영향을 끼친다.

서비스의 기본은 고객의 질문에 응답하고 요구하는 정보를 제공하며, 구매한 상품이나 서비스로부터 발생한 문제들을 해결해 주는 것이다. 즉, 문제를 해결해 주는 것이 서비스의 시작이며 마지막인 것이다. 그런 의미에서 진정한 서비스는 솔루션이다. 솔루션의 제공 없이 전달되는 친절과 미소는 서비스가 아니며 이러한 경우 오히려 고객의 불만을 더 초래할 수 있다. 고객이 직면하는 문제를 해결해 줄 수 있는 솔루션을 제공할 때 진정한 서비스가 제공되는 것이다. 그것도 가능한 빠르고 정확하고 친절하게 제공되어야 하는 것이다.

솔루션을 전달할 능력이 갖추어지고 난 이후에 친절이 의미를 가지게 된다. '리무진 운전사의 미소가 자동차를 대신할 수 없다.' 라는 경영혁신 기법인 '리엔지니어링'을 창안한 마이클 해머(Michael Hammer) 박사의 코멘트 역시 같은 문제를 지적한다. '친절하게'라는 것이 중요하지 않다는 의미가 아니라, 솔루션을 제공할 수 있는 역량을 포함한 서비스 준비의 문제가 우선이라는 것이다.

'빠르고, 정확하게' 고객을 응대하려면 충분한 업무지식, 서비스 지원 시스템, 기술, 서비스 프로세스 등이 먼저 준비되어야 한다. 즉, 솔루션을 제공할 준비가 우선이라는 뜻이다. 서비스는 시스템, 프로세스, 서비스 직원의 역량 등이 제대로 융합될 때 효과가 극대화된다. 친절은 직원의 역량 중 하나의 요소인 것이다.

고객은 제대로 된 대답(정보)을 원할 경우, 기다리지 않고 얻기를 원한다. 그러기 위해서는 고객의 문제를 해결해 줄 수 있는 서비스 직원의 역량을 향상시키고 조직의 서비스 준비상태를 점검하여 고객의 기대 수준을 충족시키는 것이 우선이다. 고객에게 필요한 솔루션을 빠르고, 정확하고, 친절하게 전달하는 것이 서비스의 핵심이기 때문이다.

2) 서비스의 특성

서비스는 잘못 판매하면 돌려주거나 돌려받기 어렵다. 물론 불완전 판매가 이루어졌을 경우 수정이 이루어질 수 있으나 깊은 상처를 남기게 됨을 알아야 한다.

서비스의 특성은 무형성, 동시성, 이질성, 소멸성, 노동집약성, 고객접촉성으로 구분할 수 있다.

- **무형성(Intangible)**

서비스는 구매 전에 보거나 만지거나 냄새를 맡을 수 있는 유형적 대상이 아니므로 실체를 객관적으로 느낄 수 없으며, 결과(Result 또는 Output)가 눈에 보이지 않기 때문에 광고가 어렵다. 제품은 특허를 받을 수 있지만 서비스는 눈에 보이지 않기 때문에 특허를 받을 수도 없고, 보호를 받을 수도 없다. 그러므로 경영진은 R&D 투자에 신중해야 한다. 이는 서비스만의 유일한 특성이다.

- **동시성(Simultaneous)**

재화는 먼저 생산이 되고 그 다음에 판매될 수 있지만, 서비스는 생산과 소비가 동시에 이루어진다. 그러므로 시간과 공간이 같이 있어야 하며(예. 미용실) 동시성을 가지기 때문에 규모 경쟁이 낮다.

- **이질성(Heterogenous)**

고객이 어떤 서비스를 선호해서 그 서비스를 구매할 때 제공되는 서비스의 품질 수준은 항상 일정할 수 없다. 제품은 동질성을 갖지만 서비스는 사람의 의존도가 높기 때문에 서비스의 output은 이질적이다. 그렇기 때문에 품질관리가 어렵다.

- **소멸성(Perishable)**

서비스는 재화와는 달리 향후 수요에 대비해서 저장할 수 없다. 또한, 생산과 소비가 동시에 소멸되므로 재고의 개념이 없기 때문에 생산성이 낮을 수밖에 없다(예. 항공기의 빈 좌석, 호텔의 빈 객실).

• 노동집약성

서비스는 대체로 인적 의존도가 높은 산업이다. 제품은 생산과정에 많은 노동력이 집중되지만 서비스는 생산과 판매과정에서 고객과 함께 호흡하기 때문에 노동집약성이 제품에 비해 높은 편이다. 모든 시스템이 자동화 추세이지만 아직까지 노동집약성은 높다고 볼 수 있다(예. 스마트팩토리, 하이패스). 그러나 IoT를 통한 기계와 기계, 기계와 시스템 등이 접촉하고 5G, AI가 상용화되면 서비스업은 어떤 방향으로 변하게 될지 예측이 쉽지 않다. 점차 고객접촉성과 노동집약성이 낮아지는 추세로 전환될 것이다.

• 고객접촉성

고객접촉성은 인적 접촉성, 기계 접촉성, 서비스 접촉성(예. 패스트푸드점 디지털 키오스크(kiosk; 무인계산기)) 등으로 나눌 수 있다. 서비스를 생산하는 전체 시간 중 접촉 시간이 길수록 생산성이 저하되므로 생산성을 높이려면 접촉성(Contact)을 낮춰야 한다.

〈표 4-3〉 서비스의 특성에 따른 관리문제와 전략

특성	관리 문제	전략
무형성	광고의 어려움 비특허성 혁신 명성의 중요도	심리적 어필 신중한 R&D 투자 종업원 훈련
소멸성	비재고 과정의 비분리 내재적 피크수요	예약 등 수요의 안정 생산능력 변화 교대 스케줄링, 파트타임
동시성	비완충적 품질관리 유통경로의 부재 지역적인 제약 규모경제의 부재 생산자와 소비자의 상호작용	종업원 훈련 프렌차이징 개인적 판매
변동성	산출표준설정의 어려움 고객의 다양한 수요	종업원 훈련 표준의 개발

자료: 기존 연구를 활용한 저자 재구성

서비스의 특성에 따른 관리문제와 전략을 살펴보면, 제품은 만든 후 품질검사를 통해 수정하면 되지만 서비스는 품질관리가 어렵기 때문에 프로세스 중에 품질관리를 해야 한다. 예를 들어, 미용실에서 헤어디자이너가 고객의 헤어를 커트할 경우 한 번에 짧게 자르는 것이 아니라 조금씩 커트(cut)하면서 고객에게 의사를 묻고 다시 커트(cut)해야 한다.

3) 서비스의 분류

서비스의 다양한 특성으로 인해 서비스산업은 각 상품 또는 산업별로 독특하고 상이한 특성과 생산기술을 가지고 있는 특징이 있다. 따라서 서비스산업이라는 하나의 범주로 분류하는 것이 일반적인 분류방식이지만 농림어업과 제조업을 제외한 나머지 산업이라는 의미가 보다 널리 인정되는 개념으로 보이며 아직까지 구체적으로 합의된 정의는 없다(하봉찬, 2006). 가장 많이 인용되는 T.P.Hill(1977)의 정의에 따르면, '서비스란 어떤 사람이나 물건이 갖고 있는 상태에 변화를 가져다 주는 활동'이라고 규정하고 있지만 그 정의는 매우 포괄적이다. 서비스 행위를 다른 산업과 구별되는 행위로 처음 규정한 Fisher와 Clark은 경제를 농림어업, 광공업과 그 이외의 3차 산업으로 분류하였다. 이들의 분류 영향으로 지금도 농업과 제조업이 아닌 것은 모두 서비스업으로 분류하는 경향이 있다. 이에 따라 서비스 산업을 광의로 정의할 경우는 1차 산업(농업, 임업, 수산업)과 2차 산업(광업, 제조업)을 제외한 3차 산업을 모두 포괄하는 의미로 사용된다.

서비스업은 눈으로 볼 수 없는 상품(서비스)을 제공하여 경제활동을 영위하는 산업이라 정의할 수 있다. 하지만 서비스는 형태가 없는 상품이므로 서비스업으로 분류할 수 있는 업종을 선별한다는 것은 쉬운 일이 아니다.

서비스업은 범위가 넓고 이질적인 요소가 많아 해당하는 업종을 분류할 때 단일 기준을 적용하기 곤란하며, 사용목적에 따라 서비스업의 분류기준과 포괄범위가 달라질 수 있다. 또한 서비스는 관리를 해야 하므로 업종별로 분류해서는 안되며, 구분이 중요한 것이 아니라 전략적 포지셔닝이 중요하다고 할 수 있다. 서비스의 산업별 분류는 [그림 4-3]과 같은 Schmenner(1986)의 서비스 공정 매트릭스(Service Process matrix)가 가장 많이 사용되고 있다.

관여와 개별화 정도 (낮음 → 높음) / 노동집약정도 (낮음 → 높음)

노동집약정도	관여와 개별화 정도: 낮음	관여와 개별화 정도: 높음
낮음	**서비스 공장**	**서비스 숍**
	• 에어라인 • 트럭운수 • 호텔 • 휴양 및 레크리에이션	• 병원 • 자동차 정비 • 기타 수리 서비스
	대량 서비스	**전문적 서비스**
높음	• 소매 • 도매 • 학교 • 은행	• 의사 • 변호사 • 회계사 • 건축가

[그림 4-3] 서비스 공정 매트릭스(Service Process matrix), Schmenner(1986)

서비스의 분류에 따른 관리문제는 [그림 4-4]와 같다.

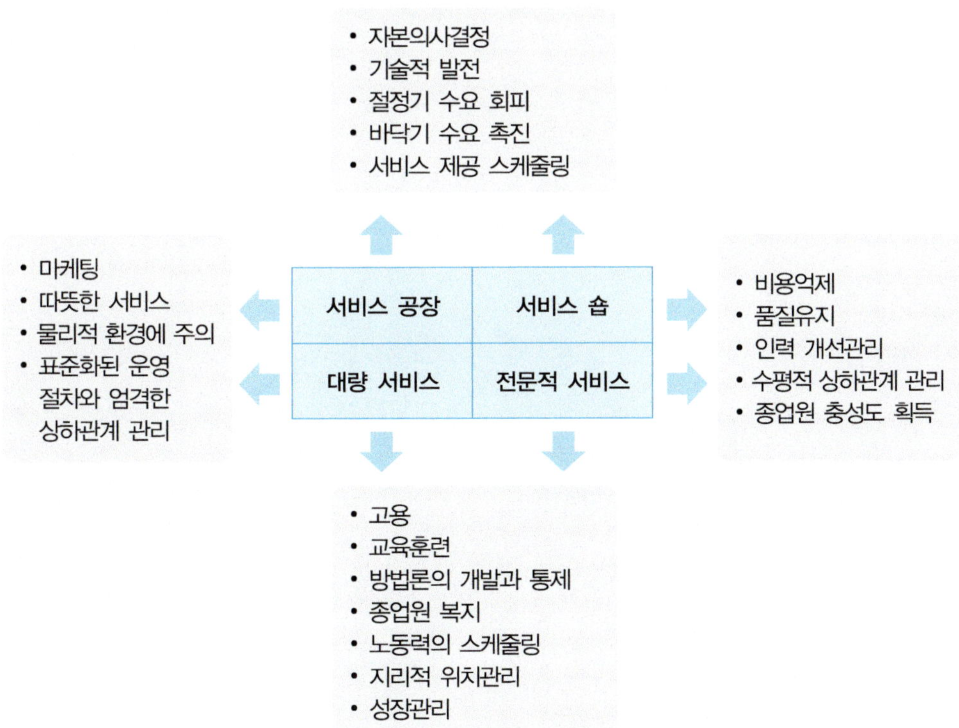

[그림 4-4] 서비스의 분류에 따른 관리문제

☞ 용어의 이해

- 서비스 프로세스 매트릭스 : 슈매너(Schumenner)가 제시한 '상호작용과 고객화의 정도'와 '노동 집약도의 정도'라는 두 개의 기준을 통해 서비스를 분류하는 2×2 매트릭스이다.
- 대량서비스 : 서비스 프로세스 매트릭스에서 높은 노동 집약도와 의존도를 가지고 있어서 종업원의 역량이 성과 도출에 중요한 역할을 하는 서비스(예. 도소매업, 학교 등)이다.
- 서비스 공장 : 서비스 프로세스 매트릭스에서 '상호작용과 고객화 정도'가 낮고 '노동 집약도의 정도'가 낮은 특성을 지닌 영역의 서비스(예. 항공사, 트럭 운송, 호텔 등)이다.
- 서비스 숍 : 서비스 프로세스 매트릭스에서 '상호작용과 고객화 정도'는 높고, '노동 집약도의 정도'는 낮은 특성을 지닌 영역의 서비스(예. 병원, 자동차 정비소, 기타 수리서비스 등)이다.
- 전문 서비스 : 서비스 프로세스 매트릭스에서 '상호작용과 고객화 정도'가 높고, '노동 집약도의 정도'도 높은 특성을 지닌 영역의 서비스(예. 의료, 법률, 회계 등)이다.

4) 서비스운영관리의 체계

서비스운영관리의 이슈는 서비스특징의 이슈, 고객관점의 이슈, 인적자원관련 이슈, 서비스 프로세스의 이슈, 수요 및 공급능력의 이슈, 관리적 이슈로 분류할 수 있다(Sara L. Beckman & Donald B. Rosenfield).

서비스운영관리의 문제와 지향목표를 살펴보면, 서비스운영관리의 문제는 서비스 수요예측과 수요관리, 서비스 프로세스 설계와 표준화, 서비스 시설의 입지와 배치, 서비스 공급능력관리, 서비스 품질의 측정과 개선, 서비스 자재의 조달과 재고통제, 서비스 인적자원관리와 조직 활성화, 서비스 마케팅 전략과 고객만족경영, 서비스 유통과 프랜차이징, 서비스정보시스템 운영, 서비스 생산성 및 운영성과의 측정 등이다.

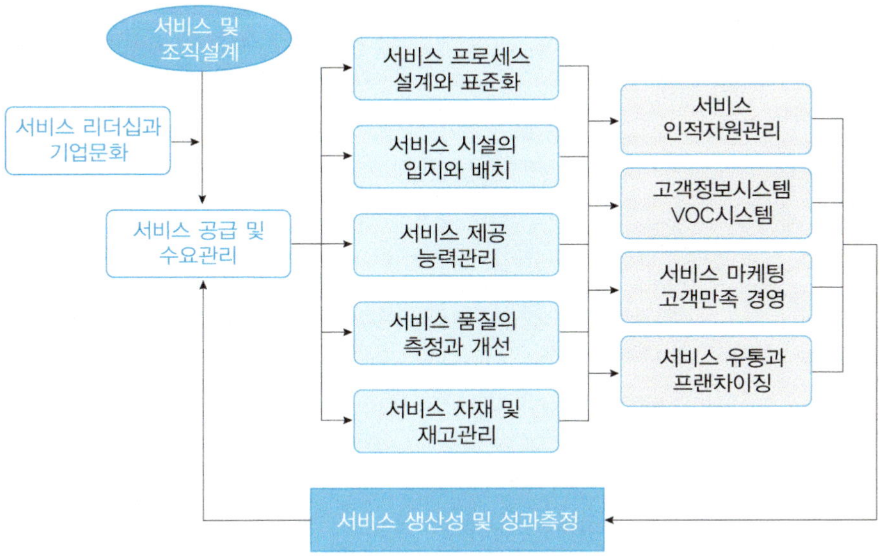

[그림 4-5] 서비스운영관리의 체계

지향하는 목표로는 서비스공급량 결정과 공급계획, 서비스운영의 효율성과 고객화, 고객의 접근성과 입지비용 결정, 수요변화에 대한 유연성 확보, 서비스품질의 지속적 개선 및 경쟁력 확보, 자재 · 시설 등 유휴자원의 최소화, 서비스 인적자원 확보와 교육훈련, 마케팅능력 · 고객만족 · 충성도 증대, 시장 확대와 경쟁우위 확보, 고객정보시스템 구축과 전략적 활용, 서비스 성과지표와 개선기준 설정 등으로 분류할 수 있다.

5) 서비스 패키지

서비스 패키지(Service Package)는 서비스의 무형적인 특성으로 인해 서비스 경영자가 자신의 기업의 서비스가 무엇인지 명확하게 설명하기 어렵다는 한계에 의해 개발되었으며, 특정 환경에서 재화와 정보를 함께 결합하여 제공되는 상품의 묶음을 의미한다.

서비스 패키지는 고객의 서비스 경험을 중심으로 지원설비, 보조용품, 정보, 명시적 서비스, 묵시적 서비스 등으로 구성되며 서비스 콘셉트와 일관되게 구성되어야 한다.

〈표 4-4〉 서비스 패키지 구성요소

구성요소	내용
서비스 경험	– 서비스 패키지를 통해 고객이 얻게 되는 경험
지원설비	– 서비스 제공을 위해 서비스제공 이전에 반드시 갖추어야 하는 물리적인 자원인 시설 및 설비(예. 골프코스, 워터파크의 수영장, 스키장의 리프트, 항공기 등)
보조용품	– 서비스 제공 과정에서 고객이 추가적으로 구매하거나 제공받는 물품으로 구매자들에 의해 소비되거나 구매되는 물품 또는 고객에 의해 제공되는 물품(예. 골프클럽, 스키장의 스키, 식당의 음식, 자동차 부품, 로펌의 법적서류, 병원의 의료보험 등)
정보	– 효율적이며 고객화(개인화)된 서비스 제공을 가능하게 하는 고객에 의해 제공 또는 결정되는 운영 데이터 또는 정보(예. 비행기 여유 좌석, 고객이 알려 주는 택시 하차 위치, 환자 진료기록, 고속버스 목적지, 고객제안 여행 루트와 예산 등)
명시적 서비스	– 감각(오감)을 통해 고객이 직접적으로 인지할 수 있는 서비스 부분으로 서비스의 본질적이고 핵심적인 특성(특색)을 구성(예. 치아 치료 후에 통증의 감소, 정비 후에 부드럽게 달리는 자동차, 수강 후 학생에게 쌓인 지식 등)
묵시적 서비스	– 외관 혹은 감정 등을 통해 심리적으로 느끼는 서비스 부분(심리적 혜택 등)이나 서비스의 외관적인 특색(예. 한정판 서비스, 대출 사무실의 사생활 보호, 자동차 수리 후 안심 등)

자료: 기존 연구를 활용한 저자 재구성

〈표 4-5〉 서비스 패키지 구성요소

구성요소	호텔	치과
지원설비	객실, 식당	치료실, 대기실
보조용품	목욕 용품, 보조침대	보철물, 약품
정보	가구 재배치 주문	예약, 진료기록
명시적 서비스	편안한 휴식	통증의 제거
묵시적 서비스	호텔의 명성	박사학위증, 신형의자

이러한 특징들은 모두 고객이 경험하는 것이고, 서비스 인식의 기초가 된다. 따라서 서비스 경영자들은 고객들이 갈망하는 서비스패키지와 일치하는 종합적인 경험을 제공하는 것이 중요하다.

제2절 서비스 행동

서비스 행동은 구성원이 조직에서 의무적으로 수행하여야 하는 업무를 수행하는 것으로 서비스업에서는 직원이 고객을 대상으로 서비스를 제공하는 본연의 임무를 수행하는 것(Liao & Chuang, 2005), 서비스 접점에서 고객의 필요와 욕망을 충족하기 위해 취하는 직원의 대고객 업무를 수행하는 것(윤만희, 2009) 등으로 정의되고 있다.

서비스 접점에서 고객은 자신을 응대하는 직원의 행동을 해당 기업의 서비스 수준으로 간주한다. 서비스 접점에서 고객을 응대하는 직원은 조직을 대표하기 때문에 그들의 서비스 행동은 서비스 품질을 결정하는 중요한 기준이 되며 그 결과는 고객에게 직접적으로 전달된다(Bienstock, DeMoranville & Smith, 2003). 따라서 직원들의 조직을 위한 다양한 노력이나 직무를 원만하게 수행하기 위한 적극적이고 능동적인 서비스 수행은 고객의 평가에 매우 중요하게 작용한다.

결국 서비스 접점에서 직원이 성의를 보이지 않거나 차별화되지 않은 서비스를 제공하면 고객은 외면하게 될 수밖에 없다. 반면, 적극적이고 능동적인 서비스 행동을 보여 주면 고객은 긍정적인 평가를 통해 조직에 대한 신뢰와 고객만족, 재방문, 조직 이미지 개선 등과 같은 조직의 정성적 성과뿐만 아니라 경제적 성과에도 긍정적인 영향을 미치게 된다.

서비스 행동은 성실성, 정보 소통, 고객 유인, 스포츠맨십, 공감성 등 다섯 개의 하위 요소로 구성된다.

- **첫째, 성실성은 반응성(responsiveness)과 신뢰성(reliability) 두 가지 요소로 구성된다.**

성실성은 고객의 기대에 부응하는 행동을 말한다. '빠른 전화 회신', '고객은 언제나 중요하고, 고객이 필요할 때에는 언제든지 응대', '적절한 시기에 고객들에게 필요한 정보를 제공', '고객과의 약속시간에 정확하게 서비스 제공' 등으로 체크리스트를 만들 수 있다.

- **둘째, 정보 소통은 고객에게 투명하고 간결한 방법으로 상품 정보를 제공하고 소통하는 것을 의미한다.**

'객관적 정보 비교', 'customized된 정보 제공', '개별 고객의 니즈에 맞는 정보 제공', '정보의 장 · 단점을 정확히 전달' 등의 내용으로 체크리스트를 구성할 수 있다.

- **셋째, 고객 유인은 고객과의 개인적인 관계형성을 목표로 하는 행동으로 정의될 수 있다.**

고객의 '개인적 이벤트 챙기기', '기념일에 선물 전달', '점심이나 스낵 등의 환대 제공', '배우자 및 자녀들의 이름 기억' 등으로 체크리스트를 만들 수 있다.

- **넷째, 스포츠맨십은 상대방에 대한 거리감을 표시하지 않은 채 의도하지 않은 상황을 기꺼이 감내하려는 의지로 정의할 수 있다.**

'고객과의 대화를 위해 참을성 있게 기다림', '경쟁사, 경쟁 상품에 대해 험담하지 않음', '다른 사람이 상품 혹은 회사를 비난할 때 침착함을 유지', '고객이 요구하는 절차를 준수' 등으로 체크리스트를 구성할 수 있다.

- **다섯째, 공감성은 서비스 제공자가 고객의 후생(厚生)에 관심을 보이는 일련의 행동을 의미한다.**

'고객을 배려하는 마음', '고객에게 진심 어린 관심', '고객을 배려하는 마음', '고객이 어려운 문제에 직면할 경우에는 언제든지 도울 준비' 등으로 체크리스트를 만들 수 있다.

성실성 · 정보교환 · 고객 유인 · 스포츠맨십은 고객만족에, 스포츠맨십과 공감성은 신뢰에 영향을 미치며, 서비스 행동은 만족과 신뢰를 매개하여 고객점유에 영향을 준다(Ahearne, 2007).

제3절 서비스 프로세스 설계 및 품질 관리

1. 서비스 품질 관리

서비스 품질은 고객에 따른 기본 내용으로 표준적 업무 절차에 의한 준수와 규범에 준한 수행에 관계되는 것이다. 서비스 품질의 구조는 서비스 프로세스 진행상 제공되는 서비스의 구조적 요소로서 물적인 요소, 자원의 배분, 조직 구조적인 배분, 적합성의 상태이다.

서비스 품질의 특성은 첫째, 고객이 있는 현장에서 생성된다. 서비스의 생산과 소비가 발생되는 현장에서 서비스 품질은 결정된다. 둘째, 서비스 품질은 고객의 인지다. 고객의 기대, 필요와 경험, 이미지 정도 또는 비교적 주관적인 감정으로 지각하고 평가하게 된다. 셋째, 서비스 품질은 접점의 주변 환경, 상황, 분위기와 같은 복합적인 요소에 의해 결정된다. 넷째, 서비스 품질은 서비스 요소의 상호작용에 의해서 형성된다. 다섯째, 서비스 품질은 고객 경유의 관점에서 한 번의 순간 혹은 몇 차례의 순간들에 의해서 지각되어 가는 프로세스이다. 여섯째, 서비스 품질은 경제적 재화나 소비 대상인 것만을 보는 것이 아니라 상호작용 관계나 환경과 사회에 대한 기여 등과 같은 공헌적 요소들까지 포함한다. 일곱째, 서비스 품질은 사용되는 시점에서 인식되고 사라지지만 긍정적인 기억으로 재구매를 하게 한다. 여덟째, 서비스 품질은 지속적으로 변화한다. 고객의 욕구의 변화와 사회적, 기술적, 환경적 변화에 따라 서비스 품질에 대한 기대가 지속적으로 향상되기 때문에 서비스 품질도 변화하게 된다. 아홉째, 서비스 품질은 보이지 않는 부분의 품질에 의해서 영향을 받는다. 마지막으로 서비스 품질은 일방적이지 않고 상호작용의 노력으로 향상된다. 고객과 제공자의 상호적 노력과 상호작용의 질이 서비스 품질에 영향을 준다.

서비스 품질 측정이 어려운 이유는 첫째, 서비스 품질은 주관적이다. 둘째, 전달 이전에 테스트가 어렵다. 셋째, 고객으로부터 서비스 품질에 대한 데이터 수집이 어렵다. 넷째, 고객은 프로세스의 일부이며 변화 가능성이 있는 요인이다. 마지막으로 자원이 고객과 함께 이동하므로 고객은 자원의 변화를 관찰할 수 있다.

서비스 품질을 개선하기 위한 방법은 아래와 같다.

- 전사적으로 서비스 품질을 향상시키려고 노력하는 기업 문화가 정착되어야 한다.
- 자사가 제공하는 서비스에 대해 파악하고 고객이 반응하는 포인트를 알아야 한다.
- 꾸준히 변화하는 고객 기대를 예측하고 그에 따라 서비스 수준, 방법 등을 변화시킨다.
- 고객은 서비스에 대한 기대를 하고, 이에 따라 자신이 받은 서비스에 대해 평가를 내리므로 과대 기대수준은 기업의 이미지를 해칠 수 있다.
- 고객에게 서비스를 제공 받는 시기, 구체적인 서비스 형태 등을 설명하며 구체적 서비스 정보를 제공한다.

2. 갭(Gap) 모형 진단

갭(Gap) 모형은 서비스 품질의 구조를 진단하는 대표적인 모형으로 기대된 서비스와 실제 지각된 서비스 결과의 차이를 결정 변수로 삼는 '서비스 품질의 결정요인 모형'을 의미한다.

서비스에 대한 기대는 고객의 구전, 개인적 욕구, 과거의 경험, 기업의 외부 커뮤니케이션 활동 등에 의해 영향을 받으며 서비스 전달과 외부 커뮤니케이션은 고객의 서비스 품질 지각에 영향을 미친다.

서비스에 대한 고객기대에 영향을 미치는 요인은 아래와 같다.

- 구전 커뮤니케이션 : 직접 구매하거나 경험하기가 어려운 서비스에 영향을 끼치며, 구전으로 전해지는 정보는 편견이 없기 때문에 정보가치성이 높다(예. 의견 선도자 활용, 증언광고 사용, 기존 고객들이 좋은 소문을 내도록 인센티브 개발 활용).
- 과거 경험 : 고객이 이전에 해당 서비스에 노출되었을 때의 느낌이나 경험을 의미한다. 현재 이용하려는 서비스 기업과 관련된 경험만을 과거 경험으로

보는 것은 극히 제한적인 관점이다. 고객들은 해당 기업뿐만 아니라 유관 기업들의 경험들도 비교하여 기대를 형성한다(예. 유사한 서비스에 대한 고객들의 과거 경험 파악).

- 명시적 서비스 약속 : 서비스 제공자가 고객에게 약속한 인적(판매원 등), 비인적(광고, 팜플렛) 서비스 약속으로, 기대에 영향을 미치는 요인 중 서비스 제공자가 통제할 수 있는 요인 중 하나이다.
- 지각된 서비스 대안 : 고객이 서비스를 받을 수 있는 다른 제공자 또는 경쟁적 대안들을 의미한다(예. CGV와 타 극장들, AVIS와 Herts). 서비스 대안이 존재하면 최저서비스 수준은 상승하므로, 고객이 지각하는 대안들을 명확히 이해하는 것이 중요하다. 기업 관점에서보다 고객 관점에서 대안 파악해야 한다.
- 예상 서비스 : 거래와 교환이 이루어지는 동안에 고객이 예측하는 수준 즉, 고객이 개별적인 거래에서 예상하는 서비스 수준을 뜻한다. 고객이 서비스가 좋을 것으로 예측한다면 최저서비스 수준은 높아질 것이다.

사전에 기대한 서비스와 지각된 서비스 품질은 기업이 고객의 기대를 잘 파악하는 것, 고객의 기대에 적합한 서비스를 기획하는 것, 고객이 원하는 서비스를 원하는 방식으로 전달받는 것, 기업의 통합적인 커뮤니케이션 등에 의해 영향을 받는다. 따라서 고객이 기대하는 것과 인식하는 것의 차이(Gap)를 줄이기 위해서는 좋은 품질의 서비스를 제공하는 것이 중요하다.

☞ 용어의 의미와 개념

- 경험한 서비스 격차 : 기대한 서비스와 경험(인지)한 서비스의 차이
- 경영자 인지 격차 : 기대된 서비스와 고객기대에 대한 경영진의 인식 차이
- 서비스 전달 격차 : 서비스 전달과 경영진 인지의 품질명세화의 차이
- 시장 커뮤니케이션 격차 : 서비스 전달과 고객에 대한 외적 커뮤니케이션의 차이

- 경영자 품질명세 격차 : 경영자 인식의 품질명세화와 고객기대에 대한 경영진의 인식 차이
- 고객의 지각이 갖는 특징 : 주관성, 선택성, 일시성, 총합성
- 고객화 : 고객의 욕구충족 및 관심사항을 우선적으로 고려하여 고객의 다양한 요구에 효과적으로 응대하도록 하는 프로세스 설계 방법

3. 서비스 프로세스 설계

1) 서비스 프로세스의 설계

서비스는 생산과 동시에 소비가 이루어지며 무형적이고 재고로 저장될 수 없다는 특징 때문에 서비스의 프로세스 관리는 매우 중요하다. 서비스 프로세스는 서비스가 고객에게 전달되는 과정이나 다양한 활동들의 흐름을 의미한다. 서비스 프로세스는 서비스 전달과 유통, 프로세스 자체가 상품으로서의 역할을 지니고 있기 때문에 이는 곧 고객의 태도에 영향을 주며 재구매 의사에 있어서도 큰 영향을 끼친다. 그러므로 서비스 기업의 성공 여부는 서비스를 고객에게 얼마나 효과적으로 전달하였는지 즉, 효율적인 프로세스 관리에 달려있다고 볼 수 있다.

서비스 프로세스 중에서도 특히 고객과의 접점에서 일어나는 응대 프로세스는 고객만족에 가장 큰 영향을 줄 뿐만 아니라 유형적인 프로세스가 아닌 무형적인 프로세스이므로 다른 프로세스에 비해 관리하기가 어렵다. 응대 프로세스에서 고객 접점 직원들의 태도와 행동이 서비스 기업의 성패와 직접적으로 관련이 있으므로 직원들을 효과적으로 관리하는 방법이 서비스 기업들 사이에서 주요 이슈가 되고 있다. 고객이 서비스를 이용하는 시작 단계부터 마지막 순간까지 서비스 접점 직원은 모든 역량을 동원하여 고객을 만족시켜야 한다. 이를 뒷받침하기 위해서는 고객접점에 있는 서비스 직원들에게 권한을 부여하고, 지속적인 교육이 필요하며 고객과 상호작용에 의하여 서비스가 순발력 있게 제공될 수 있는 서비스 프로세스를 갖추어야 한다.

서비스 프로세스 설계 시 고객에 대한 인식이 중요하다. 고객은 내부고객과 외

부고객으로 구분할 수 있는데 내부 서비스가 불량하면 외부고객에게 제공되는 서비스 품질이 저하될 수 있으며, 내부 프로세스를 수행하는 직원도 전체적인 관점에서 프로세스적 사고를 갖는 것이 필요하다. 또한, 서비스 제공자와 내부고객의 체인은 고객 지향적 방식으로 관리되어야 한다.

효과적인 프로세스 관리는 프로세스 표준화를 통하여 달성할 수 있다. 최근 많은 서비스 기업들이 서비스품질 향상과 업무효율성을 증대시키고자 프로세스 표준화를 도입하고 있다. 기업뿐만 아니라 정부차원에서도 서비스 경쟁력 향상을 위하여 서비스 표준화를 권장하는 추세이다. 2008년 6월, 지식경제부 기술표준원에서는 제품에만 시행해 오던 한국산업규격(KS : Korean Industrial Standards)인증제를 서비스산업의 질적 향상과 소비자 보호를 위하여 서비스산업에도 도입하기로 발표하였다. KS표시인증은 산업표준을 널리 활용함으로써 서비스 기업의 해당 서비스가 한국산업규격 수준에 해당함을 인정하는 제품인증제도이다.

☞ 서비스 프로세스의 재설계

- 편의성과 전달기능 향상을 위해 서비스 프로세스 중 물리적 요소를 재설계한다.
- 서비스 프로세스가 일관된 경우 각각의 고객들을 위해 서로 다른 서비스를 제공할 수 있는 프로세스를 개발하여야 하므로 종류와 다양성이 증가한다.
- 서비스 속도를 증가시키고 접근성을 향상할 수 있는 방법의 일환으로 셀프서비스를 활용한다.
- 편의성과 접근성을 높일 수 있도록 고객에게 서비스를 직접 전달하는 과정을 창출한다.
- 서비스의 효율성과 제공 속도를 높이기 위해 부가가치를 창출하지 않는 서비스 전달 단계를 제거한다.

2) 서비스 청사진(Service Blueprint)을 이용한 서비스 프로세스의 설계

서비스 청사진은 역할이나 관점이 상반된 사람들이 서비스에 대해 이해하고 그

것을 객관적으로 다룰 수 있도록 하기 위해 서비스 시스템을 명확히 나타내고 있는 그림 또는 지도를 의미한다. 고객과 서비스 시스템과의 상호작용을 구체적으로 표현함으로써 서비스 실패 요소를 미리 고안하여 미연에 방지책이나 복구 대안을 강구하도록 서비스 제공자가 제공하는 무형의 서비스 프로세스를 설계하여 묘사한 것이다.

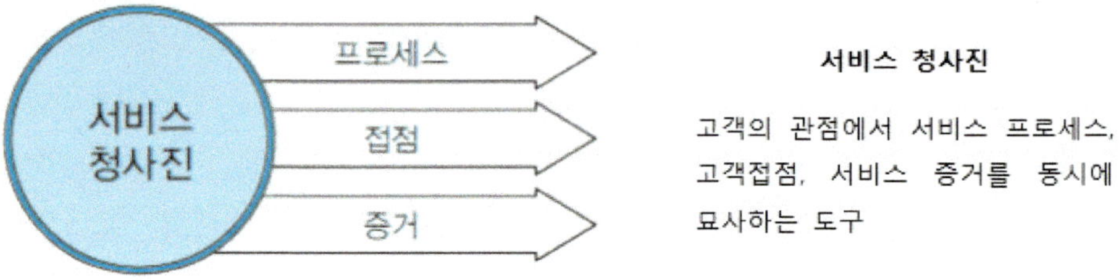

[그림 4-6] 서비스 청사진

효율적인 서비스 프로세스 개발을 위해서는 서비스 프로세스의 주요 특징들을 객관적으로 서술할 필요가 있는데 이러한 목적에 유용한 서비스 프로세스 개발 도구로 사용되는 것이 바로 서비스 청사진이다. 서비스 청사진의 주요 용도는 새로운 서비스의 개발, 서비스 프로세스의 개발과 기존 서비스 프로세스의 개선, 서비스 표준화, 서비스매뉴얼 작성 등이다.

서비스 청사진은 품질개선을 위한 도구로 기존 공정 흐름도에 가시성 경계라는 개념을 추가한 도구이며 구성요소는 아래와 같다.

- 고객행위: 고객이 서비스를 구매하고 소비하고 평가하는 프로세스에서 고객이 행하는 선택, 상호작용, 기타 활동
- 현장에 있는 접점직원의 행위
- 지원 프로세스: 서비스를 제공하는 접점직원을 지원하기 위해 내부에서 이루어지는 상호작용
- 물리적 증거
- 상호작용라인
- 가시성라인
- 내부상호작용라인

서비스 청사진에서 상호 작용 경계는 서비스 직원과 고객의 접촉이 이루어지는 지점으로 내부 상호작용 경계는 후방부의 직원활동과 지원 시스템 간의 경계를 의미하며, 가시성 경계는 서비스 제공 과정을 고객이 상호작용하면서 서비스를 받는 과정과 고객이 볼 수 없는 준비과정으로 구분한다.

서비스 청사진의 작성 순서는 첫째, 서비스 청사진을 작성할 프로세스를 선정한다. 둘째, 프로세스를 사용하는 고객 혹은 고객군을 선택한다. 셋째, 고객의 관점에서 고객 행동을 작성한다. 넷째, 접점 종업원의 행동, 후방 종업원의 행동, 지원 프로세스를 작성한다. 다섯째, 상호작용성, 가시선, 내부 상호작용성을 작성한다. 여섯째, 보와 커뮤니케이션의 흐름성을 작성한다. 일곱째, 물적 증거를 작성한다.

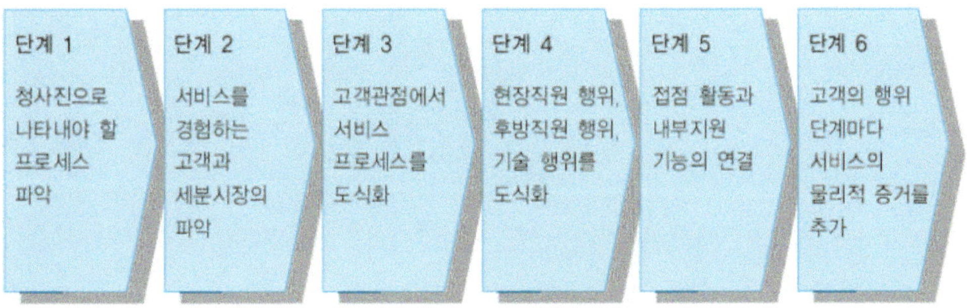

[그림 4-7] 서비스 청사진 작성 6단계

제 4 절 서비스 표준화

서비스는 고객들로 하여금 서비스가 최종적으로 제공되기 전까지는 서비스 품질에 대해 미리 판단하는 것을 어렵게 만드는 무형성과 이질적인 특성을 가지고 있다. 그러므로 서비스의 표준화는 고객들에게 서비스와 상품이 일관성 있게 제공되는 것을 가장 우선시한다. 표준화는 일정한 성과수준을 요구하는데 이것은 서비스 제공자들이 조직 내 각자의 위치에서 고객의 기대에 부응하는 수준 이상의 서비스를 전달할 것을 요구한다(조선배, 2003).

표준화는 실제적이거나 잠재적인 문제들에 대하여 주어진 범위 내에서 최적 수준을 성취할 목적으로 공통적이고 반복적인 사용을 위한 규정을 만드는 활동이다(국가기술표준원, 2016). 표준화의 목적은 제품, 프로세스 또는 서비스 등의 표준화의 대상이 본래 의도된 목적으로 작용하도록 개선하여 모든 이해관계자의 원활한 의사소통, 공공이익 및 무역장벽의 제거 등을 추구하는 데 있다. 또한 생산, 소비 및 유통 등 여러 분야에서 능률을 향상시키고 이를 통해 제품의 품질 개선과 거래의 단순화 등의 효과를 발생시키는 것이다(서창적, 2016).

이러한 효과를 위해 이미 많은 국가와 기업들이 제품 혹은 공정 등의 표준화에 대해 관심을 가지고 있으며 활성화를 위해 노력하고 있지만 서비스는 형태가 없고 접점직원이 각기 다른 서비스를 전달하며 생산과 동시에 소비가 이루어진다는 고유의 특성을 가지고 있기 때문에 표준화가 어렵다. 이러한 이유로 표준화에 대한 관심이나 투자에 비해 서비스 표준화는 비교적 덜 활성화되어 있다.

국가기술표준원은 제조업과 관련된 부문에 집중하여 표준을 제정하였으나 1990년대 이후 품질경영과 환경경영 등 시스템 표준이 등장하였고 이후 2000년대에 들어서 서비스산업에서 표준화를 추진하기 시작하였다. 2008년부터는 국가기술표준원이 제품에만 시행하고 있었던 KS(Korean Industrial Standards, 한국산업표준)인증을 서비스업에도 도입하였다.

ISO는 서비스표준에 대해서 일반적으로 목적에 적합성을 확립하기 위해서 서비스에 의해 충족되어야 할 요구사항을 구체화한 표준이라고 정의하고 있다.

Karlheinz & Dieter(1990)는 표준화로 인해 서비스의 부가가치가 급속도로 증가할 것이며 부가가치를 창출하는 과정에서 비용감소를 위해 서비스 제공자들이 점차 표준화된 서비스를 제공해야 한다고 하였다. 서비스 운영의 표준화는 최고경영자가 목표를 분명히 설정할 수 있게 하며 이로 인해 높은 성과를 달성할 수 있다(Hsieh & Hsieh, 2001).

즉, 서비스 표준화는 서비스 과정에서 발생할 수 있는 변동성을 감소시키는 역할을 하게 되어 서비스품질에 긍정적인 영향을 미치며 이를 통해 기업은 고객의 만족을 안정적으로 충족시킬 수 있다. 또한 내부적으로는 종업원들의 능률을 향상시킬 수 있다. 즉, 기업의 성과와 더불어 내·외부 고객을 만족시키고 시장을 증대시키기 위해 올바른 방향으로 서비스 표준화를 수립하고 실행하여야 하며, 성공적인 서비스 표준화의 확립은 품질을 개선하고 서비스 제공자와 소비자 간의 신뢰 구축에 영향을 미친다.

제 5 절 서비스접점(진실의 순간; Moments of Truth; MOT)

'진실의 순간(Moment of Truth, MOT)'이란 고객이 기업조직의 어떤 한 측면과 접촉하는 순간이며, 서비스의 품질에 관한 인상을 얻을 수 있는 순간을 의미한다.

서비스접점의 중요성은 Richard Norman의 'Moment of Truth'라는 MOT라는 이론에서 제기되었다. MOT는 투우사가 소의 급소를 찌르는 순간을 뜻하는데 '피하려 해도 피할 수 없는 순간' 또는 '실패가 허용되지 않는 매우 중요한 순간'을 의미한다.

기업에서 MOT는 고객이 직원이나 기업의 접점들과 최초로 접촉하는 순간으로 서비스의 품질 및 판매에 대한 고객의 인식에 결정적인 영향을 미치는 상황이다. '결정적 순간' 이란 고객이 기업조직의 어떤 한 측면과 접촉하는 사건이며 그 서비스의 품질에 관하여 무언가 인상을 얻는 것을 뜻한다(Albrecht, 1988).

MOT는 서비스 차별화, 품질통제, 전달시스템, 고객만족에 영향을 미친다. 서비스 제공에 있어 고객만족은 서비스 제공자와의 접점의 품질에 의해 결정된다.

〈표 4-6〉 서비스 접점의 특징

특성	내용
쌍방 간 거래	서비스의 거래는 서비스 제공자와 고객 두 객체 사이에서 이루어지는 모든 행위를 말한다.
상호작용	서비스 제공자와 고객 간의 의사소통은 서로 영향을 미친다.
역할실행	서비스 접점에서 이루어지는 상호작용은 목적 지향적, 직무 지향적 성격을 가진다.
접촉	서비스 성과에 대한 고객 인식의 많은 부분이 서비스 제공과정에서 얻은 접촉에 밀접한 관계를 가지고 있다.

자료: 한국서비스품질지수(KS-SQI;Korean Standard-Service Quality Index)

〈표 4-7〉 MOT의 법칙

곱셈의 법칙	각 서비스 항목의 점수를 처음부터 우수하게 받았어도, 어느 한 항목에서 0점을 받았다면 그 결과는 0으로 형편없는 서비스가 된다는 것이다. 즉, 처음부터 끝까지 각 단계마다 잘해야 한다. 서비스의 전체 만족도는 MOT 각각의 만족도 합이 아니라 곱에 의해서 결정된다.
통나무 물통의 법칙	통나무 조각으로 만든 통나무 물통은 여러 조각의 나무 조각을 묶어서 만들었기 때문에 어느 한 조각이 깨지거나 낮으면 그 낮은 높이만큼만 물이 잠기는 최소율의 법칙이 적용된다. 즉, 고객은 가장 안 좋은 서비스를 유독 잘 기억한다는 것이다.
100-1=0의 법칙	깨진 유리창의 법칙을 설명해 주는 수학식으로 사소해 보이는 것 하나가 중요한 결과를 초래할 수 있다는 것이다. 100가지 서비스 접점 중 어느 한 접점에서 느끼는 불만족이 그 서비스 전체에 커다란 영향을 미칠 수 있다.

자료: 기존 연구를 활용한 저자 재구성

1) MOT에서 고객의 태도

서비스는 공급자와 고객 간의 상호작용으로 생산과 소비가 동시에 발생하며 그 순간 발생하는 경험이 서비스를 평가하는 중요한 자료로 사용되므로 서비스를 제공하는 예약, 주문, 처리, 서비스 제공, A/S 등의 프로세스에서 고객은 기업이 제공하는 서비스를 인지하고 평가하게 된다.

서비스를 제공하는 과정에서 고객과 접촉하는 수많은 서비스 접점이 존재하며, 그러한 접점에서 고객이 느끼는 이미지는 기업 전체의 이미지로 대변된다.

〈표 4-8〉 MOT의 특성과 내용

특성	내용
서비스 대기 및 지연	- 서비스의 속도는 고객의 서비스평가에 영향을 미치는 중요한 속성이다. - 서비스평가는 시간 약속의 이행에 대한 평가에 직접적으로 영향을 받으며, 지연행위는 불확실성과 분노를 야기한다(Taylor, 1994).
불평 및 전환행동	- 불만족에 대한 소비자의 반응이다. 아무런 행동이 나타나지 않을 수 있고 전환행동을 취하거나 불평을 토로하거나 타인에게 부정적인 구전을 한다. - 효과적인 불만처리는 부정적 구전을 막고 궁극적으로 성과를 향상시킨다(Tax et. al., 1998). 1) 가격, 불편함, 핵심서비스 실패, 서비스접점 실패, 서비스실패에 대한 직원의 반응, 경쟁자에 의한 유인 2) 윤리적 문제 등에 의해 고객은 이탈(Keaveney, 1995) 항상 정확한 서비스 제공, 서비스 회복의 체계적 실시, 대기 시간 관리, 시기 적합한 서비스 제공, 예약시스템의 관리 등은 고객 이탈을 감소

서비스 실패와 회복노력	- 서비스 실패는 서비스를 제공하는 과정에서 발생하는 여러 실수들, 고객에 대한 약속 위반 등과 같은 서비스 오류에 의해 고객이 불만족하는 상황을 의미한다. - 높은 수준의 서비스에 의해 만족하는 고객들보다 서비스 회복에 의해 만족한 고객이 더 높은 수준의 고객 충성도를 보유한다(Kelly and Davis, 1994). - 서비스회복 노력을 구성하는 요소들은 다른 어떤 요소들 보다 고객의 만족에 더 큰 영향을 미친다(Speng et. al., 1995).

자료: 한국서비스품질지수(KS-SQI;Korean Standard-Service Quality Index)

2) 서비스접점 프로세스 표준화

최근 들어 서비스 기업들이 프로세스 표준화의 중요성을 인지하고, 서비스 컨설팅 기업에 의뢰하여 자신의 기업에 적합한 서비스접점 매뉴얼을 개발하여 직원들에게 교육시키고 있다. 전화응대, 내점고객응대, 고객방문응대 등 각각의 상황에 맞추어 응대 프로세스 매뉴얼의 종류가 다양하다. 또한 각 기업별로 프로세스 매뉴얼의 수준 차가 크다. 어느 기업은 전사적으로 통합된 구체적인 매뉴얼을 사용하는가 하면 다른 기업은 기본적인 내용만이 담긴 형식적인 매뉴얼을 사용하고 있다.

(1) 서비스접점 프로세스 절차

각 기업들의 다양한 서비스접점 프로세스 매뉴얼을 토대로 공통된 속성을 추출하여 크게 네 가지 절차로 프로세스 표준안을 구성할 수 있다. 대부분의 매뉴얼들이 서비스접점 프로세스를 3~5가지의 절차로 구분하였는데 서비스접점 프로세스의 절차는 **고객맞이 → 용건파악 → 업무처리 → 결과확인 및 배웅**이다.

각 절차상의 세부적인 내용들은 〈표 4-9〉와 같다.

〈표 4-9〉 서비스접점 프로세스 표준안

프로세스 절차	내용
고객맞이	- 고객이 들어오면 신속하게 고객을 맞이한다. - 밝고 활기찬 목소리로 반갑게 인사한다. - 고객과의 eye-contact(눈인사, 눈맞춤)를 중요시 여긴다

용건파악	– 고객이 어떠한 도움을 필요로 하는지 먼저 물어본다. – 고객의 질문이나 요구가 있을 때는 “예” 하고 신속하게 반응한다. – 고객의 말을 적극적으로 경청한다. – 고객의 말을 경청할 때 항상 미소를 띠고 있는다. – 고객의 말을 경청할 때 “네, 알겠습니다.” 등과 같은 적절한 반응을 보인다. – 고객의 말이 끝나면 요점을 파악하여 확인 및 재진술을 한다.
업무처리	– 고객에게 명확하고 적절한 정보를 제공한다. – 고객에게 이해하기 쉽고 간결하게 설명한다. – 고객과 상담 시 팔짱을 끼거나 다리꼬기 펜 돌리기와 같이 무의식중에 나타나는 행동들에 주의한다. – 업무처리 지연 시 고객에게 사과를 하고 양해를 구한다. – 업무처리 후 고객에게 기다림에 대한 감사를 표한다.
결과확인 및 배웅	– 고객에게 처리결과에 대해서 만족하는지 확인한다. – 고객에게 다른 문의사항은 없는지 물어본다. – 고객에게 본인의 이름을 밝힌다. – 사무적인 인사말이 아닌 기분 좋은 인사말로 마무리한다.

자료: 서창적(2008)

(2) 서비스 프로세스 표준안 평가 지표

서비스접점 프로세스 표준안을 토대로 서비스 기업의 표준화 수준을 평가할 수 있는 지표를 개발이 필요하다. 표준화 수준은 매뉴얼화 정도에 관한 것과 실행수준에 관한 두 가지 차원으로 나누어 평가할 수 있다. 이는 서비스접점 프로세스를 표준화시킨 매뉴얼의 내용이 아무리 잘 되어 있다고 하더라도 이것을 직원들이 얼마나 잘 실행하느냐에 따라서 그 기업의 프로세스 표준화 수준이 달라지기 때문에 매뉴얼 수준과 실행 수준을 동시에 측정해야 한다. 위의 두 가지 차원을 같이 평가함으로써 표준화 수준을 보다 정확히 평가할 수 있다.

〈표 4-10〉 서비스 프로세스 표준안 평가 지표의 개념에 대한 정의

개념	변수 정의
고객응대 프로세스 표준화	고객 응대 시 업무의 내용을 표준화(매뉴얼화)시켜서 고객에 일관된 품질의 서비스를 제공함.
매뉴얼 수준	고객응대 프로세스 표준안이 얼마나 구체적이고 명확하게 명시되어 있는지의 정도를 측정함.
실행 수준	고객응대 프로세스 표준안에 대한 직원들의 인식 정도와 이를 얼마나 잘 이행하고 있는지의 정도를 측정함.

자료: 서창적(2008)

매뉴얼화 수준에 관한 평가는 다섯 단계로 구분할 수 있는데 그 예시는 다음과 같다.

- 1단계: 전사적이고 통합된 구체적인 매뉴얼
- 2단계: 부서별로 구체적인 매뉴얼
- 3단계: 기본적인 매뉴얼
- 4단계: 구두화된 지침만 존재
- 5단계: 지침이나 매뉴얼이 없음

프로세스 매뉴얼에 대한 직원들의 실행수준에 관한 평가의 예는 다음과 같다.

- 전 직원이 숙지하고 있으며 매우 잘 실행함.
- 거의 전 직원이 알고 있으며 비교적 잘 실행함.
- 직원들의 인식이 약간 부족하며 부분적으로 실행함.
- 직원 인식이 부족하며 제대로 실행되지 않음.
- 매뉴얼 부재로 직원 임의대로 실행함.

프로세스 표준화는 매뉴얼수준보다 실행수준에 더 큰 영향을 받는다. 이는 프로세스 매뉴얼이 잘 갖추어져 있어도 이를 직접 실천하고 실행하는 직원들의 행동 여부에 따라 표준화가 결정되는 것을 의미한다.

서비스 접점 직원들은 프로세스 표준화를 인식할 때 문서화된 매뉴얼보다는 이것을 어느 정도 실행하느냐에 더 큰 비중을 두며, 세부적인 단계별로 프로세스를 인지하는 것이 아니라 하나의 흐름으로써 인식한다. 그러므로 표준화를 위한 매뉴얼 개발 시 형식적이거나 단계를 세분화시키기보다는 구체적인 사례위주로써 직원의 권한이 좀 더 응용될 수 있는 매뉴얼을 만드는 것이 바람직하다.

또한 서비스에 대한 교육을 많이 시키는 기업일수록 표준화의 수준도 높으며 직원들의 응대서비스에 대한 고객들의 만족 또한 높기 때문에 지속적이고 장기적인 교육이 필요하다.

Chapter

05

서비스 문화

서비스경영론

CHAPTER 05

서비스 문화

제 1 절 서비스 문화의 이해

서비스 문화란 서비스에 대한 이념 및 가치관의 집합체로서 고객, 직원, 기업 등에 형성된 일정한 패턴이 표출되는 방식이다. 월트디즈니, 사우스웨스트항공, 리츠칼튼 호텔, 노드스트롬 백화점, 메리어트 호텔, MK택시 등은 서비스 문화가 훌륭하게 확립된 대표적인 기업들이다. 기업의 서비스 문화는 직원들의 의식과 행동에 그대로 나타난다. 노드스트롬의 한 판매직원은 '어느 때에 화가 나는가'라는 질문에 '첫째는 고객에게 도움을 주지 못한 경우', '둘째는 물건을 도난 당한 경우'라고 대답했다. 이 직원의 대답에서 노드스트롬이 무엇을 중요시하는지 알 수 있다. 이처럼 서비스 문화가 잘 정착된 기업에서는 탁월한 서비스를 제공할 수 밖에 없다.

탁월한 서비스는 훌륭한 조직적 구상이 탁월한 서비스라는 문화와 만날 때 이루어지는 것으로 '탁월한 서비스=계획×서비스 문화'라고 볼 수 있다. 서비스 문화는 제공하는 서비스의 영향력과 효과를 증폭시킨다. 훌륭한 조직에서 서비스 계획과 이에 활력을 불어넣는 문화는 모두 같은 방향을 향하며 서로에게서 동력을 얻는다.

탁월한 서비스 문화를 구성하는 기본 요소는 **명확성과 일관성**이다.

첫째, 명확성

탁월한 서비스 조직은 성공을 위해 육성해야 하는 조직문화에 대한 명확성을 갖추고 있다. 자포스(Zappos)는 매년 '자포스 컬처 북(The Zappos Culture Book)'을 발행하는데 이 책에는 자포스 직원, 판매회사, 고객들이 회사의 문화, 그리고 자신들이 일상적으로 하는 일에 미친 영향에 관한 수백 건의 즉흥적인 언급과 에세이가 실려 있다.

탁월한 서비스 조직은 문화를 상징하는 기준과 가치를 표시하는 방식이 매우 효과적이다. 제트블루(JetBlue) 설립자 데이비드 닐먼(David Neeleman)은 한 달에 한 번씩 항공노선에 승무원으로 탑승해 앞치마를 두르고 승객들에게 커피를 접대한다. 이는 제트블루의 '항공여행에 인간미를 복귀시켜라(Bring humanity back to air travel)'라는 슬로건을 구체적으로 나타내며 경영진은 말한 바를 실천한다는 점을 고객에게 명확히 알리고 있다.

둘째, 일관성

탁월한 서비스 조직은 '희망하는 문화'와 '조직의 전략, 구조, 경영' 사이의 문화적 일관성 또는 문화적 정렬을 위해 상당한 노력을 기울인다. 이러한 조직은 행동을 통해 고객에게 일관성을 인지시켜준다.

메이요 클리닉(Mayo Clinic)은 '이것이 환자를 위해 옳은 것인가 그렇지 않은가'라는 단 한 가지 질문에만 중점을 두는 직원들을 보유하고 세계 최고의 의료 서비스를 제공한다.

직원들이 시간당 받는 통화 수로 평가하는 대다수 조직들과 대조적으로 자포스 콜센터는 직원들이 고객과 아무리 오랜 시간 통화해도 아무런 제약이 없다. 모두들 최장 시간 통화에 관해 개인 최고 기록을 보유하고 있으며 2011년 초 최장시간의 통화는 무려 8시간에 걸친 통화였다.

MK택시는 서비스 문화가 성공적으로 정착된 기업으로 유명하다. 자신의 회사 택시인 MK택시를 타기 위해 기다리던 유봉식 회장은 MK택시가 오는 것을 확인하고 손을 흔들었고 이를 본 기사는 천천히 그에게로 다가왔다. 그런데 오던 택시가 도중에 멈추어서는 것이 아닌가. 유 회장이 자세히 살펴보니 가로수에 가려 잘 보이지는 않았지만 좀 떨어진 곳에 택시를 기다리는 목발 짚은 청년이 있는 것이 보였다. 운전기사는 목발 짚은 장애인을 먼저 태우고 유 회장 앞을 지나면서 이렇게 말했다. "회장님, 다음 MK택시를 이용하시죠." 서비스 제일의 MK택시는 1976년, 일본에서 처음으로 장애인우선승차제도를 시행, 장애인들도 정당하게 대우를 받을 권리가 있음을 고객만족경영 실천으로 보여 주고 있었고 조직 문화로 정착되었던 것이다.

제 2 절 탁월한 서비스

탁월한 서비스(Excellent Service)는 대부분 고객이 말하지 않아도 원하는 것을 알아서 서비스 해주는 기대 이상의 서비스라고 생각한다. 하지만 이러한 개념은 굉장히 추상적이고 위험하다. 왜냐하면 고객의 기대수준은 모두 다르고 그 기대수준을 예측하고 계량화하기가 어렵기 때문이다.

고객은 고객 서비스를 받기 위해 시간과 노력, 비용을 소비하게 된다. 이때 서비스를 받기 위해 고객이 스스로 소비한 가치보다 제공받은 서비스의 가치가 더 커야만 고객의 입장에서는 서비스를 제공받았다는 느낌을 받게 된다. 이러한 느낌을 전달하려면 서비스의 기본인 빠르고, 정확하고, 친절한 서비스에서 한 단계 더 높은 서비스를 제공하여야 한다.

한 단계 더 높은 서비스를 제공하기 위해서는 첫째, 고객이 무엇을 어느 정도의 수준으로 원하는지를 파악해야 한다. 고객이 궁금해하는 것은 무엇인지, 어떤 것을 해결해주기를 원하는지를 알아야 하고, 얼마나 빠르고 정확하게 어느 정도 친절하기를 원하는지 추가로 파악해야 한다.

두 번째는 제공자의 입장에서 어떻게 제공할 것인가를 고민한다. 최대한 고객이 신속하고 추가로 지출하는 비용이 없는, 시간과 비용을 절약해 줄 수 있는 '경제적 부가가치'와 금전으로 환산할 수 없는 최대한 편안하고 친절한 서비스를 제공하여 또 다른 부가가치인 '감정적 부가가치'를 전달하는 것이다. 따라서 탁월한 서비스를 제공하려면 기본적인 서비스인 빠르고, 정확하고, 친절한 서비스에 부가하여 경제적 부가가치와 감정적 부가가치를 고객에게 어떻게 전달할 수 있는가를 고민해야 한다.

탁월한 서비스를 제공하기 위해서는 자신의 업무 영역을 벗어난 경우에도 주도적으로 도움을 줄 수 있어야 한다. 서비스의 경계를 넓히고 접점의 영역을 확대할수록 더 좋은 서비스가 된다. 세계 최대 인터넷 유통업체인 아마존(Amazon)에서 가장 큰 비중을 차지하는 서비스 중의 하나가 바로 배송이다. 아마존은 배송 업체들이 상품을 선적하는 데까지 관심을 기울인다. 배송 업체들의 수준 낮은 서비스로 브랜드 이미지에 손상이 가지 않도록 관리하는 것이다. 재고 부족이나 고객 불만으로 취소된 주문을 모니터하고 문제를 일으킨 협력업체는 리스트에서 제외한다. 주문에서부터 상품 수령까지 모두 아마존의 서비스 영역에 포함시키는 것이다. 이와 마찬가지로 서비스를 중시하는 기업이라면 고객이 찾아오는 길부터 고객이 집으로 돌아가는 길까지 최선을 다해 서비스할 수 있어야 한다.

기업에서 탁월한 서비스를 제공하는 방법은 아래와 같다.

첫째, 탁월한 서비스를 제공하기 위해서는 선택과 집중을 해야 한다.

모든 것을 잘할 수 없음을 인정하고, 어디에선가 양자택일을 해야 한다. 한 분야에서 뛰어난 서비스를 전하려면 고객이 가장 덜 중시하는 측면을 기꺼이 포기해야 한다. 제공하는 서비스가 빛을 발하게 될 부분과 그저 적정선을 유지하게 될 분야를 결정해야 하는 것이다.

성공한 서비스 조직을 살펴보면 몇몇 분야에서는 탁월하지만 다른 분야에서는 그렇지 못하다는 사실을 알 수 있다. 예를 들어, 사우스웨스트 에어라인(Southwest Airlines)은 저렴한 가격으로 친근한 서비스를 제공하지만 기내 편의시설과 방대한 네트워크 부문에서는 라이벌 항공사에 비해 다소 부족하다. 사우스웨스트는 가장 중요시되는 자질 부문에서 최고의 평가를 받지만 가장 소홀히 여겨지는 부문에서는 최저의 평가를 받는다.

월마트(Walmart)는 고객이 낮은 가격과 원스톱 쇼핑에 가치를 두고 있음을 알고 있으며, 고객들이 매장 분위기나 판매 사원의 도움을 받을 수 없다는 점에 대해 그다지 불만을 갖지 않는다는 것을 분석하고 '언제나 최저가' 정책을 유지하기 위해 기본적인 상황에서는 고객이 자신의 문제를 직접 해결하게 한다.

커머스뱅크(Commerce Bank)는 최근 몇 년 동안 영업시간을 연장하고(월요일~금요일, 7시 30분~20시), 토요일과 일요일에도 정상적인 은행 서비스(full service banking)를 제공하며 성장해왔다. 여기에 운용할 자금을 마련하기 위해 운영하는 모든 곳에서 최저 예금이자를 지급한다. 고객들에게 편리한 이용시간을 제공하고 이자 부문에서의 경쟁을 과감히 포기한 것이다. 고객은 이러한 방식을 선호한다.

둘째, 탁월한 서비스는 지속성을 갖춰야 한다.

지속성을 확보하기 위해서는 고객에게 더 많은 비용을 청구할 바람직한 방식을 모색하거나 낮은 가치 부분에 대한 비용을 줄이면서 서비스를 개선하거나 고객들이 바람직한 일을 더 많이 할 수 있도록 만들어야 가능하다. 예를 들어 1916년 셀프서비스 슈퍼마켓이 등장했을 때 고객들은 물건을 가져다 주는 계산대 뒤의 점원에게 의지할 필요가 없었다. 고객에게 그 일을 하도록 요청함으로써 비용을 절약할 수 있었을 뿐만 아니라 고객으로서는 상표를 읽고 가격을 비교하고 구매하기 전에 제품을 좀 더 면밀히 살펴볼 수 있는 자유를 제공했다.

사람 대신 로봇이 호텔 프런트에서 손님을 맞이하는 일본의 '헨나(変な) 호텔'은 일본에서만 볼 수 있는 기계에 의한 '오모테나시(일본의 서비스 문화)'를 제공한다. 로봇이 직원을 대체해 손님을 맞는 운영시스템 등을 도입함으로써 단순히 비용절감 차원뿐만 아니라 기계에 의한 균등한 서비스를 제공할 수 있다.

비행기 좌석 등에 대해 더 많은 정보를 제공한다는 이유로 셀프서비스 체크인 탑승 키오스크의 활용을 선호하는 고객을 증가하고 있다. 이러한 유형의 고객들은 스스로 한다는 점을 선호하는데 그들의 관점에서 진정한 가치를 창출하기 때문이다.

[그림 5-1] 헨나(変な) 호텔 프론트 전경(사진=헨나호텔 홈페이지)

☞ 고객만족경영에서 탁월성의 정의

고객만족경영에서 탁월한 업무 수행은 내부 지향적인 업무의 비율을 낮추고 외부 지향적인 업무의 비율을 높이는 것을 의미한다. 미국의 서비스 경영학자인 칼 알브레히트(Karl Albrecht)는 서비스 삼각형의 구조를 통해서 고객만족경영을 위한 탁월한 운영의 기본 철학을 제시하고 있다. 서비스전략은 고객 지향성을 기반으로 수립되어야 하고, 시스템은 고객을 중심으로 설계되어야 하며, 직원의 업무 수행이 고객 지향적 고품질 서비스를 기준으로 수행될 때 고객만족경영의 탁월한 성과를 달성할 수 있다.

탁월한 운영을 한다는 것은 내부 지향적 업무와 외부 지향적 업무의 상대적 비율로 파악될 수 있으며, 외부 지향적 업무에 어떤 것들이 해당하는 지는 시장 지향성에 근거하여 파악할 수 있다.

제 3 절 서비스지향성과 고객만족의 중요성

1. 서비스지향성의 이해

서비스지향성은 고객에게 우수한 서비스를 제공하고자 하는 조직 분위기로 이것을 창출하기 위한 정책 및 업무처리 절차 등을 통해 형성되며, 서비스 접점직원들의 지각에 의해 서비스지향성을 평가할 수 있다(Schneider & Bowen 1993). 즉, 서비스 지향성은 서비스 접점직원들의 최종 목표인 고객만족을 위한 주인의식이고 최고의 서비스를 제공하려는 의식과 행동에 관련이 있으며 서비스 접점직원과 고객사이의 상호작용에 영향을 미친다.

서비스 접점직원의 서비스지향성의 특징은 아래와 같다.

- **첫째, 수립된 서비스 목표와 기본 가치를 중심으로 서비스 운영의 장기적인 방향을 제시하는 서비스 전략이다.**

서비스 수익 사슬의 관점에서 직원 만족은 직원 유지 및 생산성에 영향을 미치고 이는 고객의 지각 가치에 영향을 주어 고객만족 및 충성을 이끌어내므로 결과적으로 기업 매출과 수익에 영향을 준다(Heskett et al.,1994). 그러므로 기업의 수익성을 유도할 수 있는 요인, 즉 직원이나 기술, 훈련, 보상과 같은 조직 내부적 측면에 대해 관심을 가짐으로써 수익성을 이끌어내야 한다(Rapert & Wren, 1998).

- **둘째, 서비스 인력이다.**

서비스 접점직원들은 고객과 직접 상호 접촉하므로 직원의 행동이 상품의 품질적인 특성으로 여겨진다. 그러므로 접점직원의 서비스는 서비스 기업 상품의 질을 좌우하는 중요 요인으로 직원의 서비스지향적 행동을 예측하며 접점직원의 인격과 서비스 환경은 서로 상호작용한다(Donavan et al., 2004). 다시 말해, 서비스지향성은 접점직원의 인격, 즉 외향성, 성실성, 상사의 지시를 받아들이려는 성향과 작업성과 및 친사회적 행동을 조정한다(Kim et al.,2003).

- **셋째, 서비스전달 시스템으로 서비스전달 장비, 절차, 기술, 서비스 인력 간의 협조적 기능을 말한다.**

서비스 기업은 내·외적 환경과 상호 작용하며 자체 목적 달성을 위한 시스템이다. 지속적인 고객만족을 위해서는 변화하는 고객요구에 부응할 수 있는 탁월한 서비스 제공을 위한 서비스지향성이 필수적이다. 서비스 접점직원에 대한 권한 부여는 서비스 품질 강화를 위한 서비스 훈련, 접점직원 서비스 품질 성과별 보상시스템 구축은 직무만족과 조직몰입을 가져온다. 서비스지향적 조직은 고객 욕구를 충족시키기 위해 서비스 제공을 최우선으로 여기고 서비스 가치 창출, 경쟁 우위 제공과 기업의 성장과 수익성을 가져다주는 매우 중요한 요인이다(Monty et al., 2000).

서비스지향성은 고객에게 탁월한 서비스를 창출하고 제공하기 위한 조직의 정책, 실행 절차 등을 포함하고 조직이 우수한 서비스를 제공하기 위한 적극성을 뜻한다(Lytle et al., 1998). 서비스지향성은 서비스 접점직원들의 태도와 행동에 의해 고객만족이 결정되며, 서비스기업 접점직원들을 고객만족을 위한 자원이기 때문에 이들에게 동기부여와 구체적 행동방안을 실천하기 위한 개념이라 할 수 있다. 또한, 서비스지향성은 조직 구성원들에게 고객만족이라는 공통적 목표로 일하게 함으로써 자신이 서비스지향적이라는 자부심을 갖게 한다. 이는 태도가 서비스 접점의 중요한 요인으로 고객의 서비스 품질 지각에 직접적 영향을 주고 이는 고객 만족뿐만 아니라 조직성과에 영향을 준다.

따라서, 고객에게 제공하는 종사원의 서비스지향성은 '고객의 보다 나은 가치를 이해하고 충족시키려는 직원들의 고객만족문화로서 기업이 표방하는 서비스지향성의 수행정도'라고 정의할 수 있다. 또한 직원이 고객 지향적으로 행동하기 위한 선행조건으로서 고객의 입장에서 생각하고 실천하여 잘못된 투자나 불필요한 투자를 줄여줌과 동시에 고객에게 최대의 만족을 줄 수 있는 고객욕구를 이해해야 하고, 고객 불평을 소중한 정보로 취급하고 부정적 구전효과의 최소화를 유지하며 고객이탈을 방지하기 위해 고객 불평을 관리하고, 고객과 접점 직원에 대한 지원을 최우선으로 하는 조직구조가 선결되어져야 한다.

2. 서비스지향성의 개념

첫째, 서비스지향성은 시장 정보에 대한 전략적 반응이다.

서비스지향성은 조직의 경향으로서 탁월한 서비스가 우월한 가치 창조, 고객만족, 경쟁 우위 등에 중대한 영향을 미친다는 믿음을 반영하는 조직의 고객에 대한 성향을 의미한다. 즉, 무엇보다 탁월한 서비스가 최우선이라는 조직과 구성원들의 믿음이라 할 수 있다.

둘째, 서비스지향성에 영향을 미치는 요인은 조직 가치가 대표적이다.

기업은 고객에게 통합적인 경험을 제공한다. 이때 조직 가치로서 고객 중심의 강조, 구성원 만족, 위험 회피 성향의 이해, 내부적 갈등 조절, 혁신성, 체계적인 서비스 노력 등이 중요한 요인으로 작용한다.

셋째, 서비스지향성은 절대적인 개념이 아니라 상대적인 개념이다.

서비스지향성을 평가할 때 경쟁자와이 상대적 우위가 더 중요한 지표로 사용되어야 한다. 서비스지향성을 평가하는 요소로는 고객만족도, 구성원 만족도, 내부

서비스 품질, 조직 몰입도, 고객접점에서의 반응도, 실패에 대한 회복률, 서비스 품질, 서비스 전달 프로세스의 대응성 등과 같은 요소로 활용될 수 있다.

넷째, 서비스지향성은 접점만을 포커싱하지 않는다.

접점은 서비스지향성을 구성하는 하나의 요소이다. 접점에서는 고객에게 제공되는 서비스 전달이 이루어질 뿐이다. 그러므로 탁월한 서비스는 접점에서 전달되는 상황에 대해 사전에 전사적으로 기획되고 설계된 서비스를 수행하는 것이다.

다섯째, 고객의 불만이 발생된 것은 서비스 재공에 대한 전사적인 실패이다.

서비스 실패는 서비스 비전, 서비스 리더십, 종업원 권한 위임, 서비스 개발, 서비스 매뉴얼, 서비스 실패 예방 시스템, 서비스 직원 훈련, 서비스 직원 보상 등과 같은 조직 전반에서 이루어진 활동들이 고객의 요구에 대응하지 못하고 있음을 의미한다. 그러므로 고객 불만의 해결책도 전사적인 관점에서 접근되어야만 본질적인 개선을 이룰 수 있다.

여섯째, 서비스지향성을 통해 탁월한 서비스를 제공하는 것은 간단하다.

고객에게 핵심 가치를 제공하는 것이다. 본질적인 가치에 중심을 둔 서비스는 화려한 포장으로 분식(粉飾)된 서비스보다 우월하다. 고품질 서비스 조직이 되려면 운영의 탁월성을 확보해야 한다. 탁월한 운영은 부분적으로 접근할 때 반복적 실패를 경험하게 되면, 전사적인 차원으로 접근할 때 근본적인 탁월성을 이루게 된다. 대다수의 기업에서 탁월한 운영에 실패하는 이유는 부분적인 탁월성은 달성하였지만 그렇지 못한 영역의 존재로 전체적인 운영 탁월성에는 실패하였기 때문이다. 전체적인 운영 탁월성의 실패는 불필요한 보고서와 활동만을 증가시킬 뿐이다. 운영의 탁월성은 전사적으로 탁월성에 도전할 때 가능하다.

☞ 서비스 지향성에 대한 이해

- 탁월한 서비스는 전사적으로 기획되어 설계된 서비스를 접점에서 전달하는 것으로, 접점만을 포커스를 두지 않는다.
- 서비스지향성은 시장 정보에 대한 전략적 반응으로 탁월한 서비스가 최우선이라는 믿음을 반영하는 성향이다.
- 서비스지향성은 절대적 개념이 아닌 상대적 개념으로 이를 평가할 때에도 경쟁자와의 상대적 우위가 중요한 지표일 수 있다.
- 조직의 가치는 서비스지향성에 영향을 주는 주요 요인으로 고객중심의 강조, 종업원 만족, 혁신성 등의 조직가치가 중요한 요인으로 작용할 수 있다.
- 고객의 불만이 발생된 것은 서비스제공에 대한 전사적인 실패로 인식하고 고객 불만의 해결도 전사적 관점에서 접근하여야 본질적 개선을 이룰 수 있다.

제 4 절 진정성 있는 서비스

고객의 마음을 얻으려면 진심이 통해야 한다. 진심을 전달해야 관심을 받을 수 있고 공감과 감동을 일으켜 고객의 선택에 이를 수 있다. 특히 불확실성이 지배하는 현대사회에서는 진심을 효과적으로 전달하는 것이 진짜 차별화가 될 수 있으므로 서비스의 핵심은 '진정성'이라 할 수 있다.

일본에서 '친절과 봉사'로 고객감동경영의 신화를 창조한 MK택시의 유봉식 회장은 강연에서 '친절은 돈이다. MK택시는 특별한 서비스를 해서 명성을 얻은 게 아니라 누구나 아는 친절서비스, 진정성 있는 서비스를 실천해서 세계적인 친절의 대명사가 된 것'이라고 말했다.

MK택시기사는 네 가지 인사의 의무가 있다.

- Welcome : MK택시입니다. 감사합니다.
- 행선지 복창 : ○○역으로 가시는 것이 맞습니까? 라고 복창하여 손님을 안심시킨다.

- 기사 소개 : 오늘 기사는 ○○○입니다.
- 고객 안전 : 감사합니다. 잊으신 물건은 없으십니까?

택시요금에는 친절과 서비스가 포함되어있기 때문에 운전기사가 손님에게 위의 네 가지 인사를 하지 않으면 요금을 내지 않아도 된다고 선언하였으며, '장애인 먼저 태우기 운동', '요금 10% 할인 혜택'을 실천하며 친절 택시라는 브랜드 파워를 얻었을 뿐만 아니라 MK 택시의 자부심의 상징이 되었으며 진정성 있는 서비스 사례로 여러 기업에서 벤치마킹 하였다.

진정성의 사전적 의미는 '참되고 애틋한 정이나 마음'이다. '진정성의 힘'의 저자인 제임스 길모어(James H. Gilmore)와 조셉 파인(B. Josepe Pine)은 진정성은 이익을 창출하기 위해 고안되거나 조성되지 않은 자체의 목적을 위해 존재하는 고유의 형태로 정의하였다. 진정성은 시간을 필요로 한다. 고객이 스스로 깨달을 수 있도록 정교한 단계를 거쳐 서서히 끌어올려야 한다.

진정성이 느껴지는 서비스를 제공할 수 있는 방법을 살펴보자.

첫째, 사람의 경험(human experience)은 진정성을 높인다.

일부 정보기술 전문가들이 '사용자 경험(User Experience)'이라 통칭하는 것과 같은 맥락이다. 동일한 가격과 품질, 기술 수준을 가졌어도 차별화할 수 있는 여지는 결국 고객의 경험에서 비롯된다. 고객 기반의 사용자 경험에 더해 맞춤화 서비스의 에이전트 역할을 담당하는 '직원의 경험(agent experience)'까지를 고려한 종합적인 '사람의 경험(human experience)'이 중요하다.

글로벌 숙박 공유 플랫폼 에어비앤비(Airbnb)는 자신의 방이나 집, 별장 등 모든 공간을 임대하는 서비스를 제공한다. 사이트에는 공간 정보와 각종 완비 물품, 사진, 제공자의 개인 정보 등이 올려져 있음에도 불구하고 빌려주는 사람이 올린 정보에 대해 불만을 갖는 고객이 매번 발생한다. 실물과 사진이 다르다거나 일반 가정집일 경우 사고가 빈번하다는 등의 불만을 제기한다. 이러한 사유로 에어비앤비가 적극적으로 도입한 제도가 '위기 대응 전문가(Crisis Response Specialist)' 정책이다. 직원들 중 일부를 불만 처리 및 문제 발생 시 전화 상담을 전담하도록 배치하여 실시간 오프라인 대응을 가능하게 하였다. 해당 직원은 숙박 공간에 대해 문제를 제기하는 고객에게 직접 연락을 취하거나 현장을 방문해 이슈를 접수하고 재발 방지를 약속하는 역할을 맡는다.

에어비앤비가 고객 서비스 능력에서 가장 중시하는 덕목은 '정서적 교감'이다. 아무리 문제를 내용적으로 해결해 준다 하더라도 이미 감정적으로 기분이 상해 있는 고객의 마음을 치유하는 일은 간단하지 않다. 대부분의 온라인 서비스 기업이 자동화했을 일을 오프라인 에이전트를 통해 직접 소통하게끔 한 것도 그 때문이다. 또, 위기 대응 전문가는 고객 경험 전문가(Customer Experience Specialist)와 효과적으로 소통하며 특정 고객의 반응을 조직 차원에서 사용자 유형별로 분류해 관리할 수 있도록 기여한다.

고객은 서비스 이용의 불편함이나 기계가 부정확한 정보를 제공해 주는 것에 대해 매우 민감한 반응을 보인다. 이때 똑같은 문제점이 있다 하더라도 시스템이나 기계가 아닌 사람이 응대해줄 경우에는 훨씬 고객의 반응이 부드러워지는 경우가 많다. 서비스 에이전트의 친절함과 문제가 생기면 오랜 시간이 걸리더라도 해결해주고자 하는 '비효율적 노력'이 고객을 감동시킨다. 기업의 경쟁력은 인간에 체감에 달려 있기 때문이다.

둘째, 사소해 보이는 부분에 대한 배려가 진정성을 높인다.

고객이 생각하지 못하는 부분까지 세심하게 배려할 때 고객은 진정성을 느끼고 감동하게 된다.

소니코리아는 디지털캠코더로 찍은 동영상을 PC나 TV에 연결하여 시청할 때 매번 별도 케이블을 가져와 두 기기를 연결해야 했던 불편을 없앤 제품을 출시하였다. 케이블 한쪽 끝을 캠코더에 연결한 뒤 케이블 나머지 부분을 디지털 캠코더 안에 별도로 마련한 조그만 수납공간 안에 넣어둔 것이다. 사용할 때 이 수납공간을 열고 케이블을 조금만 당겨 PC와 연결하기만 하면 된다.

이렇게 고객들이 느끼는 사소한 불편이나 아쉬움까지 배려해주는 것을 '마이크로 밸류 마케팅(Micro Value Marketing)'이라고 한다. 간과하기 쉬운 마이크로 밸류를 채워주면 고객들은 그 진정성에 감동하고 기업에 환산할 수 없는 이익을 안겨준다.

셋째, 서비스의 시작과 끝이 같아야 진정성을 높일 수 있다.

가입이나 판매는 쉽게 하고, 해지나 환불은 어렵게 하는 시작과 끝이 일치하지 않는 서비스 시스템은 진정성이 결여된 전형적인 모습이다.

가입은 쉽고 해지는 어려운 통신 · 보험 · 카드사 서비스가 대표적이다. 일단 분양하고 난 뒤 부실 대응에 소홀한 건설사나 펀드 가입을 종용한 뒤 사후 관리에 소홀한 증권 · 운용사도 고객 감정을 상하게 하는 전형적인 사례다. 기업이 실적을 올리는 데만 급급하고 사후 서비스는 일선 노동자를 앞세워 얼렁뚱땅 해결하려고 한다면 결코 성난 고객을 잠재우기 힘들다.

유선전화 계약 해지의 경우 까다로운 해지절차로 고객들은 불편을 겪고 있다. 반복된 ARS(자동응답시스템) 음성으로 해지 항목을 찾기가 쉽지 않을 뿐만 아니라 20여분에 걸쳐 연결되더라도 '모든 상담원이 통화 중이니 잠시 기다려 달라'라는 답변을 받는다. ARS에서는 무조건 기업에 유리한 서비스로 연결해야만 신속하게 상담원과 통화할 수 있는 것이 현실이다. 고객 응대 일선에선 감정노동자 스트레스가 많다고 하지만 고객도 그에 못지않게 감정이 상한다.

반면, 차홍 아르더의 경우 디자이너들이 1년에 한 번 헤어펌(perm)을 해주기로 유명하다. 디자이너들은 고객의 헤어 상태와는 관계없이 무조건 고가의 펌을 권하기보다는 펌을 너무 자주하면 머릿결이 상할 수 있으니 헤어 손상이 회복이 된 후에 시술하는 것이 좋을 것 같다고 제안한다. 이러한 조언을 받는다면 고객은 자연스럽게 신뢰감이 생길 것이다. 가격으로 주목하게 하면 삼류 장사꾼이고, 가치로 주목하게 하면 이류 장사꾼이며, 가슴으로 주목하게 하는 것이 바로 일류 장사꾼이다. 한결같이 자신의 진심을 보여주고 가슴으로 고객을 감동시키는 것이 중요하다.

☞ MK택시의 진정한 서비스 사례

MK택시는 손님이 탑승하면 기사는 "어느 길로 갈까요?"라고 물어본 후 "제가 아는 길보다 손님이 원하는 길이 있다면 그쪽으로 모시겠습니다."라고 이야기한다. 평소 다니던 길이 손님들에게는 안심이 되기 때문이다. 손님이 원하는 길로 가는 것이 친절이며 이는 쉽게 지나칠 수 있지만 중요한 고객서비스이다.

[그림 5-2] MK택시 신입사원 교육(사진=Kotra)

MK택시는 신입사원 교육에서부터 친절을 강조하기로 유명하다.

'운전사가 직접 택시 문을 열어주는 서비스'로 MK택시의 친절을 정의할 수 있다. 이때 기사가 문을 열어주는데 걸리는 시간은 4.5초에 불과하며, 고객의 머리가 차에 부딪혀 다치는 것을 방지하기 위해 차문 위에 왼손을 올리는 등 세심한 서비스 교육을 진행한다.

MK택시의 모든 서비스는 이러한 감동을 주도록 설계되고 수행된다.

1971년 5월부터 '감사합니다' 운동을 시작하면서 시민에게서 얻은 수익을 시민에게 돌려주는 운동으로 당시 택시가 운행되지 않던 새벽 2시부터 6시까지 응급수송을 위해 시내 중심지마다 택시를 대기시켜 시민의 편의를 도모하였다. 응급환자를 수송하기 위한 차량을 운행하면서 기사가 응급상황에 대처하여 응급처치를 한다면 시민들이 믿을 수 있고 안심할 수 있을 것이라고 생각하여 적십자사로부터 20시간의 응급처치법을 배워 자격을 갖춘 기사와 구급약을 구비한 응급택시를 운영하여 또 다른 감동을 주었다.

운전기사들의 유니폼에도 MK 철학이 스며들어 있다. 최고로 친절하고 좋은 회사를 만들기 위해서는 기사의 마음가짐과 행동은 물론 유니폼도 세계적인 수준의 디자인이어야 하므로 세계적인 디자이너가 디자인을 하여야 한다는 것이 MK택시 경영진의 생각이었다. MK는 이미지 향상을 위해서 기사복 하나를 만드는 데도 철저하게 고객에게 줄 가치를 고려하였다. 이러한 서비스로 '한번 MK를 타면 다른 택시를 탈 수 없다.'는 충성고객층을 견고히 이어나가고 있다.

제5절 서비스 수익 체인

1. 서비스 수익 체인의 개념

서비스 수익 체인(service profit chain)이란 직원 만족도 · 충성도, 생산성, 고객 만족도 · 충성도, 수익 창출 및 지속 성장의 관계를 정의하는 것이다. 하버드 비즈니스 스쿨의 교수진인 James L. Heskett 과 W. Earl Sasser 등이 1997년에 고안한 서비스 수익 체인(Service Profit Chain)에서 기업의 이익은 서비스접점에서 확인되는 고객의 만족도, 충성도 등이 기업의 이익에 직접적인 영향을 끼친다는 것을 규명하였다.

즉, 서비스 수익 체인은 수익성과 고객 충성도, 직원 만족도, 직원 충성도, 생산성 간의 관계를 형성하는데 이 체인 속에서 형성된 관계는 다음과 같다. 첫째, 고객의 충성심으로 인해 수익 창출 및 성장이 가능하다. 충성심은 고객 만족도의 직접적인 결과다. 만족은 대체로 고객에게 제공되는 서비스 가치의 영향을 받는다. 둘째, 만족도와 충성도가 높고, 생산성이 뛰어난 직원들이 가치를 창출한다. 직원의 만족도는 주로 직원이 고객들에게 원하는 서비스를 전달하는 데 도움이 되는 지원 서비스와 정책에서 비롯된다.

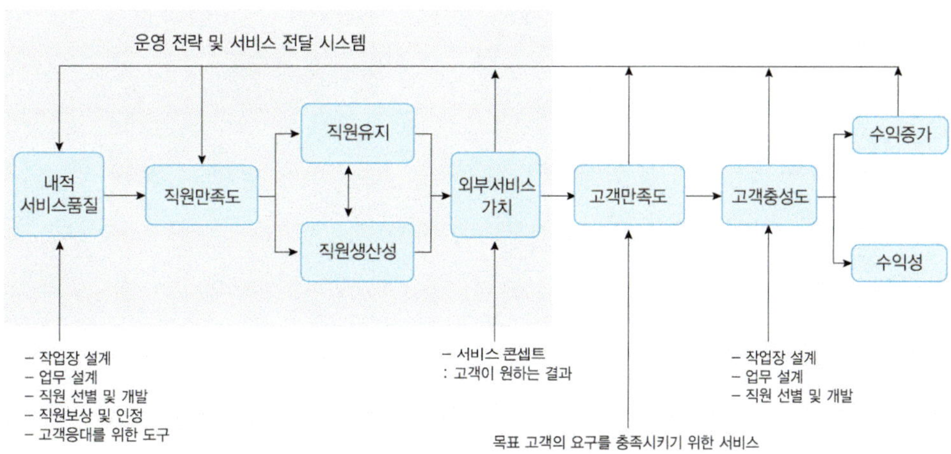

[그림 5-3] 서비스 수익 체인의 고리(사진=DBR, 2008)

서비스 수익 체인을 리더십의 특별한 종류로 정의할 수도 있다. 헤스켓(Heskett) 등은 서비스 수익 체인의 리더십 원리가 곧 '서비스 리더십'이라고 언급하면서 그것의 핵심은 '고객의 욕구 파악과 타깃 고객의 만족과 충성도 높이기'와 '바람직한 고객에게 높은 가치를 전달하기 위한 조직 구성원의 재량권과 지원 능력의 배양'이라고 정의하며, 리더십의 요체를 고객의 공헌가치를 극대화하기 위한 조직 구성원 가치의 극대화라고 밝혔다.

월마트와 사우스웨스트 항공, 로젠블루스 여행사의 성공사례를 보면, 월마트는 '종업원의 사명은 고객을 위한 대리인'이라는 서비스 전략 비전을 실천하고 있고, 사우스웨스트 항공은 '고객과의 지속적이고 친밀한 접촉'을 실천하고 있으며, 로젠블루스 여행사는 '고객이 두번째'라며 종업원 최우선 주의를 들고 있다. 이에 따라서 우수한 서비스 기업의 최고경영자(CEO)들은 개별 직원과 고객의 중요성을 강조한다. 사우스웨스트 항공의 CEO 허버터 켈러허가 비행기나 활주로, 공항 터미널 등에서 직원 및 고객들과 대화를 나누는 모습을 자주 볼 수 있다. 켈러허는 올바른 태도를 지니고 있는 직원을 채용하는 것이 중요하다는 믿고 있으며, 사우스웨스트 항공은 채용 과정에서 '정신의 중요성'을 강조한다. 또한 "쉽게 수량화할 수 있는 요소만을 중요시 여기는 사람은 사업을 해 나가는데 있어 가장 중요한 '사람'을 놓친다"고 믿는다.

서비스마스터의 윌리엄 폴러드 회장은 관리자들에게 가르치는 것 못지않게 배우는 자세가 중요하다고 강조한다. 폴러드 회장은 이런 자세를 '하인의 마음가짐'이라 부른다. 뱅크원의 CEO 존 매코이는 '특별한 파트너 관계'를 강조한다. 이는 각 지점에 고객 만족도와 재무성과를 측정할 수 있는 공통 지표와 정보 시스템을 제공하는 동시에 은행 지점장들에게 최대한의 재량권을 허용하는 지원 시스템을 뜻한다.

헤스켓(Heskett) 등은 이들의 성공사례의 분석을 통해 서비스 수익 체인 리더십의 핵심 요소로 신뢰하고 대화하기, 종업원을 최우선으로, 현장에서 시간 보내기, 개인적 개발 선도, 폭넓은 직무 재량권 부여, 높은 임금 지급을 통한 노동 비용의 감축, 고객 욕구 파악, 측정과 보상의 결과 보다는 성장성과 수익성 유발 요인의 반영 등을 규정하였다.

2. 서비스 수익 체인의 성공을 강조하는 리더십

서비스 수익 체인을 이해하는 리더들은 고객과 직원을 위한 서비스에 중심을 둔 기업 문화를 개발하고 유지한다. 이들은 직원의 이야기에 기꺼이 귀를 기울이며 경청한다. 타코벨의 CEO 존 마틴, 뱅크원의 존 매코이, 사우스웨스트 항공의 허브 켈러허, 서비스마스터의 폴러드와 같은 훌륭한 CEO는 고객과 직원에게 많은 시간을 할애하고 자사의 서비스 과정을 몸소 경험하며, 직원들의 제안에 귀를 기울인다. 뿐만 아니라 직원을 선발하고 업무 능력을 평가하며, 직원들의 노고를 치하하는 데 많은 시간을 투자한다.

최근까지 USAA의 회장이자 CEO이던 브리가디어 제너럴 로버트 맥더못은 이런 말을 했다. "뛰어난 직원에 대한 대중의 인식은 당연히 우리 기업 문화에서 흘러나간다. 우리는 끊임없이 문화에 대해 얘기하고, 그 문화를 살아간다." 인튜이트의 스콧 쿡은 이렇게 얘기했다. "대다수의 사람들은 문화를 당연한 것으로 여긴다. 온통 문화로 가득하기 때문에 문화에 대해서는 손을 쓸 수 없다고 생각한다. 그러나 회사를 운영하다보면 문화를 정의할 기회가 있다. 서비스 · 분석 · 의사결정 등 숭고한 가치를 강조하다 보면 직원들도 새로운 과제에 동참하게 되고, 결국 그들의 인생을 바꿀 수 있다."

3. 서비스 수익 체인 내에 있는 각각의 고리를 연결하라

많은 기업이 서비스 수익 체인을 구성하는 각각의 연결 고리 간의 관계를 측정하기 시작했지만 지속 가능한 경쟁 우위를 구축하기 위한 포괄적인 전략을 이끄는 방식으로 각각의 고리를 연결시키는 기업은 여전히 극소수에 불과하다.

서비스 수익 체인을 구성하는 각 요소의 관계를 측정하고 이를 바탕으로 전략을 세우는 데 가장 뛰어난 회사는 펩시콜라의 자회사인 패스트푸드업체 타코벨이다. 타코벨 경영진은 매일 각 매장과 시장 담당 매니저, 구역, 나라별로 이윤을 분석했다. 더불어 매년 80만 명의 고객을 상대로 인터뷰를 진행해 정보를 취합했다. 조사 결과 경영진은 고객 만족도 부문에서 상위 25%에 포함되는 매장이 모든 면에서 다른 매장을 능가한다는 사실을 발견했다. 이를 바탕으로 경영진은 직영 매장 매니저의 급여의 20% 이상을 고객 만족도 수준과 연결시켰고, 이후 고객 만족도와 이윤이 모두 증가했다.

그러나 타코벨은 여기서 멈추지 않았다. 각 매장의 직원 이직률을 조사한 결과 이직률이 가장 낮은 매장 20%가 이직률이 높은 20%의 매장에 비해 매출이 2배 높고, 이윤이 55% 높다는 사실을 밝혀냈다. 타코벨은 잘못된 직원 선택, 수준 이하의 교육과정, 낮은 임금, 높은 이직률로 이어지는 실패의 고리를 끊기 위해 금전적 인센티브를 포함해 다양한 동기부여책을 마련했다.

타코벨은 또한 직원들의 질문에 답하고 불만을 접수하며, 문제를 해결하는 것은 물론 최고경영진에게 문제가 발생할 소지가 있는 매장을 알려 주기 위해 800개의 전화 네트워크를 구축했으며, 이 네트워크를 통해 내적 품질을 점검했다. 타코벨은 직원 만족도를 측정하기 위해 2~3년에 한 번 주기적으로 토론과 인터뷰, 기업 전체를 대상으로 하는 종합 조사를 실시했다. 이러한 노력의 결과로 탄생한 타코벨의 직원 만족도 프로그램은 새로운 선별 과정, 개선된 역량 구축 과정, 업무와 관련된 의사결정 권한 강화, 선호도가 떨어지는 후선 업무의 자동화, 승진 기회 증대 등의 특징을 나타낸다.

서비스 수익 체인 내에 있는 모든 구성 요소를 연결하는 일이 어렵게 느껴질 수도 있다. 수익성은 각 지표에 얼마만큼의 가치를 두느냐에 따라 달라질 뿐만 아니라 개별 지표를 모두 더해 하나의 포괄적인 밑그림을 그릴 수 있느냐에 따라서도 달라진다. 서비스 조직은 직원과 고객들에게 투자하는 비용을 수치로 환산해 봐야 한다. 서비스 수익 체인은 이 같은 중요한 일을 해결하는 큰 틀이다.

수익성을 극대화하려면 서비스 수익 체인 내의 모든 연결 고리를 강화해야 한다. 실제 사례들을 살펴보자.

- **내적 서비스 품질이 직원 만족도에 영향을 준다.**

금융 서비스업체 USAA는 콜센터를 위한 최첨단 정보 시스템을 개발해 직원들이 고객에게 훌륭한 서비스를 제공할 수 있도록 했다.

- **직원 만족도는 직원 충성도에 영향을 준다.**

사우스웨스트 항공의 직원 만족도는 매우 높은 편이며, 일부 지점은 연간 이직률이 5%를 밑돈다.

- **직원 충성도는 직원 생산성에 영향을 준다.**

한 증권회사에서는 노련한 브로커 한 명이 회사를 떠날 경우 연간 200만 달러의 손실이 발생한다.

- **직원 생산성은 외부 서비스 가치에 영향을 준다.**

사우스웨스트 항공은 좌석 배정이나 식사 등의 기본 서비스를 제공하지 않는데도 직원들의 생산성이 높기 때문에 이 회사에서 제공하는 서비스 가치에 대한 고객의 인식이 매우 높은 편이다.

- **외적 서비스 가치는 직원 만족도에 영향을 준다.**

보험업체 프로그레시브는 대형사고 현장에 전문가들로 구성한 팀을 파견해 교통편이나 숙소 등의 문제를 해결해 준다. 신속하게 보험금을 처리하고 지급하는 한편 보험 가입자의 불필요한 수고를 덜어 고객 만족도를 높인다.

- **고객 만족도는 고객 충성도에 영향을 미친다.**

제록스는 '매우 만족스럽다'고 답한 고객이 그냥 '만족스럽다'고 답한 고객들에 비해 제록스 제품을 재구매할 가능성이 6배 정도 높다는 사실을 발견했다.

- **고객 충성도는 기업의 성장 및 수익성에 영향을 미친다.**

뱅크원은 고객 충성도 향상을 위한 주기적인 노력을 통해 경쟁업체보다 2배 높은 총자산 수익률을 올리고 있다.

Chapter

06

서비스 디자인

서비스경영론

CHAPTER 06

서비스 디자인

제 1 절 서비스 디자인의 개념

서비스 디자인은 인간 중심 관점의 융합에 기반을 둔 새로운 의미의 디자인 분야이다. 서비스 디자인은 제품과 서비스뿐만 아니라 경험, 시간, 공간 등의 다양한 영역을 중요시한다.

서비스 디자인은 무형성이고 변동성이며 소멸성과 동시성을 내포하는 복잡성을 가지고 있다. 서비스는 손에 잡을 수 없는 무형성을 가지고 있고 눈에 보이지 않는 가치를 제공하며, 제품과는 달리, 구매한 서비스가 소유의 의미가 아니다.

똑같은 서비스라도 고객에 따라 다르게 느껴지며 서비스 제공자 역시 100% 같은 서비스를 제공하기 어렵다. 잘 구축된 서비스 전달 시스템은 기업에게 경쟁우위를 제공한다.

전통적인 서비스 디자인(Service Design) 개념으로, 서비스 디자인(Service Design)이라는 용어는 경영, 마케팅 영역에서 서비스를 계획, 설계하는 활동(activity of designing service)으로 정의되었으며, 서비스 청사진과 동일한 개념으로 사용되어 왔다. 서비스 디자인(Service Design)은 가시선(Line of Visibility)을 기준으로 공급자와 고객의 상호작용(Provider-Customer Interaction)을 관리하기 위한 하나의 수단이었다.

오늘날의 서비스 디자인(Service Design) 개념은 1991년 쾰른 국제디자인학교(Koln International School of Design)의 마이클 에르호프 교수(Prof. Michael Erhoff)에 의해 소개되었으며, 이후 학계와 기업에 의해 다양하게 정의되고 있다.

서비스 디자인이란 서비스의 혁신을 위해 유·무형의 요소를 총체적으로 배열하고 가시화하여 혁신적인 해결책을 도출하고 경험을 디자인하는 실용적 서비스

R&D 방법론이다.

세계적으로 서비스 혁신을 위한 실용적 기술 분야로 '서비스 디자인'이 주목을 받고 있으며 디자인 기업이 주도하는 민간, 공공 분야 서비스 혁신의 성공사례가 속출하고 있다. "한국이 서비스 산업에서 경쟁력을 키우려면 서비스 디자인과 서비스 R&D를 더욱 잘 이해해야 한다." 빌 모그리지(BillMoggrige IDEO 공동 창업자, 스탠포드 교수)의 말에서 알 수 있듯이, 국내에도 서비스산업의 경쟁력 강화를 위한 서비스디자인의 중요성은 대두되고 있다.

오늘날의 세계 경제는 서비스산업 중심으로 바뀌었으며, 그 서비스는 경험해보지 않으면 그 가치를 느낄 수 없는 존재이기 때문에, 경험 디자인과 서비스 디자인은 세계적 이슈가 되어가고 있다. 디자인은 사람이 사용하고 있는 UX(User Experience)의 영역까지 포함하고 있을 뿐 아니라 서비스의 영역까지 뻗어가고 있다. 결론적으로, 서비스 디자인은 서비스를 제공하고 사용하는 사람들의 관계를 연결해주는 것이다. 디자이너는 고객이 서비스를 이용할 때 겪게 되는 모든 경험들을 주의 깊게 관찰하며, 서비스를 손으로 만질 수 있고 눈으로 볼 수 있는 형태로 만들며, 새로운 가치를 창출하는 서비스 콘셉트를 제시해야 된다. 공급자와 사용자 서로가 원하는 서비스가 무엇인지에 대한 파악이 서비스 디자인 설계에서 가장 중요한 요소이다. 인간중심적이고 삶의 질을 향상시키는 것 또한 중요하게 논의 되어야하고, 유·무형의 요소를 총체적으로 배열하고 가시화하여 혁신적인 해결책을 도출해야한다.

[그림 6-1] 고객관점의 서비스 디자인 프로세스

서비스 디자인은 단순히 순간적인 고객만족이나 고객과 서비스 간의 특정 접점의 효율성만을 고려하는 것이 아니라 서비스 전·후의 고객의 총체적인 경험을 디자인한다. 그렇기 때문에 서비스 디자인을 위해 수행하는 디자인 리서치 단계에서는 부분적으로 드러나는 고객의 현상과 피드백뿐만 아니라 [그림 6-1]과 같이 고객이 가지는 총체적인 경험에 주목할 필요가 있다.

제 2 절 서비스 디자인의 속성

서비스 디자인에서 핵심요소는 가치중심성, 고객의 니즈, 관계지향성, 지속성과 상호작용성, 시각화 다섯 가지를 바탕으로 구성된다. 이 요소들로 공간이 지닌 의미와 사람 간의 관계를 분석하고 진단하여 공간에 적용한다.

첫째, 가치를 중심으로 구성된다

서비스 설계 도구들이 이벤트 발생 순서 및 서비스 진행단계를 중심으로 구성되었다면 서비스 디자인은 서비스에서 발생하는 가치의 흐름 및 결합을 중심으로 표현된다.

둘째, 경험이다

고객의 잠재적 니즈는 가장 중요한 요소이다. 고객의 동기, 목표, 추구하는 잠재적인 니즈에 대해 충분히 경험하고 그 경험으로부터 니즈를 파악한다. 서비스 디자인에서는 경험하지 않으면 그 가치를 알 수 없기 때문에 경험을 중요시한다. 다양한 경험을 바탕으로 창의적이고 다양한 아이디어를 실제화(Embodiment)함으로써 고객 및 서비스 제공자에게 효과적이고 효율적이며 매력적인 서비스 경험을 향상시킬 수 있기 때문이다.

셋째, 관계지향적이다

참여자 및 관련 자원들이 형성하는 관계로 형성되는 서비스망을 따라 서비스에서 발생되는 가치들이 전달되는데, 타 분야와의 결합을 통해 서비스망은 더욱 복잡하게 구성되고 그 영역도 넓어지기 때문에 관계를 통해 서비스의 가치가 더욱 넓은 범위로 확장된다. 그렇기 때문에 서비스 디자인에서 발생하는 관계는 매우 중요한 요소로서 다루어지며 표준화된 절차에 의해 철저히 관리된다.

넷째, 지속적이고 상호작용적이다

서비스 디자인에서 생성된 가치는 단발적으로 발생되고 소멸되는 것이 아니라 서비스의 전 단계에 걸쳐 참여자 및 자원 간의 관계를 통해 지속적으로 순환되고 발전한다. 관계를 통해 형성된 서비스의 개방 및 확장형 네트워크 구조 안에서 서비스 디자인의 가치와 참여자와 자원이 비교적 자유롭게 이동하여 유연성을 가짐으로써 지속적으로 순환 가능한 가치 사슬을 형성하는데, 이러한 점이 서비스 디자인의 가장 큰 장점이라고 할 수 있다.

변화에 유연하고 때문에 피드백 적용이 쉬운 점 때문에 변화에 더 쉽게 적용할 수 있으며 다른 영역과 협업이 가능하기 때문에 여러 분야에서 새로운 시야로 접근이 용이하다. 또, 기업과 고객 모두가 경험하고 디자인 요소에 대해서 함께 의논할 수 있고 해결책을 제시할 수 있다. 서비스라는 것은 사전에 생산할 수 없는 것이고 사용자가 사용할 때까지 저장할 수도 없다. 그러므로 이러한 요인들은 서비스의 발전을 위해 중요한 의미라 할 수 있다.

다섯째, 서비스 디자인에 관련하여 시각화 또는 구체화한다
무형의 서비스를 시각화하고 실제화시켜 표준화시킨다

위의 다섯 가지 속성이 서비스 디자인의 내에서 끊임없이 유지될 수 있도록 서비스 전 과정에 걸친 지속적인 관리가 필요하다.

제3절 서비스 디자인 방법

서비스 디자인 프로세스 요소들은 서비스의 특성에 따라 조금씩 차이가 있으나 여정(journeys), 채널(channels), 세그먼트(segmentation), 제안(proposition), 접촉(touchpoints), 설계(architectures), 서비스 환경(service environments), 사람(personas) 등이 있다.

〈표 6-1〉 해외 주요 서비스 디자인 기업의 서비스 디자인 프로세스

해외 주요 서비스 디자인 기업의 서비스 디자인 프로세스					
구분	Step 1	Step 2	Step 3	Step 4	Step 5
라이브 워크	Insight	Ideas	Prototype	Delivery	
엔진 그룹	Discovering	Informing	Exciting	Optimising	Specifying
디자인 싱커	Discovering	Concepting	Designing	Building	Implementing
디자인 카운슬	Discover	Define	Develop	Deliver	

자료: 기존 연구를 활용한 저자 재구성

〈표 6-2〉 서비스 디자인 프로세스 요소

서비스 디자인 프로세스 요소	
터치 포인트 (Touch Points)	고객과 공급자 간의 다양한 유형의 접촉점을 정의하고 시각화시키기 위해 사용하는 방법
서비스 블루프린트 (Service Bluepoint)	보이지 않는 서비스를 가시화하여 문제를 찾고 혁신하기 위해 사용하는 방법
서비스스케이프 (Servicescapes)	서비스를 구현하는 장소적 공간 및 공간 구성요소를 제공하는 물리적 환경과 종업원과 다른 이용자들과의 사회적 관계를 형성하는 사회적 환경
서비스 경험 프로토타이핑 (Service Experience Prototyping)	일단 실행하고 반복 수정하면서 구체화하는 방법
이해관계자 (Stake Holder)	서비스의 이해관계자를 정의하고 고려해야 할 역학 관계를 총체적으로 파악하기 위해 사용하는 방법
회사 인지와 브랜드	새로운 서비스를 디자인하고 제공할 때 고객들의 브랜드 파악 방법
프로세스 맵 (Process Map)	고객이 서비스를 경험하게 되는 과정을 정의하고 그 과정에서 생기는 고객 체험을 시각화하기 위해 사용하는 방법

자료: 기존 연구를 활용한 저자 재구성

현재까지 정형화된 것은 없으며, 해외 주요 서비스 디자인 기업에서는 〈표 6-1〉과 같이 사용하고 있으며, 광범위한 서비스 산업의 숫자만큼이나 각기 다르게 사용하고 있다. 하지만 서비스 디자인에서의 용어와 사용자 인터페이스에서 용어를 비교해 보면 내용적인 면에서 비슷한 의미로 사용되고 있음을 알 수 있다.

서비스 디자인 프로세스의 요소는 〈표 6-2〉와 같이 대표적으로 분류되며, 서비스의 특성상 조금씩의 상이함은 존재한다.

제 4 절 서비스 디자인 비즈니스

1. 서비스 디자인 비즈니스의 이해

최근 많은 기업들이 보이지 않는 서비스를 유형화하는 데 많은 노력을 기울이고 있다. 이는 서비스를 고객에게 구체화하는 작업이자, 차별화된 경쟁력을 만들어 줄 수 있는 기회가 되기 때문이다. 서비스 디자인의 성공적인 비즈니스 모델은 서비스의 품질 예측이 가능한 가시적인 실체를 제공하는 것이 중요하다.

서비스는 체험하는 사람마다 만족도가 다르기 때문에 품질 평가가 쉽지 않다. 서비스는 제품처럼 품질 자체를 표준화할 수는 없지만 서비스를 제공하는 과정을 표준화할 수는 있다. 예를 들면 고객에게 대기하는 시간을 미리 안내하고 편안하게 대기할 수 있는 장소 등을 배려하거나, 고객을 만나는 직원의 응대 방법에 대한 매뉴얼을 만들어 표준화할 수도 있다. 또한 시력이 좋지 않고 기기 사용법에 익숙하지 않은 노인을 위하여 음성으로 설명해 주는 서비스를 제공할 수도 있다.

서비스 디자인은 무형의 서비스를 사용자의 중심의 유형적 형태로 시각화하여 총체적인 관점에서 모든 환경을 고려할 수 있도록 만들어 준다. 그렇기 때문에 서비스 디자인을 경영 사고의 논리에 적용함으로써 현장에 적용하는 것이 중요하다. 서비스 디자인은 기업의 경쟁력을 향상시키기 위해 간과해서는 안되는 중요한 요소 중 하나이기 때문이다.

2. 서비스 디자인 사례

1) IDEO가 고안한 서비스 디자인 사례

세계 최대 디자인 컨설팅 회사인 IDEO는 세계에서 가장 혁신적인 기업 중 한 곳으로 꼽힌다. 단순한 제품 디자인을 넘어 의료, 은행, 쇼핑, 통신 등 각종 서비스와 사용자 경험(User Experience; UX)을 디자인하는 컨설팅그룹이다. IDEO의 대표인 팀 브라운(Tim Brown)은 저서 〈디자인에 집중하라〉에서 디자인적 사고(Design Thinking)를 강조하기도 했다. IDEO가 수행한 프로젝트 중 대표적인 사례를 살펴보자.

- **ATM 리디자인**

은행은 우리가 이용하는 대표적인 서비스 기관 중 하나지만 한정된 은행 업무 시간 때문에 은행에 직접 가서 금융 서비스를 이용하는 것보다는 ATM 기기를 이용하는 경우가 더 많다. 스페인 은행 BBVA의 ATM 기기를 새롭게 디자인한 IDEO는 '기기를 어떻게 더욱 자동화할 것인가가 아닌, 어떻게 기계를 더욱 인간화할 것인가'에 초점을 맞췄다. 카드를 넣는 곳을 제외하고 현금을 인출하거나 영수증을 받는 다른 곳을 하나로 통합했다. 또한 다른 버튼을 없애고 19인치 풀 터치스크린에서 모든 입력과 처리를 할 수 있도록 했다. 그 결과 외관상으로도 단순해졌고 사용하기는 훨씬 편해졌다. 점점 많은 기능을 갖추면서 복잡해진 제품을 복잡한 설명 없이도 쉽게 사용할 수 있게 하는 것이 바로 제품에 필요한 서비스 디자인의 포인트이기 때문이다. 또한 IDEO는 벽에 일렬로 세워져 있던 ATM 기기를 90도 돌려 벽과 직각이 되도록 설치하고, 불투명 패널을 적용함으로써 뒤에서 다른 사람이 사용 정보를 볼지도 모른다는 불안감 역시 줄였다. 기기를 조작하는 편리함은 물론 사용할 때의 경험까지 고려한 것이다.

- **금융 서비스 디자인**

뱅크오브아메리카(BOA)에서 내걸었던 "잔돈은 가지세요"라는 캐치프레이즈 역시 IDEO의 작품이다. 이 서비스는 BOA의 체크카드를 사용하고 거스름돈이 발생

했을 때 그 차액을 저축 계좌에 바로 입금해주는 것을 내용으로 한다. 눈에 보이지 않는 '금융'이라는 분야를 디자인하겠다는 파격적인 개념으로 접근한 이 프로젝트는 시행 첫해에만 250만 명의 고객을 끌어들이는 성과를 냈다.

- **병원 서비스**

보건의료회사인 카이저 퍼머넌트(Kaiser Permanente)는 환자가 병원에 와서 진찰 받고 돌아가는 모든 과정을 환자 입장에서 관찰해 개선을 시도하였다. IDEO 담당 팀원들은 실제로 환자복을 입고 병원을 돌아다녀보기도 했다. 환자들은 접수 후 장시간 대기해야 하거나 보호자와 떨어져 있는 경우, 반나체로 20~30분이나 누워 있어야 하는 상황에 불쾌함을 느꼈다. IDEO는 편안한 대기실을 고안하였으며 환자와 가족 3~4명이 동시에 들어갈 수 있는 진료실을 만들고, 간호사들의 교대시간을 변경하여 환자 응대 서비스에 차질이 생기지 않도록 하는 등 의료 서비스를 개선하도록 했다.

- **드레싱룸(Dressing Room) 서비스**

프라다(Prada)의 뉴욕 대형 매장 드레싱룸에는 마법의 거울이 걸려 있다. 옷을 고른 소비자가 입어보기 위해 룸에 들어서면 카메라가 소비자를 인식한다. 그리고 소비자가 옷을 갈아입은 후 뒷모습을 촬영해 4초 후 화면을 보여준다. 소비자는 뒷모습을 보기 위해 몸을 이리저리 돌려보거나 고개를 힘들게 돌릴 필요가 없다. 이것 역시 IDEO의 아이디어다.

자료 : DBR, 2012-06

2) 세브란스병원

세브란스병원의 창의센터(Center for Creative Medicine)는 2013년 3월 1일에 공식 설립된 부서로, 병원의 의료서비스 수준이 평준화되면서 보다 차별화된 의료서비스를 제공하기 위해 '환자 경험'이라는 개념을 도입하여 환자중심의 의료 질 관리와 고객서비스를 제공하기 위한 혁신 전담 조직을 신설하여 세브란스만의 환자 경험 모델을 만들고, 품격 있는 병원을 만드는 것을 목표로 다양한 활동을 수행하고 있다.

• 환자경험모델에 따른 프로젝트 수행

세브란스의 환자 경험 모델은 POWER(Pleasant, Organizational, Welcoming, Easy, Respectful)라는 5가지 개념으로 설명할 수 있다. 〈표 6-3〉은 환자 경험 모델의 의미와 그에 따른 대표적인 활동들을 나타낸 것이다.

〈표 6-3〉 세브란스병원의 환자 경험 모델에 따른 프로젝트 사례

환자 경험 모델			
구분	의미	사례	대표 이미지
Pleasant 빛, 소리, 공기 모두 쾌적하게	쾌적함과 예의바름을 의미하며, 빛·공기·소리 영역을 개선함	– 자연채광, 편안한 조명 – 환기, 온도의 관리 – 습도, 향기의 관리 – 조용하고 편안한 음악	
Organizational 듣고 나누고 개선하고 공유하고	환자와 그의 가족들이 병원측과 원활한 커뮤니케이션을 하도록 개선함	– 빨간자켓 서비스 – 동행안내 서비스 – 설명간호사 – 생각나눔 행사 – 조찬간담회 – 컨시어지 데스크 운영	
Welcoming 만나는 면면마다 진심으로	환자를 진심으로 응대하며, 병원의 모든 구성원들이 환자와 가족들에게 깔끔하고 친근하면서도 전문가다운 자세를 보이도록 하는 데 중점을 둠	– CS교육 – 유니폼/헤어/메이크업 – 컨시어지 데스크 운영 – 어플리케이션 개발 – 친화적인 실내인테리어 – 청소 매뉴얼 제작	
Easy 쉽게, 쉽게, 쉽게	환자와 가족들, 방문객들이 예약하기 쉽고, 방문하기 쉽고, 찾기 쉽도록 함	– 셔틀버스 서비스 – 동행안내 서비스 – 빨간자켓 서비스 – 편의서비스 키오스크 – 건물 번호와 색상 체계 – 출입구(Gate) 번호 체계	

Respectful 진심이 담긴 배려	환자와 가족들이 존중받고 있다고 느낄 수 있도록 함	- 로비 음악회 - 아트 스페이스 운영 - 옥상정원 조성 - 올레의 개발 - 치료견(Therapy Dog) - 기도하는 의사	

사진=연세의료원소식, 세브란스 웹진

3) 파라다이스호텔 부산

최근 비즈니스 환경의 변화로 파라다이스 고객의 지형도 변하고 있었다. 외국인 이용자의 국적은 다양해지면서 비즈니스 고객 수요도 증가하고 내국인 이용자 또한 지속적으로 증가하고 있는 추세였다. 이러한 내국인 이용자 중 많은 이용자는 인터넷을 통하여 호텔의 정보를 찾고 비교하고 예약하는 인터넷 세대가 큰 비중을 차지하고 있었으나 파라다이스호텔 부산은 On line이 Off line 경험에 못 미치는 문제로 단순한 웹사이트 개편의 프로젝트 시작이 On line과 Off line을 아우르는 '7Heaven'이라는 파라다이스호텔 부산만의 7가지 '천국' 서비스 디자인이 되었다.

1 Heaven : 온라인 예약 서비스

예약단계에서 객실의 이미지와 패키지 정보를 한 화면에 일목요연하게 보여주어 불필요한 페이지 이동을 최소화하고 인터넷 예약 사이트의 가격과 실제로 비슷한 가격의 패키지가 있음에도 고객이 알 수 없어 포기하던 것을 없애도록 예약 UI를 개선했다.

2 Heaven : Pick up 서비스

공항에서처럼 Pick up 서비스를 KTX에도 확대하여 파라다이스 고객에게 부산역 도착부터 파라다이스 호텔 부산의 Premium 서비스를 느낄 수 있도록 하였다. 또한 KTX 특실과 모범택시를 연계한 VIP Pick up 서비스와 KTX 일반실과 리무진 버스를 연계한 이코노미 서비스도 제공한다.

3 Heaven : 모바일 여행정보

모바일인터넷 페이지에 E-concierge를 소개하여 호텔주변 관광정보와 부산의 권역별 관광 정보를 제공하여 머무는 동안의 여정을 호텔 도착 전에 미리 계획할 수 있도록 하였다.

4 Heaven : 이용정보 알림 서비스

Reception Desk 에서 고객의 호텔방문 경험에 따라 적절한 안내문을 제공해 패키지 내 포함된 특전을 100% 활용할 수 있도록 정보를 다시 일깨워 주고 업그레이드 서비스에 대한 안내도 함께 하여 check in 전 선택할 수 있도록 하였다.

5 Heaven : 조깅 서비스

운동화와 운동복을 지참하지 못한 고객에게 해운대의 조킹 코스를 이용할 수 있는 조깅화 대여 서비스를 새롭게 시작하였고, 이 서비스에는 자신의 취향에 맞는 곡들이 play list 로 제공되는 mp3 대여와 온천 사우나 이용권도 선택할 수 있어 고객의 오감 만족을 제공한다.

6 Heaven : 라운지 서비스

성수기 조기 체크아웃 이후 부산 출발 시간까지 여유 있는 고객을 위한 라운지를 설치 및 운영하여 체크아웃으로 단절되는 서비스가 아닌 부산을 떠나기 전까지 이어지는 서비스를 만들었다.

7 Heaven : 택배 서비스

체크아웃 이후 부산역(공항) 출발 전까지 여유시간을 이용해 관광을 원하지만 여행 가방이 부담스러웠던 고객을 위해 부산역이나 공항까지 택배이용 서비스를 제공한다. 고객은 부산에 도착하는 순간부터 파라다이스 호텔이 제공한 여러 서비스에 만족하고 돌아가서는 그 서비스의 여운을 되새겨 보게 될 것이다.

자료 : 공공서비스 평가를 위한 서비스디자인 도구 개발에 관한 연구(김영혜, 2014)

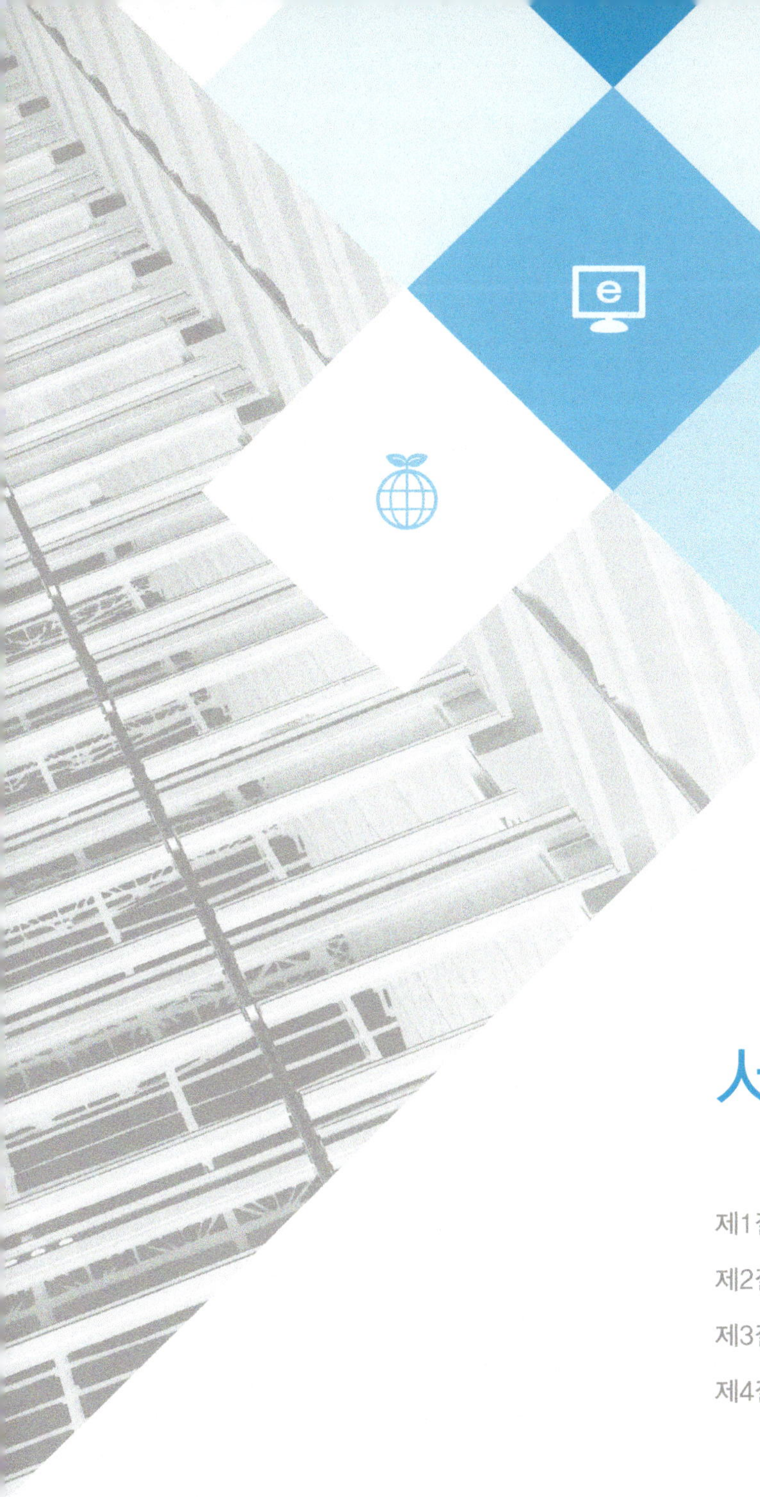

Chapter 07

서비스 리더십

제1절 서비스 리더십

제2절 서비스 리더십의 구성요소

제3절 서비스 리더십의 원칙

제4절 성공적인 서비스 리더 사례

서비스경영론

CHAPTER 07 서비스 리더십

제 1 절 서비스 리더십

1. 서비스 리더십의 이해

우리는 현재 빅데이터와 추천서비스, 인공지능, O2O가 범람하는 멀티 · 옴니채널의 시대 속에서 살고 있다. 하지만 여전히 서비스 접점에서 '진실의 순간(Moment of Truth)'을 만나게 되는데 바로 이 지점에서 리더십이 작용하므로 서비스 리더십은 과거 어느 때보다 중요해지고 있다.

1981년 'MOT 마케팅'이라 불리는 고객 접촉 포인트에서의 서비스 혁신을 추진해 적자에 허덕이던 스칸디나비아 항공을 1년 만에 흑자로 전환시킨 얀 칼슨 당시 사장은 "기업이 고객과 만나는 15초 동안이 고객을 평생 단골로 만들 수 있는가를 결정하는 '진실의 순간'이다."라고 말했다.

21세기에 접어들면서 MOT 마케팅은 다시 주목을 받고 있다. 정보통신 기술의 발달로 고객과 기업 간의 접점이 인터넷, 휴대폰 등으로 다양해지고 기업이 거의 실시간으로 고객 반응을 분석해 대응할 수 있게 됐기 때문이다. 또한, 점차 경쟁 상품이 늘어나고 기업들의 직접 마케팅이 난무하면서 소비자들의 인내심과 충성도가 줄고 있다.

미국의 리서치 연구소인 Marketing Experiments는 최근 발표한 연구 보고서 〈명료함이 설득력보다 우선이다(Clarity Trumps Persuasion)〉에서 '비즈니스에서 첫 7초가 가장 중요하다'고 밝혔다.

이렇듯 진실의 순간이 단축됨에 따라 서비스 종사자들의 현장 대응 능력이 더욱 중요해지고 있으며 이에 필요한 역량이 바로 서비스 리더십이라 할 수 있다. 리더십이 배양되면 변화에 대처하는 능력을 갖게 되고, 동료와의 관계적 역량을 가질 수 있게 되기 때문이다.

서비스는 무형적이며 대부분 생산과 소비가 동시에 이루어지고, 고객이 서비스 프로세스의 한 부분 혹은 서비스 생산의 한 부분을 차지하는 경우도 있다. 그리고 생산과 소비가 동시에 일어나므로 서비스는 제품과는 달리 재고라는 개념이 없고, 재고로 보관하는 것이 불가능하므로 시간적으로 소멸성을 지닌다. 또한, 서비스는 사전 품질관리도 거의 불가능하다. 따라서 고객과의 접점에서 서비스를 직접 제공하는 서비스 담당 직원의 교육훈련이 매우 중요하다.

이러한 한계점을 극복하는 방법이 바로 서비스 리더십이므로, 낮은 생산성을 서비스 리더십으로 향상시켜야 한다.

2. 서비스 리더십의 개념

서비스 리더십이란 조직 구성원들이 가치 창출을 위해 고객에게 서비스하는 과정에서 발휘되는 리더십이다. 서비스를 제공하는 과정에서 어떻게 영향력을 발휘할 수 있을 것인가에 대한 의미이므로, 서비스 리더십이란 한마디로 영향력이라 할 수 있다. [그림 7-1]과 같이 가치창출에서 서비스 리더십의 역할은 기업이 가치를 창출하는 데 있어 가장 중요한 요소이며 고객을 소중히 여기는 고객가치라고 할 수 있다.

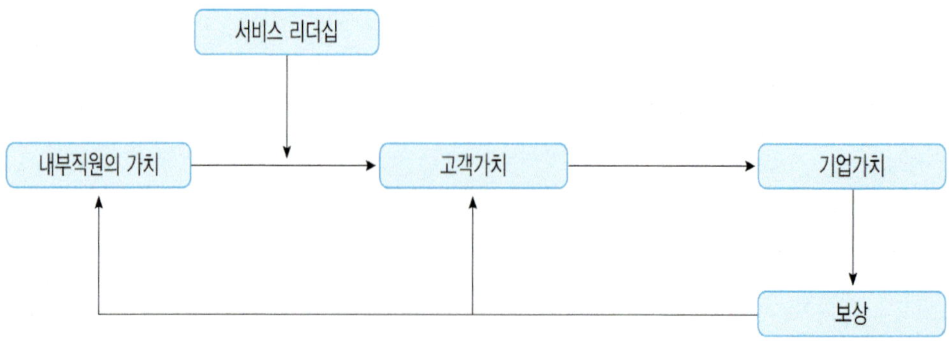

[그림 7-1] 가치 창출에서 서비스 리더십의 역할

이러한 고객가치는 내부직원에 의해서 이루어진다. 즉, 고객가치의 원천은 내부직원의 가치인 것이다. 그 가치가 이루어지도록 리드해 주는 것이 바로 서비스 리더십이다.

대부분의 기업은 내부직원을 소홀히 여긴다. 지나치게 외부고객만 강조하다 보니 내부직원의 불평이나 불만을 듣지 못한다. 고객접점의 내부직원을 통하여 서비스 문제점이 상부에 전달되어야 하는데 그 과정이 왜곡되는 것이다.

그렇기 때문에 서비스 리더십을 발휘하려면 내부직원으로 하여금 리더십을 갖도록 해야 한다. 서비스 리더십은 기업의 핵심역량이다. 인사는 조직의 잠재력을 결정하고 관계는 조직의 사기를 결정하며 구조가 조직의 규모를 결정하고 비전이 조직의 방향을 결정한다면 리더십은 조직의 성공을 결정한다.

서비스 프로세스와 제조 프로세스의 차이점을 보면 제조 프로세스의 경우에는 고객과 기업이 직접 만나는 기회가 적지만 서비스 프로세스에서는 고객과 직접 접촉을 하게 된다. 그러므로 서비스 프로세스에서 경영자, 내부직원, 고객은 균형을 이루어야 한다. 한쪽에 치우치면 서비스 프로세스는 제대로 진행되지 않기 때문이다.

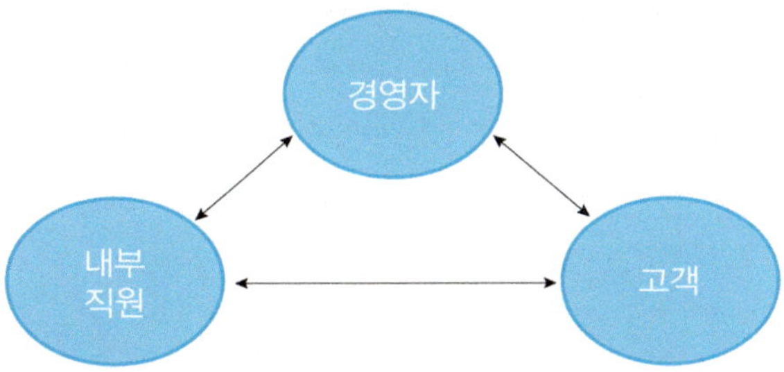

[그림 7-2] 서비스 프로세스

서비스 기업의 목표는 고객만족이다. 고객만족을 구체적으로 창출해 내는 사람은 내부고객이며 그들을 만족시키는 사람은 바로 서비스 리더이다. 그들의 리더십에 만족한 내부고객은 최고의 서비스를 통해 외부고객을 만족시킨다. 리더의 내부고객에 대한 리더십 행위는 서비스 기업의 목표인 고객만족과 직접 연결된다.

즉, 서비스 리더십이란 내부고객이 리더에게 고객으로 대접받고 서비스 받을 때 만족을 느끼며 그 만족을 토대로 외부고객에게 더 큰 만족과 감동을 느낄 수 있는 서비스를 제공한다는 현실을 구조화한 것이라 할 수 있다.

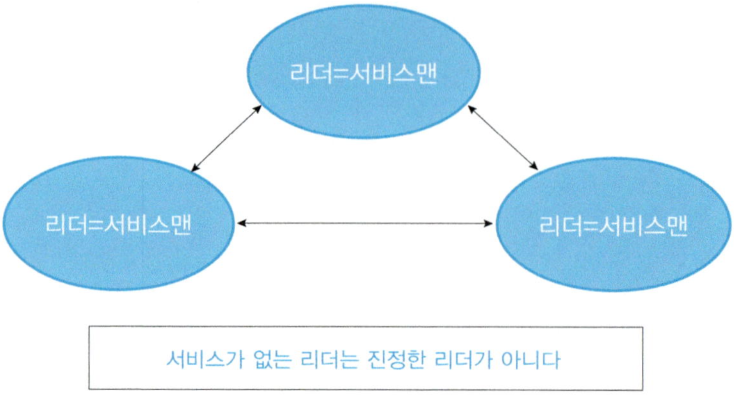

[그림 7-3] 자율성과 창조성을 이끌어내고 협력을 만들어내는 서비스 리더의 구조

결론적으로, 서비스 리더십이란 서비스 리더의 서비스를 통해 내부고객의 행복과 외부고객의 만족이 선순환하는 리더십을 의미한다.

제 2 절 서비스 리더십의 구성요소

1. 서비스 리더십의 구성요소

서비스 리더십은 직원의 만족을 만들어내는 리더가 만족 유도 행위를 많이 하도록 하고, 만족 훼손 행위를 줄이는 것을 목표로 한다. 이를 위해서 서비스 리더는 다양한 접근과 노력을 해야 하는데 그중에서 가장 핵심적인 것을 C·M·S라고 한다.

C·M·S는 서비스 리더로서 갖추어야 할 서비스 신념(Concept), 태도(Mind), 능력(Skill)을 의미한다. 이는 서비스 리더로서 갖추어야 할 자산 즉, 무엇을 서비스할 것인가를 뜻한다. 그러므로 서비스 리더는 서비스의 내용이 되는 C·M·S라는 서비스 자산을 갖추고 있어야 한다.

서비스 신념(Service Concept)은 서비스 리더십의 기초를 세워주는 철학과 전체가 공유해 나가고자 하는 비전(Vision), 이를 위해 현재를 어떻게 고쳐나갈 것인가하는 변화와 혁신이다.

서비스 태도(Service Mind)는 파트너십을 형성하고 만족을 주고 싶은 마음 상태나 자세를 의미한다. 이러한 마음가짐(Mind Set)이 완성될 때 리더의 행동은 자연스럽게 고객의 만족을 유도하는 방향으로 이루어지게 된다.

서비스 능력(Service Skill)은 고객의 욕구(Needs)를 파악하고, 이를 충족시키기 위해 필요한 서비스 창조 능력(Service Creation Skill), 관리 운영 능력(Operation Skill), 인간관계 형성 및 개선 능력(Human relation Skill)을 말한다.

〈표 7-1〉 서비스 리더의 3요소

핵심요소	세부요소	내용
서비스 신념 (Service Concept)	철학 (Philosophy)	서비스 제공자와 수혜자의 비공식 관계(Partnership)에 대한 가치관으로, 수평적 관계에 더 많은 가치를 두는 것
	비전 (Vision)	고객 만족을 위해 내 · 외부 고객이 함께 실천하고 공유할 비전을 만들고 실천함
	변화, 혁신 (Change)	조직 속에 내재한 非(비)서비스적인 요소들을 부단히 혁신해 나감
서비스 태도 (Service Mind)	열정 (Passion)	긍정적이고 적극적으로 고객과 서비스를 통해 파트너 관계를 수립하고자 노력하는 마음
	애정 (Affection)	파트너 관계 형성을 위한 헌신적 노력과 그 과정에서 보람과 행복을 느끼는 태도
	신뢰 (Trust)	고객에 대한 자발적인 관심과 배려, 고객만족으로 파트너의 관계로 만들려는 자세
서비스 능력 (Service Skill)	창조 능력 (Creation Skill)	지속적으로 고객만족형 서비스를 새로 만들어 내는 능력
	운영 능력 (Operation Skill)	일상적인 서비스를 운영하기 위해 필요한 업무 및 서비스에 대한 전문 능력
	관계 능력 (Human relation Skill)	고객만족형 서비스로 만들기 위한 인간관계 능력

자료: ESL 2011,. op. cit. pp.142~146

따라서 서비스 리더십의 세 가지 요소가 상호 조화를 이룰 때 고객만족이 이루어질 수 있게 되며 이것을 공식화하면 'C × M × S = 고객만족'으로 표현할 수 있다.

서비스 리더가 곱하기의 관계를 갖는 C, M, S를 고루 갖출 때 진정으로 바람직한 리더의 행동을 하게 되고, 그러한 리더의 행동은 직원만족과 고객만족으로 연결될 것이다.

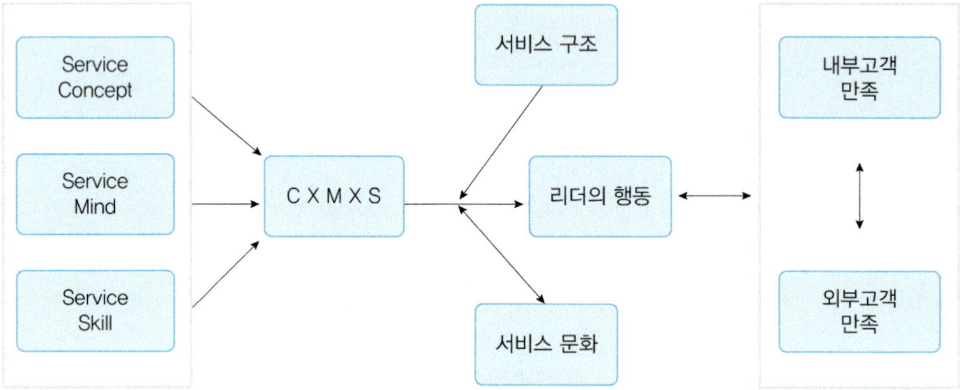

[그림 7-4] 서비스 리더십 모델(ESL 2011, .op. cit. p.113)

서비스 리더십의 핵심 철학은 [그림 7-5]와 같이 수평적 서비스라고 할 수 있다. 리더와 조직 구성원의 '승-승(Win-Win)' 패러다임 구축이 서비스 리더십의 핵심인 것이다.

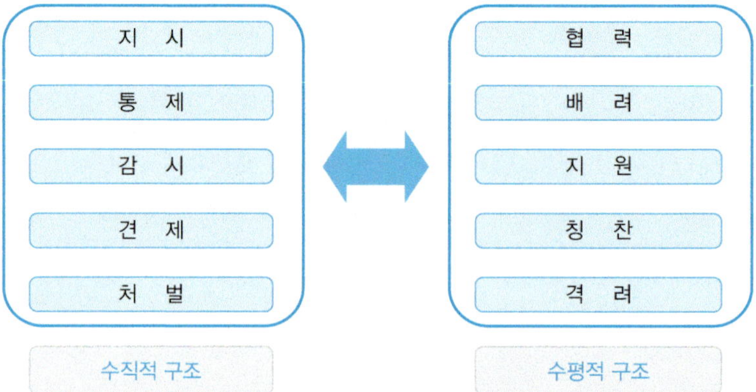

[그림 7-5] 구조에 따른 업무수행 방식의 차이]

기업 조직을 운영하는 기본 전략은 수직적인 조직편제 구조하에서는 리더와 구성원 간의 원활한 의사소통이나 권한 위임은 쉽게 발견되지 않는다. 이러한 수직적이고 경쟁적인 패러다임 속에서는 리더와 구성원의 동시 만족은 어렵기 때문에 당연히 고객과의 관계에서도 쌍방의 만족은 기대하기가 어렵다. 서비스 리더십은 이러한 한계를 극복하고 모두가 만족을 추구하도록 하는 리더십이다. 리더의 서비스가 내부고객에게 만족감을 주게 되면, 그것은 곧 외부고객 만족으로 이어지며 결과적으로 리더의 만족으로 되돌아 오게 된다. 결국 서비스 리더십은 리더의 가치관을 넘어 기업문화 자체를 변화시키는 것이다.

2. 서비스 리더의 핵심 역량

- **첫째, 서비스 리더의 철학이다.**

서비스 리더가 '서비스를 제공한 만큼 혹은 그 이상으로 고객은 돌려준다.'라는 고객에 대한 사랑과 믿음을 갖는 것이 중요하다.

- **둘째, 서비스 리더의 비전이다.**

자신의 철학을 조직원 전체가 공유하고 함께 노력할 수 있도록 하는 힘이 필요하다.

- **셋째, 서비스 리더의 혁신이다.**

서비스 기업에서의 중심 활동인 서비스 실행방법을 과감하게 바꿀 수 있는 혁신이 필요하다.

- **넷째, 서비스 리더의 열정이다.**

수평적인 관계를 형성하고 파트너십을 형성하려는 진정한 노력이 필요하다.

- **다섯째, 서비스 리더의 애정이다.**

서비스 리더 자신의 열정이 있어야 한다. 서비스 리더의 의지는 열정이라는 도구를 통하여 직원들에게 전달되기 때문에 열정 없는 리더는 신뢰를 얻을 수 없다.

서비스 품질 향상을 통해 얻을 수 있는 의미들을 공유하여 조직구성원들의 동기를 유발하는 것이 중요하다.

- **여섯째, 서비스 리더의 신뢰이다.**

직원들의 고충에 관심을 갖고 해결하기 위해 노력하는 자세가 중요하다.

- **일곱째, 서비스 리더의 서비스 접점 구성원들의 욕구 파악능력이다.**

그들이 무엇을 원하는지, 무엇이 필요한지 정확하게 파악할 수 있는 능력이 필요하다.

- **여덟째, 서비스 리더의 변화 적응력이다.**

서비스가 이루어지는 현장에서는 모든 것이 매뉴얼과 계획대로만 진행되지는 않는다. 예기치 못한 상황이 발생하기 쉬우므로, 돌발상황에 유연하게 대처할 수 있는 적응력과 순발력이 필요하며 변화에 맞는 새로운 서비스를 창출하는 능력이 필요하다.

- **아홉째, 서비스 리더의 업무 능력이다.**

전문능력을 현장 직원들에게 전달하며 그 능력을 활용하여 성과를 얻을 수 있는 능력이 중요하다.

- **열째, 서비스 리더의 인간관계 능력이다.**

인간에 대한 이해력과 좋은 인간관계를 만드는 능력이 있어야 한다. 서비스 리더는 고객뿐만 아니라 현장직원의 특성을 잘 파악하고 관리할 수 있어야 한다. 서로 다른 직원들의 잠재력을 최대한 발휘하도록 하여 그들의 목표를 달성하도록 도와주어야 한다. 일방적인 관계가 아닌 서로의 지식과 경험을 공유하는 양방향의 파트너 관계여야 한다.

3. 서비스 리더십 실천을 위한 행동전략

- 첫째, 기본에 충실하라.
- 둘째, 수평적 사고를 받아들여라.
- 셋째, 고객을 만족시키는 서비스 비전을 만들고 조직원들과 공유하라.
- 넷째, 서비스를 혁신하고 창조적 서비스를 실천하라.
- 다섯째, 고객의 다양성을 인정하고 조화와 협력을 모색하라.
- 여섯째, 파트너십을 형성하라.
- 일곱째, 현장에서 실천하라.
- 여덟째, 적극적 경청을 통해 직원들의 감정과 동기를 파악하라.
- 아홉째, 효과적인 질문을 하라.
  자유응답식, 즉 열린 질문을 통하여 고객의 숨은 의도를 파악하고 직원들의 참여와 아이디어 공유를 이끌어낸다.
- 열째, 직원들에게 구체적인 피드백을 제시하라.
  피드백은 직원들의 행동에 반응을 보인다는 점에서 의미가 있기 때문에 긍정적인 일과 부정적인 일에 관해서 모두 구체적이고 효과적인 피드백을 주어라.

제3절 서비스 리더십의 원칙

1. 고객과의 관계를 강화하라

21세기 기업경영은 고객을 단순히 판매 대상으로 보지 않고 지속적인 관계를 구축해 나가는 데 목적을 두고 있다. 그러한 이유로 고객 개개인의 속성과 구매패턴 등 관계요소를 파악하여 1:1로 관리해 나가는 CRM(Customer Relationship Management) 기법이 고객관리 프로그램으로 많이 활용되고 있다. 이는 모든 고객을 동일하게 보지 않고 각각의 개성을 갖고 있는 세분화된 특성으로 분류하여 고객을 좀 더 개인 차원에서 심도 있게 관리하는 고객관리 기법이다. 고객과의 관계를 강화시켜 나가는 방법만이 고객만족을 이끌어내고 수익창출의 원천으로 삼을 수 있다. 고객과 기업이 평생관계를 맺어 나갈 때 고객 행복과 기업의 번영을 약속할 수 있다. 평생고객을 통해서 고객의 평생가치를 얻을 수 있기 때문이다.

고객관계강화의 의미는 단순한 거래 차원이 아니라 장기적이고 내적으로 상호 이해하고 존중할 수 있는 신뢰관계를 맺어 나가는 일이다. 고객관계가 강화된 기존 고객을 통하여 신규 고객을 자연스럽게 창출해 나갈 수 있으며, 기존고객과의 관계 지속을 통하여 더욱 긴말한 관계를 유지할 수 있다. 또한 버즈(Buzz) 마케팅 효과를 통한 신규고객을 창출할 수도 있다. 이렇듯 고객과의 관계를 통해서 궁극적으로 기업이 얻는 것은 고객의 충성도(Customer Loyalty)이다. 고객의 마음을 얼마나 많이 확보하느냐가 고객관계강화를 통해서 얻을 수 있는 중요한 효과라고 할 수 있다.

2. 고객이 이익을 받고 있음을 느끼게 하라

사람의 마음을 움직이는 방법은 상대가 무엇을 원하는지를 파악하여 상대가 원하는 것을 주는 것이다. 고객을 움직이고 내 편으로 만들기 위해서는 진정으로 고객이 무엇을 원하는지를 파악하는 것이 첫 번째 단계이자 가장 중요한 단계이다.

따라서 고객에게 이익을 줄 수 있는 사고와 서비스 시스템을 구축해야 한다. 고객의 입장에서 이익을 생각하고, 이익을 많이 남긴 고객에게는 더 큰 이익을 줄 수 있는 방법을 찾는 것이 중요하다.

페더럴 익스프레스(Federal Express)는 '고객의 이익이 곧 기업의 이익을 창출한다.'는 신념하에 서비스 체계를 갖추고 있다. People(서비스 직원) → Service(서비스) → Profit(이윤) 시스템을 설계하여 궁극적이고 질적인 서비스를 제공하기 위하여 직원에 대한 채용, 교육, 훈련, 복지혜택의 중요성을 깨닫고 고객의 이윤창출을 위해 노력하고 있다.

이제 고객은 단순히 제품의 품질에만 의존하지 않기 때문에 고객이 요구하는 복합적인 요인을 제공해야 한다. 고객은 더 이상 단순한 친절만으로는 만족하지 않는다. 제품의 품질은 기본이고 이미지, 가치, 서비스, 가격 등 인적·물적인 복합적 요소에 의해 만족한다. 궁극적으로 고객의 입장에서 타사와 비교해서 얻을 수 있는 이익이 무엇인가를 확고히 느낄 수 있도록 해야 한다.

3. 고객은 대부분 옳다

고객은 항상 옳지 않을 수 있다. 하지만 고객은 기업과 직원의 존재 이유이므로, 서비스리더 입장에서는 고객이 대부분 옳다는 고객존중의 사고가 우선시되어야 한다.

그러므로 어떠한 상황에서도 고객은 옳다는 기본자세로 응대해야 한다. 고객과 상황에 대한 시선이 달라도 고객과 논쟁하거나 고객을 가르치거나 고객을 이기려고 하면 안 된다. 고객이 우월감을 통한 심리적 만족감을 갖도록 서비스 해야한다.

[그림 7-6] 밴쿠버 다운타운에 있는 노드스트롬 매장, 시애틀 노드스트롬 본점 1층에서 피아노 연주자가 고객들을 위해 음악을 현장에서 직접 연주하는 가운데 손님들이 신발매장에서 다양한 구두들을 둘러보고 있다(사진는 블룸버그(左), MK The Biz Times(右)).

미국의 노드스트롬 백화점은 '어떤 상황에서도 자신이 판단하여 고객에게 유리하다고 생각되는 일을 실행할 것, 그 이외의 규칙은 없다'는 것을 신조로 삼고 있다. 노드스트롬 백화점은 고객만족 서비스의 일환으로 '어떤 고객에게도 No라고 하지 않는다.'라는 규칙으로 '무조건적 교환과 환불정책'을 펼치고 있다. 어떤 상품이든 언제 구입했든 고객이 원하면 그 즉시 교환과 환불을 해준다는 정책이다.

한 가지 사례로 타이어를 구매한 고객이 영수증도 없이 환불을 요청하였는데 직원은 어떠한 확인절차도 없이 고객의 요구에 응하면서 즉시 환불을 해주었다. 추후 이 고객이 다른 곳에서 타이어를 구매했다는 자신의 실수를 알게 되며 신문에 기고를 하여 널리 알려지게 되었다. 이러한 정책을 통해 노드스트롬 백화점은 고급스러운 백화점의 이미지로 자리매김하게 되었다. 뿐만 아니라 노드스트롬 백화점은 역피라미드 구조를 사용해서 '고객'을 가장 중요한 윗선에 두고 바로 아래를 '고객을 접점에서 응대하는 판매사원'으로 보면서 외부고객뿐만 아니라 내부고객까지 중시하는 고객만족 서비스를 이루어왔다.

이렇듯 고객을 위한 일이라면 언제든지 즉시 할 수 있는 자세가 갖추어져 있어야 한다. 서비스에 대한 답은 고객에게 있기 때문이다.

4. 고객의 팬덤을 구축하라

연예인이 아닌 브랜드에서도 열성적인 '팬덤(fandom)'을 구축한 사례들이 있다. 자발적으로 형성된 팬은 해당 브랜드(기업)의 홍보 · 마케팅 활동뿐만 아니라 제품 · 서비스 개발에까지 관여하며 진화하는 추세다. 이제 고객은 단순한 추종자 수준을 넘어 새로운 '콘텐츠 생산자'이자 '문화 창조자'로서 트렌드를 주도하고, 때로는 기업 평판을 좌우할 정도로 중요한 존재로 부상했다.

중국 샤오미(小米)의 성공 비결은 팬덤 문화 형성이다. 고객을 팬으로 만드는 방법을 활용한 것이다. 샤오미의 류더(劉德) 부회장은 작은 회사로 시작한 샤오미가 성공할 수 있었던 비결을 '고객을 친구로 생각하는 마인드'와 '고객에게 신뢰를 쌓아주는 마케팅 방법'이라고 밝히며, "샤오미는 온라인으로 핸드폰을 팔기 위해서 고객이 큰 돈을 쓰는 데 필요한 신뢰를 쌓아야 한다고 생각했다."고 말했다.

샤오미는 신뢰를 얻기 위해 인터넷을 통해 고객의 의견을 수렴하여 핸드폰을 지속적으로 업데이트 했고 지속적으로 고객과 의견을 주고받으며 개선하는 과정을 통해 샤오미는 고객과 친구가 될 수 있었으며 샤오미 팬을 양성하여 온라인에서 엄청난 파워를 갖게 됐다. 이러한 마케팅을 통해 핸드폰을 온라인에 오픈한 지 30시간 만에 34만 대의 핸드폰을 판매했다. 이는 1초당 200대씩 판매한 기록이다.

또한 샤오미는 고객이 제품 생산 과정에 참여할 수 있도록 만든 시스템이 특징이다. 이를 통해 팬덤 문화를 만들 수 있었고 마케팅 비용을 절감하여 좋은 제품을 만들어낼 수 있게 됐다.

최근에는 감성마케팅을 통해 팬들에 의한 브랜드 전파력이 커지고 있으며 인터넷이 발전하면서 인터넷 팬덤은 다양한 연령과 계층의 팬들이 활동할 수 있는 공간을 만들어 팬들 간의 관계를 지속시킬 수 있게 됐다. 더욱이 트위터나 페이스북과 같은 소셜 네트워크 서비스(SNS)가 발달하면서 팬들은 기존의 소비행태를 벗어나 콘텐츠를 재가공하거나 직접 생산하면서 새로운 문화를 만들어내고 스타의 새로운 이미지를 형성하는 다양한 활동을 벌이기도 하고 오프라인 영역으로 확장되기도 한다.

일례로 제품 출시일에 아이폰을 사기 위해 줄을 길게 늘어선 진풍경을 연출하는 이른바 '애플빠'라고 불리는 애플 마니아들은 아이폰 팬이라기보다 애플사와 스티브 잡스의 팬이라고도 볼 수 있다. 이들은 사용후기가 생성되기도 전에 먼저 애정부터 보내는 팬인 것이다.

팬덤의 형성은 외부고객뿐만 아니라 내부고객 즉, 직원에 의해서도 형성된다. MK택시의 기사는 비 오는 늦은 밤에 짐을 들고 있는 손님을 보면 택시에서 내려 손님의 짐을 트렁크에 실어준다. 목적지에 도착하면 먼저 내려 트렁크에서 짐을 꺼내주고 "다음에 MK택시를 이용할 때 그 기사에게 돌려주시면 된다."는 말과 함께 우산을 건네주며 손님이 집에 들어갈 때까지 이동하지 않고 헤드라이트로 길을 비춰준다. 사람 냄새 나는 감동을 함께 제공해서 고객을 내 팬으로 만들겠다는 열정이야말로 감성마케팅 시대에서 선도기업으로 가는 원동력이 될 것이다.

5. 기본에 충실하라

서비스는 내가 받고 싶고, 기대하는 것을 주는 것이다. 이것을 실천하는 첫걸음이자 모든 것이라고 할 수 있는 것은 바로 기본에 충실한 것이다. 미소 지으며 밝은 목소리로 인사하기, 겸손하면서도 적극적인 태도, 상냥하지만 신뢰감을 주는 목소리와 언어표현 등은 너무나 당연하고 평범하여 지나칠 수도 있지만 서비스는 색다른 것보다는 이러한 당연한 것을 실천하는 것이 중요하다. 서비스를 제공한다는 것은 고객을 존중하는 일이며 일상생활의 가치를 존중하는 일이다. 그러기에 서비스란 당연한 일을 잘 실천하는 것이 핵심이다.

6. 오너십(ownership)을 구축하라

고객들과 서비스 접점에서 만나 고객의 눈에 비치는 직원은 기업 그 자체이자 그 기업을 대표한다. 그러므로 고객의 입장에서 고객의 욕구와 문제, 관심을 이해하려 노력하고 고객의 말을 끝까지 경청하여 고객이 원하는 바가 무엇인지 정확한 의중을 파악하며 대응해야 한다. 고객은 나에게 가장 중요한 재산이며 그러한 고객을 대하는 나는 우리 회사의 대표자라는 생각을 가져야 한다.

7. 디테일을 차별화하라

아주 사소한 차이가 일의 완성도를 좌우한다. 특히 서비스에서 결코 사소한 것은 없다. 디테일의 차별화가 사업의 성패를 좌우하는 것이다.

고객이 인정할 만한 디테일을 찾아 차별화의 요소를 만들면 고객은 여기에서 작지만 깊은 감동을 받는다. 그것이 고객의 서비스경험에 작지만 인상 깊은 감동의 기억을 선사하게 된다. 대기업 그룹 총수들이 가장 중요하게 강조하는 것도 바로 사소한 디테일이다. 개인도 기업도 디테일에 집중해야 한다. 치열한 경쟁과 기술의 보편화로 모든 것이 상향평준화되는 시기에 경쟁력을 확보하는 길은 고객이 인정할 만한 디테일을 찾아 차별화의 요소로 만드는 것이며 그것이 고객의 서비스경험에 작지만 깊은 감동을 선사하게 된다.

대형마트인 이마트는 고객들이 쇼핑 중에 휴대폰과 음료수를 손에 들고 다니기 힘든 점을 고려해 쇼핑카트에 휴대폰과 음료 전용 거치대를 만들었다. 고객들이 마트에서 휴대폰 벨소리를 듣지 못해서 불편해 했다는 점을 파악하여 거치대를 마련한 것이다. 할인 쿠폰 다운로드 등 쇼핑 중에도 스마트폰 사용이 필요하다는 점도 감안했다. 예상치 못한 배려에 아기 젖병이나 외부 커피전문점에서 사온 커피를 넣기 편하다며 반기는 고객이 많았다.

건설업체인 대림산업은 새로 아파트를 지을 때 지하 주차장의 차 한 대당 주차할 수 있는 폭을 기존의 업계 규격인 2.3m보다 10cm 넓은 2.4m로 짓고 있다. 좁은 주차공간으로 주차에 어려움을 겪는 주부들이나 SUV 자동차 등 큰 차량을 갖고 있는 운전자들을 배려한 것이다. 주차 공간을 기존보다 넓힘으로써 사람들에게 '이렇게 작은 부분까지 신경을 쓰는 회사라면 아파트 내부는 얼마나 더 꼼꼼하게 설계하였을까'라는 인식을 심어줄 수 있다.

[그림 7-7] 이마트는 고객들이 쇼핑 중 휴대폰과 음료수를 들고 다니기 힘들다는 점에 착안해 카트에 전용 거치대를 만들었다(左), 대림산업은 주차에 어려움을 겪거나 큰 차량을 가진 운전자를 위해 신축 아파트의 차량 당 주차 폭을 기존 업계 규격보다 10cm 넓은 2.4m로 짓고 있다(右)(사진=조선비즈, 18-07-28).

사소한 문제는 결코 사소하지 않다. 고객에게는 모든 것이 진실의 순간(Moment of Truth)일 수 있다. 디테일의 실패는 고객응대 현장에서도 자주 발생한다. 그리고 그 실패는 고객을 화나게 하거나 떠나게 만든다.

페덱스(Fedex)의 회장인 프레드 스미스(Fred Smith)는 여러 도시의 페덱스 시설들을 둘러볼 때 배달기사가 운전하는 트럭을 타고 방문하여 서비스를 점검하는 것으로 유명하다. 이렇듯 서비스가 탁월한 기업의 경영자들은 직원들이 고객에게 제공하는 서비스를 세밀하게 직접 경험한다.

마이클 레빈(Michael Levine)은 그의 저서인 〈깨진 유리창의 법칙〉에서 고객은 한 번의 불쾌한 경험, 한 명의 불친절한 직원, 정리되지 않은 상품, 말뿐인 약속 등의 사소한 문제로 기업의 이미지에 악영향을 미친다고 하였다.

고객이 바라는 서비스는 기대를 뛰어넘는 감동이다. 그전에 깨진 유리창을 점검하여 수리하고 다시 발생하지 않도록 예방하는 것이 우선이다. 이를 위한 방법으로 서비스 업계에서는 포카요케(Poka-Yoke : 포카요케란 일본어로 실수를 방지한다는 뜻인데, 현장에서 실수로 일어나는 문제들을 방지하는 장치를 뜻한다)가 보편화되어 있다. 고객접점별로 반복해서 문제가 발생하거나 고객의 부정적인 경험을 유발하는 부분을 추적하고 이유를 찾아내서 이중안전장치를 설계해 놓는 것이다. 한 예로 콜센터 직원들은 '친절하게 대하라'는 지침을 실천하기 위해 전화기 옆에 거울을 부착하고 굳어진 얼굴로 전화를 받지 않는지 스스로 확인한다. 굳어진 얼굴에서는 굳은 목소리와 말투가 나올 수밖에 없기 때문이다.

서울의 한 호텔에서는 재방문한 고객을 알아보기 위해 벨보이가 고객의 짐을 받아 운반할 때 처음 왔는지 물어보고 방문한 경험이 있다고 하면 짐을 데스크 오른쪽에 두고, 첫 방문이라고 하면 왼쪽에 둔다. 그러면 데스크 직원이 짐의 위치를 보고 재방문 고객에게는 "다시 찾아주셔서 감사합니다."라는 인사로 반갑게 맞이한다.

모든 부분에서 완벽한 디테일을 추구하는 것은 매우 어렵다. 범위가 넓기 때문이다. 그래서 서비스 종사자들은 고객이 체감할 수 있는 디테일의 요소가 무엇인지를 찾아내서 충족시켜야 하는데 고객의 입장이 되어 주의를 기울이면 숨어 있던 고객만족의 디테일을 발견할 수 있다.

애플은 사용자가 애플의 모든 기기로 음악을 듣거나 영상을 볼 때 이전에 설정했던 볼륨값을 기억하도록 했다. 이어폰이나 스피커로 바꿔 들을 때 갑자기 커지는 소리 때문에 놀라거나 매번 새로 볼륨을 설정해야 하는 불편이 없도록 하기 위해서다.

리츠칼튼 호텔에서는 매일 업데이트되는 고객이력파일을 체인 전체가 공유해서 서울 리츠칼튼에서 투숙했던 고객이 알러지가 있었다면 이 사실을 입력하여 그 고객이 전 세계 어느 리츠칼튼에 투숙하더라도 무자극성 제품을 제공받도록 한다. 이처럼 감동요인에서 디테일을 찾아 집중하면 고객을 감동으로 이끌 수 있다.

8. 서비스 실패의 원인을 분석하라

서비스를 향상시키는 방법 중 하나는 실패사례를 분석하는 일이다. 불만족의 원인을 분석하고 이를 데이터베이스화하여 동일한 실수를 반복하지 않도록 서비스마인드를 갖추어 나가는 것이다.

삼성 에버랜드는 다양한 방법으로 고객의 소리를 수집하고 데이터베이스화하여 서비스 개선 및 개발에 반영하며, 통계자료로 고객의 불만을 사전 예측하는 'VOC 예보제'를 실시하고 있다. VOC 예보제는 최근 수년간 발생한 고객불만을 유형별로 분류하여 매일 퇴근하기 전에 사례를 들려줌으로써 서비스 종사자 스스로가 발생 가능한 사건 및 불만족을 미리 예방해 나갈 수 있도록 도와주는 시스템이다.

신세계 백화점은 컴플레인 마케팅(Complaint Marketing)으로 불만고객을 우수고객으로 전환시키는 데 큰 역할을 하고 있다. 고객센터로 접수된 컴플레인 중 우수 컴플레인을 선정한 후, 컴플레인을 한 고객에게 CEO 명의로 사과편지와 함께 상품권을 지급하는 서비스를 제공함으로써 불만고객의 관심을 불러일으켜 단골고객으로 바꾸어갈 수 있었다. 또한 접수된 컴플레인을 내부직원들끼리만 공유하는 것이 아니라, 고객들에게 공유하여 백화점 운영에 적극적으로 참여할 수 있도록 독려하고 있다.

롯데 백화점에서는 접수된 불만을 개선한 뒤, 전과 후를 비교한 사진전을 개최하였다. 이를 통해 롯데백화점이 고객의 의견에 귀 기울이며 개선하도록 노력하고 있다는 것을 알렸으며 매월 우수 컴플레인 고객을 선정하고 오찬에 초청하여 다양한 의견을 수렴하기도 했다.

이같이 서비스리더십이란 탁월한 기술을 개발하는 일도 중요하지만 실패한 경험을 바탕으로 살아 있는 교훈을 배우는 것도 중요하다.

9. 서비스 리더십을 구축하라

서비스는 '사람이 사람을 위해서 할 수 있는 무엇인가'로 모든 서비스는 사람으로부터 나오며 모든 가치는 사람과의 접점에서 발생한다. 서비스는 소비자의 가입 혹은 구매 전부터 가입 혹은 구매 후 기간 동안에 지속되는 상태에 관한 것이다. 서비스 제공기간 동안 고객이 느끼는 관계에 관한 만족도가 곧 서비스 만족도이다. 이 단계에서 접점을 형성하지 못한다면 고객은 그것을 서비스라고 보기가 어렵거나 서비스의 가치가 낮다고 평가한다.

그러므로 서비스는 결국 모든 조직구성원의 업무라고 할 수 있다. 어느 조직에 속해 있거나, 어떤 직급이거나, 서비스 리더십을 스스로 구축해 나가는 것이 매우 중요하다. 프로페셔널한 전문가가 되기 위해서는 지식과 서비스, 마인드맵이 기반이 되는 서비스 리더십을 구축해 나가는 것이 매우 중요하다.

10. 직접 보고, 느끼고, 경험하라

트렌드에 앞서가기 위해서는 서비스리더 자신이 많은 것을 경험하고 그 가운데 최고를 식별해 낼 수 있는 능력을 키워야 한다.

신세계 정용진 부회장은 미국 브라운대 유학시절 처음 접한 스타벅스 커피 맛에 반하여 97년 미국 스타벅스와 1대1로 출자해 스타벅스 코리아를 설립했다. 스타벅스는 현재 3백여 개 매장을 보유한 국내 최대 커피전문점으로 성장했지만 그는 요즘도 하루에 스타벅스 아이스커피를 '그란데 사이즈'로 두 잔 이상 마신다.

그의 인스타그램을 보면 피코크로 차린 식사부터 제철음식은 무엇인지, 해외에서는 어떤 음식이 유행인지 식품업계 트렌드까지 알 수 있다. 전 세계 레스토랑, 마트와 푸드 관련 전시, 박람회를 다양하게 직접 경험하는 것으로 유명하다.

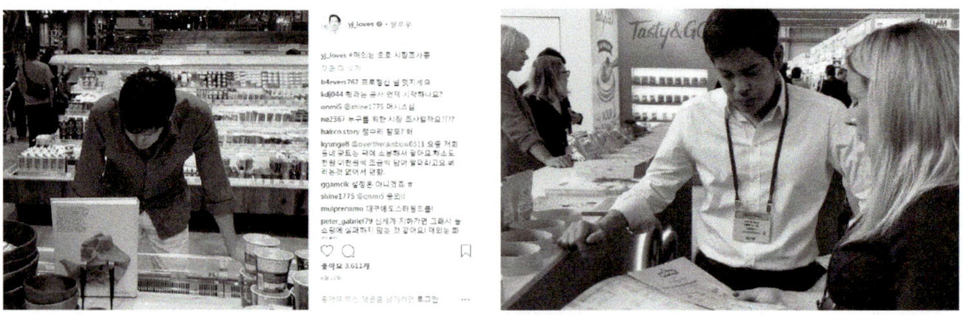

[그림 7-8] 시장조사 및 국제PL박람회에 참석한 정용진 부회장(사진=정용진부회장 인스타그램@yj_loves)

"세계의 다양한 푸드 박람회, 마트, 레스토랑 등을 다니다 보면 트렌드가 정말 빠르게 변화한다는 것을 느낍니다. 암스테르담의 LMA, 뉴욕 팬시 푸드 쇼, 독일 아누가(Anuga), 시알(SIAL) 등 전 세계 다양한 식품 박람회를 다니는데, 식품 관련 트렌드와 이슈가 빠르게 바뀌어 매번 가서 확인합니다.", "파인다이닝부터 현지인들이 즐겨 먹는 길거리 음식까지 모두 먹어봤습니다. 비싸고 저렴한 걸 떠나 분명 사람들에게 어필하는 포인트가 있기 때문에 그 지점이 무엇인지 항상 들여다보고 고민합니다. 그 포인트를 발견하기까지 모든 장소, 모든 음식이 저에게 선생님 같은 것입니다." 그의 인터뷰 내용에서 보면 그가 직접 보고 경험하고 느낀 것들이 트렌드를 읽고 고객과 소통하는 데 얼마나 큰 영향을 주는지 알 수 있다.

11. 서비스를 디자인하라

서비스 디자인은 고객이 서비스의 전 과정을 더 좋은 가치로 정렬할 수 있도록 계획하고 설계하는 것이다. 기업의 서비스 리더들은 고객이 제품(서비스)을 이용하는 전 과정을 구분하여 각 단계마다 무엇을 · 어떤 방식으로 경험하게 하여 재방문으로 이어지게 할지를 설계하는 서비스 디자인에 중점을 두어야 한다. 고객 입장에서 제품과 서비스는 최종 목적을 달성하기 위한 과정의 일부일 뿐이다. 단품으로 제한된 용도의 상품이라도 고객이 사용 전과 후에 어떻게 하는지, 어떤 상위의 목적이 있는지를 이해한다면 최상의 고객경험을 제공하는 단서를 분석할 수 있다.

제4절 성공적인 서비스 리더 사례

1. 일본 MK택시, 유봉식 회장

[그림 7-9] 일본 택시 업계의 신화 MK택시 유봉식 회장, MK택시의 서비스교육(사진=세종경제신문)

1995년 타임지 선정 세계 최고의 서비스 기업, 택시 대당 수입 및 기사 1인당 수입이 1위인 기업, 기사의 월급을 파일럿 수준으로 주는 기업, 매년 40명을 선발하는 기사 모집에 수천 명의 대졸자들이 지원하고 있으며 대졸자의 입사 경쟁률은 200대 1이 넘는 기업, 바로 MK택시이다.

1960년 유봉식 회장은 일본에서 택시 10대로 창업을 하였다. 택시 사업은 쉽지만은 않았다. 기사들은 수시로 지각을 하거나 결근을 하였고 타성이 젖어 나무라면 회사를 그만두기 일쑤였다. 그는 택시는 서비스를 판매하는 업종이기 때문에 직원들을 교육시켜 깨끗한 상태의 택시를 만들고 친절한 서비스를 제공하면 매출이 오르고, 매출이 오르면 직원들의 급여도 올려줄 수 있을 것으로 생각하여 문제점을 파악하기 위해 기사들의 가정을 방문했다. 놀랍게도 집(주택)을 소유한 기사는 단 한 명도 없었고 방 하나에서 모든 가족이 기거하고 있었다. 수면 부족으로 기사들의 지각과 결근이 잦다는 결론을 내린 유 회장은 1961년 11월 기사들이 생활할 수 있는 직원주택을 제공하였다. 직원들이 떠나지 않아야 이들을 교육할 수 있고 차량 10대를 모두 운영해야 돈을 벌 수 있다는 판단에서였다. 주택을 제공하자 이직률이 감소하였고, 직원들 생활이 안정되자 교통사고도 감소하였다.

또한, 직원들에게 서비스 교육을 하는 것이 기업의 장래를 개척할 수 있다는 결론을 내렸다. 서비스를 판매하는 택시회사로서 '친절과 봉사'를 경영핵심으로 채택한 것이다. 제일 먼저 인사교육을 시작하였으나 직원 의식개혁은 쉽지가 않았다. 다른 회사는 아무도 손님에게 인사를 하지 않는데 왜 우리만 인사를 하냐며 직원들이 거세게 반발했고, 대다수가 인사하는 게 싫다며 퇴사를 했다. 하지만 유 회장은 택시 손님이 없을 때를 대비하려면 친절교육밖에 없다는 생각으로 뜻을 굽히지 않았다. '고객의 신뢰를 얻지 못하는 회사가 어떻게 장래성이 있겠는가?' 라고 반문하며 '더욱 강하고 건실한 회사가 되기 위해서는 고객만족과 친절이 우선이다.'라고 강조하였다.

유 회장은 매일 아침 출근길에 먼저 기사들에게 인사를 하였다. 처음에는 그가 인사를 하여도 직원들이 받아주지도 않았다. 왜냐하면 당시 노조에서 택시 경영자는 노동 착취로 부를 누리는 악덕한 존재로 교육을 하였기 때문이다. 그래서 경영자에 대한 신뢰와 존경이 없었다. 그것을 고치기 위해 10년을 한결같이 인사를 하자 직원들 마음이 열리고 자발적으로 인사하기 시작했다.

그는 "택시 기사들이 인사를 하자 교토 시민들이 놀라기도 하고 오히려 겁을 내기도 했다"며 "그렇지만 곧 서비스가 좋은 MK택시를 타자는 것이 유행이 됐다." 라고 말했다. 인사는 직원들의 의식개혁을 이끌어냈고 MK는 '친절 택시'라는 브랜드 파워를 얻기 시작했다. 안전하고 친절한 차로 명성을 얻었고, 부르기만 하면 시간을 정확히 맞춰 달려오는 택시로 정평을 얻었다. 특히 여성이 혼자 탈 때는 무조건 MK택시를 이용했다. 시민들은 빈 택시가 줄지어 있어도 MK택시가 올 때까지 기다렸다. 처음 10대로 시작한 택시는 200대, 2000대로 늘었다. 인사 하나가 시민의 마음을 움직였던 것이다.

MK택시의 친절이 소문나면서 재일교포에 배타적인 일본인들조차 더 친절한 서비스를 제공하면서 비용도 저렴한 MK택시를 이용하여 사전 예약은 필수가 되였다. 그러나 MK택시의 친절서비스가 성공하자 이를 시샘한 일본 경쟁회사들이 MK 택시를 음해하기 시작하였고, 이에 유 회장은 직원들에게 인사를 그만 두자고 했지만 모두 안 된다고 대답하였다. 인사가 이제는 상식이 된 것이다.

1972년 5월 MK택시는 '장애인 먼저 태우기'운동을 펼친다. 장애인을 먼저 태워야 할 택시가 이를 외면하면 안 된다는 생각에서였다. 장애인에게는 요금도 10% 할인해 주었다. 하지만 이것 역시 쉽지가 않았다. 직원들이 장애인 탑승을 외면하였다. '장애인 우선 택시'라는 스티커를 택시에 붙였지만 기사들은 운행을 나가면서 떼어 버렸다. 유 회장은 '장애인을 태우는 것은 위대한 일이다.'라며 스티커를 떼지 말라고 호소하였고, 3개월 후 기업들은 MK택시 후원기관으로 나섰다. 'MK택시가 사회를 위해 위대한 일을 하기 때문에 MK택시를 회사 차원에서 이용하기로 했다.'라며 기업과 사회단체들이 MK택시를 이용하기 시작했다. 스티커는 '위대한 일'의 상징이 됐고 택시기사들은 바빠지기 시작했다. 10% 할인에도 불구하고 매출은 오히려 증가하였고 택시 기사들은 자긍심을 갖게 됐다. 나아가 존경받는 택시가 되며 관용 차량 대신에 교토를 방문한 일왕 부부, 고르바초프 구소련 대통령, 카터 전 미국 대통령 등 귀빈들이 MK택시를 이용했다.

유 회장은 '경영자의 할 일은 직원들이 회사 매출에 기여할 수 있는 바탕을 만들어주는 데 최선을 다해야 한다.'라며 '이렇게 창출된 이익으로 직원과 사회 복리를 위해 써야 한다.'고 강조했다.

그는 새벽에 출근해 일을 마치고 사무실로 돌아오는 기사들에게 직접 커피를 타주는 친밀한 스킨십을 보여주었고, 직업 프라이드도 심어주었다.

"열심히 인사하고 친절을 실천하면 회사의 매출을 증가할 것이다. 그러면 결국 기사들의 급여는 올라갈 것이고 친절로 인해 당신들은 존경받을 것이다. 우리는 당신들이 사회적으로 존경 받기 위해 노력하고 있다. 파일럿과 택시기사의 책임과 임무는 똑같다. 비행기를 타는 손님만 존경받는 것이 아니라 택시 타는 손님 역시 존경받아야 한다. 똑같은 인명수송의 위대한 가치가 있기 때문이다. 그렇다면 왜 택시 기사들이 파일럿보다 사회적 존경을 덜 받는 것인가? 그것은 당신들이 친절하지 않기 때문에 그렇다. 그렇기 때문에 꾸준히 친절교육을 받아서 친절해지면 택시 기사들의 사회적 지위는 파일럿같이 향상될 것이다."라고 이야기 하며 파일럿 수준의 연봉과 대우를 높여주기 위해 수익을 극대화하고 남은 이익은 적정 배분을 경영모토로 삼았다.

그는 "일본인의 의식개혁에 앞장선 사람이 다름 아닌 한국인이었다. 리더라면 안 된다는 생각을 버리고 오늘부터 친절을 실천하는 사람으로 변해야 한다."라고 조언했다.

자료 : 매일경제, 2006-11-05

2. 메리어트 호텔, 빌 메리어트 회장에게 배우는 "사람 경영"

• **호텔왕이 되신 비결을 한마디로 요약하면 무엇입니까?**

"사람입니다. 첫째, 둘째, 셋째가 모두 사람에 대한 것입니다. 사람을 고용하고 그들을 발전시키고 사람들을 위해 일한 것입니다. 저는 늘 저보다 더 훌륭한 사람들을 고용하기 위해 노력했고 그들에게 기회를 주어 성공할 수 있도록 늘 신경을 써왔습니다. 저는 어제 미국 포트 로더데일 리츠칼튼 호텔의 총지배인과 얘기를 나눴는데, 그는 25년 전 도어맨으로 시작해서 지금 위치까지 올라왔습니다."

[그림 7-10] 빌 메리어트 회장이 직원들과 함께 셀카를 찍고 있다. 메리어트 회장은 호텔을 순회 방문하면서 주방 보조, 룸메이드 등 말단 직원들과 허물없이 얘기를 나누는 걸로 유명하다(사진= 메리어트 인터내셔널)

• **"사람을 최우선에 둔다"는 것은 모든 CEO가 내거는 신조이기도 합니다.**

"꼭 그렇지는 않아요. 요즘 많은 CEO가 사람의 중요성에 초점을 두지 않고 있습니다. 그들은 사람보다 상품, 생산성, 이익에 더 신경을 씁니다. 너무나 많은 기업이 내부에서 좋은 사람을 키워서 쓰지 않고, 외부에서 CEO들을 뽑아 씁니다. 그런데 그런 선택은 대체로 잘 들어맞지 않습니다. 그들은 회사의 비즈니스를 제대로 모르고 기업 문화도 잘 이해하지 못합니다. 직원과의 소통도 문제가 됩니다. 그래서 우리는 늘 내부에서 사람을 승진시켰습니다. 현재 메리어트 인터내셔널 CEO인 안 소렌슨 역시 내부 승진자입니다."

• **인재 최우선은 말하긴 쉽지만, 실천하는 것은 쉽지 않은 것 같습니다.**

"사람을 중시하는 경영 원칙은 제 아버지가 1927년에 사업을 시작할 때부터 우리의 기업 문화가 됐습니다. 그동안 우리 회사에서 사람을 중시하는 않는 간부들은 결코 성공하지 못했어요. 그들은 대체로 아랫사람들의 말을 경청하지 않습니다. 이미 자신이 그 답을 알고 있다고 생각하기 때문입니다. 그럼 얼마 안 가서 사람들은 그 사람에게 자기 생각을 말하지 않게 됩니다."

메리어트 회장은 좋은 리더를 판단하는 쉬운 기준이 하나 있다고 했다. 총지배인이 직원들 사이를 지나갈 때 이름표를 훔쳐보지 않고도 그들 한 명 한 명의 이름을 알지 못한다면 좋은 리더가 아니라는 것이다.

"우리는 물론 큰 조직입니다. 이곳만 해도 직원 수가 2500명에 달합니다. 하지만 좋은 리더라면 직원들이 누구이고, 그들이 어떤 것에 흥미를 갖고 있는지 알고 있어야 합니다. 10년 전쯤 뉴욕 메리어트 마퀴스 호텔의 총지배인과 같이 점심시간에 직원 식당에 갔습니다. 그는 6~7명의 직원과 마주쳤는데 그는 그 직원들이 어떤 스포츠팀을 좋아하는지 알고 있었고, 그중 몇 명과는 그들의 가족에 대해서도 얘기를 나누더군요. 직원들은 총지배인이 자신들의 얘기를 경청하고 관심을 갖고 있고 보살펴 준다는 걸 알기 때문에 그를 성원하고 있었습니다."

반대의 경우도 있었다. 그가 어느 실적 좋은 총지배인을 만난 대목이 있다. 그는 부임 9개월 동안 눈부신 실적을 보여주고 있었지만, 그 호텔 직원들은 매우 우울해 보였다. 상사가 없을 때 그들이 어떤 모습일지 궁금해진 메리어트 회장은 잠시 혼자서 산책을 하겠다고 했다. 잠깐 돌아다니며 몇 마디 나눠보았을 뿐이지만, 직원 전체가 살얼음판을 걷고 있다는 것을 알 수 있었다. 직원들은 총지배인에게 겁을 먹고 있었다. 총지배인은 직원들을 괴롭히고 벌주었으며 직원들의 근심, 걱정에는 냉담했다. 결국 메리어트 회장은 그를 내보냈다.

메리어트 회장은 누군가를 이끄는 가장 좋은 방법은 그들에게 "어떻게 생각해?"라고 묻는 것이라고 말했다. "질문은 기적을 일으킵니다. 존중 받는다고 느끼게 할 수 있고, 동참시킬 수 있거든요."

좋은 리더는 조직원들의 말을 경청(傾聽)해야 합니다. 당신이 호텔 사장이라 해도 호텔 방을 치우는 것에 대해서는 룸메이드보다 더 잘 알 수가 없습니다. 당신이 할 일은 각 분야의 전문가들을 고용해서 그들의 의견을 듣고 사업을 펴나가는 것입니다.

오래전 메리어트호텔 경영진이 새로운 호텔 프로젝트에 관해 중간보고를 하려고 회의실에서 메리어트 회장을 기다리고 있었다. 그가 한껏 기대를 품었던 프로젝트였다. 그 자리에는 관련 부서의 최고 책임자들이 모두 모여 있었다. 그들은 메리어트 회장이 올 때까지 그 프로젝트가 얼마나 말도 안되는 생각인지 떠들고 있던 참이었다. 몇 분 후 회의실에 도착한 메리어트 회장이 들뜬 목소리로 물었다. "그래, 내 프로젝트가 어떤가?" 모두가 한 목소리로 답했다. "네, 회장님. 훌륭합니다. 아주 훌륭합니다." 그중 오직 한 사람만이 입을 떼지 않고 있었다. 이제 갓 임원이 된 사람이었다. 메리어트 회장이 그를 향해 말했다. "자네는 말이 없군. 자네 생각은 어떤가?" 그는 그 프로젝트가 장차 재앙이 될 수밖에 없는 이유를 조목조목 나열하기 시작했다. 그 자리에 있는 모든 사람이 메리어트 회장이 회의실에 들어서기 몇 분 전까지 떠들어댔던 바로 그 이유들이었다. 그는 잠깐 뜸을 들인 후 말했다. "이봐, 자네 말이 전적으로 옳군. 폐기하게." 참석자들은 입을 다물지 못했고, 프로젝트는 그것으로 완전히 폐기됐다.

- **그런 결정을 내리긴 쉽지 않았을 것 같습니다.**

"남의 말을 잘 듣지 않는 리더는 중요한 정보를 흘려버릴 위험을 안게 됩니다. 그래서 회의할 때 저는 너무 일찍 이미 결론에 도달했음을 드러내지 않으려고 조심합니다. 제가 말을 적게 할수록 회의 분위기가 제게 덜 휘둘리거든요. 저는 사람들이 아무리 엉뚱한 주장도 마음껏 꺼낼 수 있게 만들고 싶어요."

- **직원들이 상사에게 나쁜 소식을 말하기란 쉽지 않죠.**

"그렇습니다. 그건 지극히 자연스러운 겁니다. 하지만 그 자연스러운 성향과 싸우는 것이 매우 중요합니다. 그래서 질문이 중요한 겁니다. 주저하는 상대의 마음을 뚫고 들어가 문제의 핵심에 접근하기 위해서는 질문해야 합니다. 이것은 회장이나 CEO 같은 사람에게 특히 중요한 기술입니다. 그들의 높은 직책만으로도 직원들은 충분히 위축될 수 있거든요."

• 남의 말을 잘 듣는 비결이 있습니까?

"태어나면서부터 남의 말을 잘 듣는 사람은 별로 없습니다. 잘 듣는 사람은 학습을 통해 남의 말에 귀를 기울이는 사람이 되었을 겁니다. 귀를 열면 마음도 열립니다. 그리고 경청은 배움을 얻을 기회입니다. 남의 얘기를 듣기도 전에 미리 마음을 정해버리는 건 배움을 포기하는 겁니다. 누군가의 얘기에 끼어들고 싶은 충동을 느낄 때마다 제가 항상 속으로 되뇌는 말이 있습니다." 내가 떠들고 있는 동안에는 문제가 무엇인지 결코 알 수 없다"는 겁니다. 문제를 모르는데 무슨 수로 해결책을 찾을까요?"

• 메리어트는 역사가 깁니다. 그 동안 시장의 변화에 어떻게 대처 해왔습니까?

"핵심은 질서(order)와 변화(change)입니다. 질서는 모든 직원이 이해하고 지키려고 하는 잘 갖춰진 표준 절차에서 나옵니다. 우리에겐 객실 정리를 제대로 하기 위한 66가지 표준 행동 절차가 있습니다. 조직 내에 질서가 잡혀 있으면 변화에 잘 대응할 수 있습니다. 집 안 정돈을 잘해 놔야 미래를 생각할 수도 있는 겁니다. 알프레드 노스 화이트헤드(영국 철학자)는 이상적인 상태를 깔끔하게 요약했습니다. "진보의 기술은 변화하는 가운데 질서를 유지하고, 질서 있는 가운데 계속 변화하는 것이다"라고요."

자료 : 조선비즈, 2015-02-07

Chapter 08

서비스 리더십 모델

서비스경영론

CHAPTER 08 서비스 리더십 모델

서비스 리더십 모델은 크게 긍정 리더십, 위기관리 리더십, 셀프 리더십, 감성 리더십, 이미지 리더십, 변혁적 리더십, 고객만족 리더십 7가지로 나눌 수 있다.

제 1 절 긍정 리더십

긍정의 리더는 공감능력, 타인의 관점에서 세상을 바라볼 수 있는 능력이 뛰어나다. 최근 주목받고 있는 공감경영은 직원, 고객, 협력사 등의 어려움이나 아픔을 인식하고 감정을 공유하여 함께 고통을 나누고 해결책을 모색하려는 기업의 노력을 통틀어 일컫는다. 긍정의 리더는 명령과 통제, 타인의 순종으로 리드하지 않는다. 공동의 목표달성을 위해 구성원들에게 권한을 부여하고 도전의식을 심어주며 심리적 · 물적 지원을 아끼지 않는 리더십이 바로 긍정의 리더십이다.

가장 일하기 좋은 기업 리스트의 상위권을 늘 유지하는 사우스웨스트 항공은 직원들의 자율성을 존중해주는 대표적인 기업이다. 유명한 예로, 공항 게이트에서 한 탑승객이 애완동물을 잃어버렸다며 직원에게 도움을 요청한 일이 있었다. 다른 항공사 직원은 근무지를 이탈해야 하기 때문에 상사의 허락 후에 움직일 수 있지만, 사우스웨스트 직원은 고객의 애완동물을 찾기 위해 스스로 결정하고 움직였다. 이같이 긍정의 리더십은 현장 직원의 권한을 존중하고 고객을 위한 최상의 서비스가 무엇인지를 직원 스스로 판단해서 결정하도록 하는 것이다.

제 2 절 위기관리 리더십

위기관리를 잘하는 리더는 서비스 현장에서 위기 발생 시 전면에 나서서 진정성 있게 사과한 후 상황을 솔직하게 공개하는 초기 진화(鎭火)에 유연하게 대처한다. 가장 나쁜 행동은 의혹을 부정하고 설명을 회피하며 조직 방어적인 태도를 보이는 것이다.

일본에서 위기관리 실패의 대표 사례는 '유키지루시 유업'이다. 2000년 6월 1만 5,000명의 집단 식중독 사건이 일어나자 경영진은 원인 규명이나 피해자에 대한 사과 없이 "행정 대응도 문제가 있다.", "원인이 밝혀지지 않아 잘못을 인정할 단계가 아니다." 등의 공식 입장만 반복했다. 국민 브랜드였던 유키지루시 유업은 이 사건으로 2002년 파산하였다.

국내의 '땅콩회항' 사건에서는 빠르고 진정성 있는 사과와 여론 대응이 필요했지만 그룹에서는 경영진의 잘못을 감싸기에만 급급하였다. 잘못을 아랫사람의 탓으로 돌리는 사과문과 뒤늦은 인사조치, 소환거부 등을 통해 여론이 더욱 악화되었다. 경영진 개인의 잘못에서 비롯된 이 사건은 회사 전체를 위기로 몰았다.

반면, 코오롱에서 운영하는 경주 마우나 리조트 붕괴 시 자택에 있던 이웅열 회장은 전화 보고를 받은 지 1시간 만에 과천 본사에 도착 후 상황을 파악하고 곧바로 밤 11시에 사고 현장으로 향했다. 다음날 날이 밝으면 내려갈 것이란 예상을 깬 결정이었다. 그는 이어 새벽 6시 사고 현장에서 "깊이 사죄한다. 코오롱이 할 수 있는 것은 다하겠다."라는 사과문을 발표했다. 사건 발생 9시간 만에 최고경영진의 사과가 나온 것이다. 이와 같은 코오롱의 대처는 최고경영진의 신속한 대응과 함께 최고책임자의 무게 있는 사과가 부정적 여론이 확산되는 것을 막았으며 기업의 이미지 실추를 최소화했다는 평가를 받았다.

삼성전자 이재용 부회장은 삼성병원 메르스 사태 대응 처리과정에서 그의 47번째 생일에 공식 기자회견을 개최하여 대국민 사과를 하였다. 메르스 사태의 심각성과 그룹 전체에 대한 비난 여론을 고려한 것이다. 그는 사과와 함께 자신의 부친도 1년 넘게 병원에서 투병 중이므로 환자와 가족들이 겪은 불안과 고통을 이해한다는 공감의 표현을 함께 전달하였다. 또한, 환자들은 끝까지 책임진다는 의지를 표명하여 '사과는 이재용 부회장처럼'이라는 이야기가 나올 정도로 회자가 되었다.

서비스 현장에서의 위기관리 리더십의 5계명은 '첫째, 신속하게 초기 대응하라. 둘째, 담당자 혹은 현장 책임자가 전면에 나서서 진솔하게 사과하고 수습하라. 셋째, 철저한 상황분석 후 정보를 모든 임직원에게 신속하게 공유하여 동일한 상황이 발생하지 않도록 한다. 넷째, 사고를 재도약의 계기로 활용하겠다는 의지를 보여줘라. 다섯째, 일이 해결될 때까지 철저히 사후관리 하라.'이다.

제 3 절 이미지 리더십

현대사회에서 이미지는 신용평가의 척도이다. 이름만 들어도 연상되는 모습이 이미지이므로 이미지가 좋지 않으면 기업은 고객을 잃게 된다. 최근 소비자들은 '상품을 구매하는 것이 아니라 이미지를 구매한다.'라는 말이 있을 정도로 이미지의 중요성이 대두되고 있다.

과거와 같이 기업 간, 제품 간의 품질격차가 크지 않고, 새로운 서비스도 하루가 지나면 경쟁사에서 더 좋은 서비스를 제공하는 시대에서 소비자들은 동일한 가격 혹은 더 비싼 비용을 지불하더라도 좀 더 좋은 이미지의 제품을 갖고 싶어 한다.

기업의 이미지를 좌우하는 요소에는 여러 가지가 있지만, 이 중 대외적으로 보여지는 CEO의 이미지와 더불어 고객접점의 서비스 종사자의 이미지는 기업의 이미지를 결정하는 핵심요소라 할 수 있다. 아무리 훌륭한 제품을 생산하고 뛰어난 마케팅 방법을 사용하더라도 소비자에게 신뢰를 줄 수 없는 이미지가 확산된다면, 이는 해당 제품과 나아가 기업에 대한 불신으로 연결되기 때문이다.

실제로 펜실베이니아 경영대학원 데이비드 라커(David Larcker) 교수는 'CEO의 평판이 10 호전되면, 해당 기업의 주식 평가액은 24 증가한다.'는 연구 결과를 발표하였다.

애플의 스티브 잡스는 '애플의 최고경영자'라고만 평가하기에는 부족하다. 사람들은 아직 제품을 보지 못했더라도, 프레젠테이션에서 잡스의 자신감 있고, 세련된 말투와 행동을 통해 '역시 애플', '역시 아이폰'을 느끼게 된다. 스티브 잡스에게 만들어진 이미지는 그가 경영하는 애플에게는 '최첨단의 앞서가는 이미지'를 만들어주었고, 이는 다시 제품에 대한 열광을 일으키는 토대가 되었다.

조직의 CEO와 더불어 서비스 종사자는 그 자체로 하나의 브랜드이다. 2012년 여름, 한 가족이 플로리다주 아밀리아섬(Amelia Island)에 있는 리츠칼튼 호텔에 투숙하였다. 집으로 돌아온 뒤 아들의 애착인형인 기린 인형 조시(Joshie)를 호텔에 두고 온 것을 알게 되었고 아버지는 아들을 위로하려고 조시가 리조트에서 긴 휴가를 즐기고 있다고 이야기를 하였다. 아버지가 호텔 직원에게 인형이 있는지 확인을 부탁한 결과 다행히 세탁실에서 그 기린 인형을 찾았고 해당 직원은 그 사실을 전화로 알려주었다. 안도한 아버지는 아들에게 이야기한 거짓말의 증거를 만들고 싶었다. 그래서 응대한 직원에게 수영장 옆에 있는 기린의 모습을 사진으로 찍어줄 수 있는지 부탁했다. 며칠 후 호텔에서 보낸 소포가 도착했는데 그 안에는 조시(Joshie)와 함께 리츠칼튼 브랜드의 과자들과 바인더 하나가 들어 있었다. 바인더에는 리조트에서 며칠 더 머물렀던 조시에 관한 사진이 있었다. 아버지가 부탁한 수영장 옆에서 일광욕을 하는 조시의 사진은 물론 마사지를 받는 조시, 골프 카트에 탄 조시의 모습과 함께 호텔의 명예 보안요원으로서 모니터 앞에서 근무하고 있는 조시의 사진까지 있었다.

[그림 8-1] 아이의 애착 인형(조시)이 즐거운 휴가를 보냈다는 증거로 사진을 찍어 인형과 함께 소포로 보낸 리츠칼튼(左), 이 사진들을 페이스북 계정을 개설한 아이의 아버지(右)(사진=리츠칼튼 공식 사이트(左), Joshie 페이스북(右))

아이의 아버지는 이 일을 블로그에 올렸고, 기린 인형 조사의 페이스북 페이지가 생겼을 정도로 이 이야기는 큰 화제가 되었다. 리츠칼튼 직원의 창의력과 친절에 아이의 부모가 깊은 감동을 받은 것은 두말할 나위가 없으며 대중들에게 리츠칼튼의 이미지도 새롭게 구축된 사례이다.

제 4 절 변혁적 리더십

변혁적 리더란 카리스마와 열정, 낙관적 견해, 분발고취, 개별적 배려, 비전을 갖추고 있으며 구성원들에게 오랜 인식과 믿음을 바꿀 능력을 주는 비전을 실체화하는 힘을 가진 사람들을 의미한다.

변혁적 리더십이라는 용어는 미국의 정치학자인 제임스 맥그리거 번스(James Burns, 1978)가 처음 사용하였다. 그는 미국을 변화시킨 여러 리더를 분석한 뒤 1978년에 출간한 저서인 "Transforming Leadership"을 통해 이 용어를 사용하기 시작했으며, 후에 뉴욕 주립대 교수인 버나드 배스(Bernard Bass, 1985, 1990, 1993)에 의해 체계적으로 발전하였다. 이들에 의하면 리더의 기능은 안정 지향적 기능과 변화 지향적 기능으로 나눌 수 있는데, 전자를 강조하면 거래적 리더십, 후자를 강조하면 변혁적 리더십으로 간주된다.

거래적 리더십은 리더와 구성원 간의 거래관계에 근거한 상호작용을 강조하는 도구적 리더십이다. 거래적 리더는 조직의 목표 달성을 위하여 적절한 평가와 보상을 통해 구성원들을 동기 부여하여 만족스러운 수행능력을 이끌어 내는 데 초점을 둔다. 즉, 거래적 리더십은 구성원을 일종의 심리적 · 경제적 당근과 채찍(칭찬, 보상, 견책, 적외감 표시, 무시 등) 등으로 통제한다. 거래적 리더십이 발휘될 때 구성원들은 리더인 상급자와의 거래과정을 통하여 가능한 한 징계나 처벌을 피하면서 보상을 획득하기 위해서 조직 목표 달성에 필요한 작업들과 기능을 효과적으로 수행할 수 있는 방법을 배운다(Avolio and Bass, 1998).

반면, 변혁적 리더십은 구성원들의 개인적 성장을 자극하면서 고차원적인 욕구를 가지도록 구성원들을 자각시키는 데 주안점을 둔다. 따라서 변혁적 리더는 조직 변화의 필요성을 감지하고 이를 위한 비전, 자신감, 내적인 힘을 갖추고 있어야 한다(Bass, 1985). 즉, 거래적 리더십이 낮은 수준에서 변화를 이끈다면 변혁적 리더십은 보다 높은 차원의 변화를 이끈다고 볼 수 있다.

변혁적 리더십을 한마디로 정의하기는 어렵다. 때문에 이를 연구하는 학자들조차 리더들의 여러 행동에 초점을 맞추어 변혁적 리더십을 정의한다. 변혁적 리더십의 가장 중요한 핵심은 리더가 조직 구성원들의 사기를 고취하기 위해 미래의 비전과 공동체적 사명감을 강조하고, 이를 통해 조직의 장기적 목표를 달성해 나간다는 점이다. 이는 단기적 성과를 강조하고 다양한 형태의 보상을 통해 부하들의 동기를 유발하는 거래적 리더십과 큰 차이점을 지닌다.

번스는 미국 역사를 변화시킨 리더들에게 한 가지 공통점이 있다고 분석했다. 그들은 구성원들에게 자신이 원하는 목표를 달성하기 위해 자신이 생각하는 이상적인 미래를 이야기한. 또 구성원 각각이 지닌 '개인적 가치(personal values)'를 변화시키려고 노력한다는 공통점을 갖고 있다.

변혁적 리더는 자신의 카리스마를 이용해 구성원들에게 '조직의 목표를 달성하기 위해서는 개인적 희생이 필요하다.'라고 강조한다. 리더 스스로도 자기희생적인 리더십을 몸소 실천한다. 이를 통해 그들은 극적인 효과를 창출하고 조직구성원들에게 희망적인 미래상을 제시한다.

번스가 개발한 변혁적 리더십은 1985년 뉴욕 주립대 교수인 버나드 배스(Bernard Bass)에 의해 체계적으로 확대 · 발전하였다.

배스 교수에 따르면 변혁적 리더들은 4가지 형태의 행동으로 리더십을 실천한다. 그가 주창한 변혁적 리더십의 4가지 구성요소는 영향의 이상화, 영감의 동기유발, 지적 자극, 개별적 배려이다.

1. 영향의 이상화(Idealized Influence)

영향의 이상화는 구성원들에게 자긍심을 심어주고 자신 있는 어조로 미래의 비전을 이야기함으로써 구성원의 신뢰를 얻는 리더의 행동이다. 영향의 이상화를 실천하는 변혁적 리더는 조직의 비전을 적극적으로 구성원들과 공유하며, 동시에 자신의 핵심 가치와 신념을 지속적으로 표현한다. 이를 통해 구성원들이 가지고 있는 기존의 핵심 가치를 조직의 비전에 맞는 새로운 가치로 적극 변화시킨다.

조직 구성원들의 핵심가치를 바꾸려는 노력이야말로 변혁적 리더십의 중요한 특징이다. 변혁적 리더는 영향의 이상화를 통해 강한 목적의식을 부여하고 공동체적 사명감의 중요성도 강조한다. 의사결정을 할 때는 도덕적 · 윤리적 사항에 대한 고려를 강조하며 스스로에게 권력이 집중되는 현상을 방지하려고 노력한다. 조직의 이익을 위해 자신의 개인적 이해를 희생함으로써 구성원들의 존경심을 자아내며, 구성원들로 하여금 이러한 희생정신을 따라하게 만든다.

영향의 이상화를 실천할 때 꼭 필요한 자기희생을 드라마처럼 실천해 조직구성원 모두에게 감동을 준 인물은 크라이슬러의 회장이었던 리 아이아코카(Lee Iacocca)이다. 그는 파산 지경에 이른 크라이슬러를 회생시키기 위해 국회에 구제금융을 요청할 때 자신의 연봉을 1달러만 받겠다고 선언했다. 기업의 고통을 공유하겠다는 자기희생을 상징적으로 보여준 것이다. CEO의 자기희생이야말로 위기 상황에서 조직의 구성원들에게 힘과 열정을 만들어 줄 수 있는 가장 강력한 수단이다. 직원들은 리더의 자기희생을 보면서 스스로 결전의 의지를 다지고 주인 의식을 유지할 수 있다.

[그림 8-2] 리 아이아코카 전 크라이슬러 회장(左), 루 거스너 전 IBM 회장(右)(사진=한경 Business(左), mskcc.org(右))

IBM의 혹독한 구조조정을 맡은 루 거스너(Louis V. Gerstner, Jr.) 회장은 회사의 미래가 단지 컴퓨터를 경쟁 기업보다 더 잘 만드는 것이 아니라 고객이 원하는 솔루션을 제공하는 것이라는 비전을 가졌다. 이 비전을 근간으로 거스너가 가장 먼저 실시한 변화는 고객 중심의 기업 문화를 만들고 종업원들의 태도를 서비스 지향적으로 바꾸는 것이었다. 고객 중심의 문화를 만들기 위해 거스너 회장은 취임 직후 IBM의 가장 중요한 200개 고객 기업에 근무하는 최고정보책임자(CIO)를 초청했다. 이들에게 IBM이 이제까지 고객에게 잘하지 못한 일들을 가차 없이 지적해 줄 것을 요청했다. 그때까지 고객에게 직접적인 피드백을 들어볼 생각조차 하지 않았던 IBM의 중역들은 고객의 불만을 직접 전해 듣고 큰 충격을 받았다. 이후 IBM 내부에서는 고객 중심의 기업 문화가 급속도로 자리 잡았다.

2. 영감의 동기 유발(Inspirational Motivation)

영감의 동기 유발은 리더가 자신의 비전을 구성원들과 어떻게 의사소통 하는지를 의미한다. 변혁적 리더는 미래에 대해 낙관적이고 이상적으로 이야기한다. 이를 통해 구성원들로 하여금 스스로 미래를 성취하고 싶다는 동기를 갖도록 만든다. 변혁적 리더는 구성원들에게 그들이 수행하는 업무가 단지 생계를 유지하기 위한 수단이 아니며, 조직의 목표를 달성하기 위해 반드시 필요한 가치 있는 일이라고 설득한다.

변혁적 리더는 미래에 대한 확신이 누구보다 강하다. 때문에 조직 구성원들에게 현재에 대한 불만족을 강한 목소리로 표현하고 변화의 필요성을 강조한다. 그러나 현 상황에 대한 불만족의 표출만으로는 변혁적 리더가 될 수 없다. 현재에 대한 불만과 함께 구성원들의 동기를 자극할 만한 매력적인 미래의 모습을 제시해야 훌륭한 변혁적 리더라 할 수 있다. 이를 위해 구성원들과 다양한 비유를 포함한 열정 넘치는 대화를 꾸준히 이어가야 한다.

상상을 뛰어넘는 방법으로 구성원들을 자극시키는 CEO는 버진 그룹(Virgin Group)의 리처드 브랜슨(Richard Branson)이다. 자신의 리더십 철학을 실천하기 위해 노력한 브랜슨의 일생은 도전과 틀에 매이지 않은 자유로운 행동으로 가득 차있다. 그는 당초 CD를 우편 판매하는 일로 사업을 시작했지만 항공 · 우주 · 금융 · 통신 등 다양한 분야로 자신의 사업을 끊임없이 확대했다. 어떤 사업을 하건 기존의 방법을 답습하지 않고 항상 새로운 미래를 위해 도전하는 모습을 보여 줬다.

[그림 8-3] 리처드 브랜슨 버진그룹 회장(左), 버진콜라 광고(右)(사진=virgin.com)

브랜슨은 버진 모바일(Virgin Mobile) USA를 설립해 세계에서 가장 경쟁이 치열한 미국의 무선통신 사업에 뛰어들었다. 이후 누구도 관심을 갖지 않은 10대 고객층을 겨냥하여 다양한 서비스를 제공했다. 대표적인 예는 브래드 피트(Brad Pitt)의 목소리로 여고생들에게 매일 아침 모닝콜을 제공하는 서비스였다. 이를 통해 그는 미국 시장 진출 3년 만에 300만 명의 가입자를 확보할 수 있었다.

새로운 버진 콜라(Virgin Cola)를 시장에 출시할 때는 뉴욕에서 탱크를 타고 코카콜라 상징물을 대포로 부수는 광고를 하였으며, 우주 관광 회사를 설립하여 어느 누구도 믿지 않은 우주 관광이라는 거대한 미래의 사업 기회를 꿈꾸는 CEO가 바로 브랜슨이다.

혁신적인 방식으로 미래의 비전을 표현하는 브랜슨은 현재 세계에서 가장 존경받는 CEO 가운데 한 명이다. 2008년 2월 세계 10대들을 대상으로 한 설문조사에서 브랜슨은 예수를 제치고 가장 존경하는 롤 모델 2위를 차지했다. 1위는 가족, 3위가 예수였다.

회사 역사상 가장 큰 위기를 맞은 IBM을 회생시키기 위해 거스너 역시 영감의 동기 유발에 매달렸다. 그는 IBM 직원들이 수십 년 동안 고수한 짙은 색깔의 정장과 하얀색 와이셔츠의 전통을 과감하게 없앴다. 동시에 솔루션 제공 컨설팅 서비스 회사로 탈바꿈하기 위해 직원들과 지속적인 의사 소통을 시작했다.

거스너는 의사소통의 중요성을 다음과 같이 설명했다. "CEO가 비전을 가지지 못하고 있다면 어떤 회사도 목표를 달성할 수 없다. 직원들 또한 당신을 믿지 않을 것이다. 어떤 회사를 만들겠다는 나의 목표를 주제로 직원들과 토론하는 일은 다른 어떤 일보다 중요했다."라고 밝혔다.

3. 지적 자극(Intellectual Stimulation)

지적 자극 또한 변혁적 리더십을 다른 유형의 리더십과 차별화하는 요소다. 변혁적 리더는 지적 자극을 통해 구성원 스스로가 문제에 대한 창의적인 솔루션을 발견할 수 있도록 도와준다. 구성원들이 업무를 추진하며 직면하는 여러 가정(assumption)이 과연 적절한가를 재검토하도록 유도한다. 문제를 해결할 때는 기존의 방법과 다른 다양한 시각에서 바라보도록 격려해 준다.

[그림 8-4] 앤 멀케이 전. 제록스 회장(사진=한국경제)

제록스의 전 CEO 앤 멀케이(Anne M. Mulcahy)는 끊임없는 지적 자극을 통해 망해가던 회사를 기사회생시킨 리더로 유명하다. 제록스는 1970년대까지만 해도 컴퓨터와 정보통신(IT) 분야에서 가장 훌륭한 연구소를 운영해 온 기업이다. 그러나 미래에 대한 비전을 갖지 못한 CEO들 때문에 2000년대 들어 채무가 170억 달러로 급증했다. 한때 64달러에 이르던 주가도 4달러까지 추락하는 등 회사 생존이 힘든 지경에 처했다.

2002년에 제록스의 CEO로 취임한 멀케이는 휴렛 팩커드(HP)가 독점하고 있던 프린터 시장에 진출해서 제록스를 세계에서 가장 뛰어난 IT업체 가운데 하나로 발전시켰다. 이를 위해 멀케이는 기존의 복사기 비즈니스 모델을 과감하게 청산했으며 직원들에게는 어떻게 하면 제록스가 고객 회사에서 필요한 포괄적인 IT 솔루션을 완벽하게 제공할 수 있을까를 고민하라고 강력히 주문했다.

비전과 지적 자극에 바탕을 둔 멀케이의 변혁적 리더십 덕분에 제록스는 2002년 말 완전 정상화에 성공했다. 2008년 말 테크리퍼블릭(TechRepublic)이라는 컨설팅 회사는 멀케이를 빌 게이츠와 더불어 2008년 세계 IT 분야에 가장 큰 영향을 미친 5명의 리더로 선정했다.

멀케이와 마찬가지로 거스너에게도 지적 자극은 결코 소홀히 할 수 없는 사항이었다. 거스너는 컴퓨터 제조업체인 IBM을 고객이 원하는 솔루션을 제공하는 컨설팅 서비스 업체로 바꾸려면 컴퓨터 기술에 대한 직원들의 자세부터 바꿔야 한다고 판단했다.

수십 년 동안 IBM은 특허 등으로 자사의 기술을 보호받고 있는 상황에서 이를 이용해 다양한 컴퓨터 제품을 만들었다. 즉, IBM 제품은 기술적으로 탁월했지만 산업 전체에 일정한 기준이 있었기에 타사 제품과의 호환성이 전무했다. 그러나 1980년대부터 등장한 컴퓨터 업계의 호환성 증대 움직임과 오픈 소스라는 기술적 트렌드는 IBM이 가지고 있던 보호막을 일시에 없앴다.

거스너는 “IBM 고유 기준을 포기하는 것은 업계 전체가 따르는 기준을 채택해야 한다는 기술적 결정 이상의 의미가 있었다. 우리 회사가 지난 수십 년 동안 누린 기술적 우위를 하루아침에 포기해야 하며, 회사의 이익률 또한 순식간에 줄어들 수 있다는 의미다. 이제 IBM도 다른 회사와 마찬가지로 비용 구조를 획기적으로 낮추지 않으면 살아남을 수 없는 상황에 몰렸다.”라고 말했다.

이후 “직원들에게 ‘이제 우리는 시장 원리가 철저하게 적용되는 시장에서 살고 있으며, 과거의 안일한 정신 자세를 근본적으로 바꿔야만 한다.’고 강조하는 일이 가장 힘들었다. 솔직히 나도 여러 차례 포기하려 했다.”고 털어놓았다. 그러나 거스너는 2년이 넘는 긴 기간 동안 직원들에게 끊임없는 지적 자극을 줌으로써 조직 문화의 근본적 변화를 이끌어냈다.

4. 개별적 배려(Individualized Consideration)

변혁적 리더십을 구성하는 마지막 요소는 개별적 배려다. 개별적 배려는 리더가 구성원들의 고유한 욕구와 기대를 파악하고 이를 충족시켜 주기 위해 노력하는 행동을 말한다. 구성원들을 단순한 집단이 아니라 다양한 재능 · 지식 · 목표를 지닌 개인의 집합체로 여긴다는 의미다.

이를 위해 변혁적 리더는 이들의 커리어 개발에 필요한 코칭과 멘토링을 적극 제공한다. 구성원들의 성공에 반드시 필요한 역량 개발을 위해 시간적 · 물질적 후원도 아끼지 않는다. 이들의 미래를 함께 고민하는 자상한 모습도 보여 준다.

거스너는 개별적 배려를 통해 IBM을 이끌어 갈 미래의 리더를 육성하려고 노력했다. 거스너의 노력은 “누가 내게 IBM에서 가장 자랑스럽게 생각하는 업적이 무엇이냐고 묻는다면 나는 주저하지 않고 ‘내가 은퇴했을 때 나의 후계자는 물론 회사의 중요 부서장들이 모두 IBM에서 평생 일한 사람이라는 점’이라고 답할 것이다.”라는 말에 잘 나타나 있다.

거스너에게 IBM의 내부 인재를 양성하고 이들로 하여금 회사의 미래를 책임지게 하는 일만큼 중요한 장기적 임무는 없었다. 그는 엄격한 과정을 통해 IBM의 차세대 리더들을 선발했다. 이들이 다양한 경험을 할 수 있도록 이들의 업무 내용이나 근무 부서도 전략적으로 결정했다. 차세대 리더의 경력 개발에 필요한 코칭을 실시하고, 미래 IBM의 리더로서 회사에 대한 열정을 유지하도록 그 자신이 충실한 멘토 역할도 수행했다.

개별적 배려에 기반한 거스너의 변혁적 리더십 덕분에 IBM은 수많은 인재를 배출했다. 그 가운데 한 명이 거스너 회장 아래에서 최고운영책임자(COO)를 지냈으며, 결국 거스너의 후계자로 뽑힌 CEO인 샘 팔미사노(Sam J. Palmisano)이다.

가장 변혁적인 CEO로 손꼽히는 인물은 아마존(Amazon)의 창업주이자 CEO인 제프 베조스(Jeff Bezos)이다. 아마존은 최근 하버드 비즈니스 리뷰(Harvard Business Review)가 선정한 ‘가장 성공적인 변혁을 이끄는 기업들’, ‘새로운 시장을 이끌고 미래 산업을 유도하며 이를 위한 성공적인 전략을 구사하는 변혁적 10대 기업’ 중 하나로 선정되었다. 또한, 베조스를 ‘이전에 경험하지 못했던 일들에 대한 뛰어난 상상력과 비전을 품고 미래를 열어간 혁신적 기업인, 목표를 이루기 위해 철저하게 전략적 사고를 펼치며 자신의 혁신적 사고를 추진하기 위해 기업 문화의 변화를 추진하고, 미래를 현실로 만들기 위해 파워풀한 내러티브(powerful narrative)로 소통했다.'라고 평가했다.

베조스에게 최고의 가치는 고객이다. 그는 어느 글에서 자신의 넘버원은 고객이며 이것이 자신의 리더십의 비밀이라고 밝혔다. 미시간 대학에서 소비자들의 기업 만족도를 조사했을 때 아마존이 1위를 차지했다. 그는 고객이 원하는 것과 원하지 않는 것을 자신의 관심사 중 가장 우선순위에 두고 있으며, 조직구성원들에게 가장 미세한 부분에 이르기까지 소비자 우선의 원칙을 지속적으로 강조한다. 고객 우선주의라는 아마존의 비전과 사업 전략은 CEO에서 인턴사원에 이르기까지 뼛속 깊숙이 무장되어 있다. 또한 이러한 비전을 성취하기 위해 구성원들에게 보다 높은 기대감을 요구한다. 그에 따르면 "상품이 0.1초 늦게 선적되는 것은 소비자 행위가 1% 떨어지는 것과 동일하다.", "처음부터 우리 고객들에게 매력 있는 가치를 제공하는 데 중점을 두었다. 우리는 실제 매장에서 가능한 것보다 훨씬 더 많은 선택을 할 수 있도록 했으며 편리하고 쉽게 찾을 수 있고, 쉽게 탐색할 수 있도록 했다. 그리고 아마존은 24시간 영업한다."고 하였다. 그가 늘 강조하는 미래지향적 사고 역시 고객을 위한 것이다.

서비스 인더스트리에서의 변혁적 리더는 고객 중심의 사고, 초보자의 마음, 사명감, 열정을 가지며 서비스 종사자들의 창의성을 존중하고 종사자들이 창의력을 발휘할 기회를 제공함으로써 조직의 발전과 목표달성에 도움을 준다. 또한 개인적인 관심과 배려를 통해 충분한 권한과 책임을 위임해 주는 리더십으로 구성원들의 조직몰입을 높일 수 있으며, 이에 따른 직무만족도와 심리적 성숙도에 영향을 미친다. 따라서 인적자원 의존도가 높은 서비스 인더스트리에서 이러한 인력자원에 대한 활용도를 높이고 강력한 리더십을 발휘하여 구성원들의 조직몰입도를 높이고, 고객의 만족도 향상과 조직구성원들의 자발적 협동 의지 향상에도 크게 기여할 수 있으므로 서비스 성과도 높아지게 된다.

☞ 나의 변혁적 리더십 점수는?

〈표 8-1〉 변혁적 리더십 측정법 MLQ(Multifactor Leadership Questionnaire)

구분	측정항목	나의응답
영향의 이상화	나는 회사의 미래에 대한 확고한 비전을 가지고 있으며, 이를 통해 하급자들에게 회사에 대한 자긍심을 심어준다.	
영감적 동기유발	나는 내가 가지고 있는 회사의 미래에 대한 비전을 다양한 비유를 통해 지속적으로 이야기한다.	
지적자극	나는 부하 직원들이 다양한 관점에서 업무를 추진하고 혁신적인 방식으로 일하도록 격려한다.	
개별적 배려	나는 부하 직원들이 가지고 있는 다양한 기대를 이해하려고 노력하며, 그들의 커리어에 대해 함께 고민하고 코치해준다.	

자료: DBR, 2016

이 설문은 리더 본인에 의한 평가와 하급자들에 의한 평가를 동시에 실시한다는 점이 특징이다. 항목마다 1점(전혀 그렇지 않다)부터 5점(항상 그렇다)까지 점수를 매겨 측정한다. 4점 이상을 얻으면 변혁적 리더십을 어느 정도 실천하고 있다고 판단할 수 있다.

제 5 절 고객만족 리더십

서비스 리더는 고객만족을 위해서 고객의 관점에서 사고하는 마인드 혁신과 함께 조직의 서비스 시스템도 혁신하여야 고객중심의 가치관을 조직의 문화로 만들 수 있다.

고객중심 가치관을 문화로 만들기 위한 5단계 방법은 아래와 같다.

- **1단계: 리더 자신부터 고객중심적 가치관을 확고히 한다.**

그 후에 구성원들이 가치관을 잘 이해하고 있는지를 진단한다. 리더는 의사결정권자로서 결정 때마다 자신의 가치관을 의식적 · 무의식적으로 투영할 수밖에 없기 때문이다.

• 2단계: 반복 메시지를 통해 공감을 얻는다.

고객만족경영은 리더가 중요하게 생각하는 고객중심의 가치를 구성원들도 동일하게 중요하게 만드는 경영이다. 리더와 구성원들의 생각이 고객 최우선으로 같아질 때 기업의 정체성이 뚜렷해지고 경영목표가 분명해지는 효과를 얻게 된다. 그러기 위해서는 끊임없이 반복해서 전달하고 강조해야 한다.

• 3단계: 구체적인 언어로 소통한다.

리더는 회사의 비전과 핵심 가치를 설정하고 그것을 달성하기 위한 전략을 수립하지만 현장의 직원들은 이를 실천하기 위해 구체적으로 무엇을 해야 하는지 모르기 때문에 구체적인 언어로 전달해야 정확히 이해하고 행동으로 옮길 가능성이 높다. 사우스웨스트 항공은 사업 초기 '1위의 저가 항공사'를 비전으로 삼았다. 하지만 최고경영자인 허브 켈러허(Herb Kelleher)는 직원들에게 단지 업계 1위가 되기 위해 노력하자고만 말하지는 않았다. 지상직 직원들에게는 "지상 대기시간을 20분 미만으로 줄여라."라고 지시했다. 항공사는 비행기가 하늘에 떠 있는 시간을 늘려야 돈을 벌기 때문이다. 승무원들에게는 "승객들을 재미있게 해주기 위해 최선을 다하라."고 말했다. 아무리 저가 항공사라고 해도 고객만족을 등한시하면 불평이 생기기 때문이다. 그들은 비행 전 구명조끼 착용 시범을 보일 때도 유행하는 힙합댄스 동작을 적극 활용했다.

• 4단계: 가치관과 연계하여 피드백한다.

사람에게는 두 가지 거울이 필요하다. 겉모습을 비춰주는 거울과 내면이나 행동하는 모습을 비춰주는 거울이다. 피드백이란 상사가 직원을 거울처럼 비춰 주는 것이다. 잘한 일에는 칭찬을, 잘못한 일에는 발전적 피드백을 해줘야 한다. 이때 핵심 가치와 연계해서 직원의 행동과 성과를 피드백해 주는 것이 좋다.

• 5단계: 구성원들이 기업의 비전과 핵심 가치 실천에 동참했을 때 어떤 이익을 기대할 수 있는지를 분명하게 제시한다.

조직 구성원들이 불만을 갖는 가장 큰 이유 중 하나는 '내가 고생하고 노력한

만큼 인정받지 못한다.'라는 것이다. 리더는 회사의 비전과 핵심 가치를 위해 구성원들이 실천하고 감수해야 할 일이 무엇인지를 정확하게 전달해야 할 뿐만 아니라, 이후에 얻게 되는 이익이 무엇인지도 명확히 알려주어야 한다.

제6절 감성 리더십

고객의 마음을 사로잡는 것뿐 아니라 조직관리에서도 직원의 마음을 사로잡는 감성경영이 필요하다. 조직구성원이 다양해지고 가치관이 빠르게 변하면서 일상생활에서 직원들이 느끼는 감성을 이해하고 구성원과 긍정적인 관계를 유지하는 감성 리더십의 중요성이 확산되고 있다.

감성 리더십이란 리더 스스로 자신의 내면을 파악하고, 구성원의 감성을 이해하고, 배려함과 동시에 자연스럽게 조직구성원들과의 관계를 형성하여 조직의 감성역량을 높이는 능력이다(골먼, D., 보이애치스, R. & 맥키, A., 2003).

업무관리만으로는 신세대, 여성인력 등 다양한 직원들의 몰입과 열정을 끌어내는 데 한계가 있기 때문이다. 기업들은 CEO 자필편지, 소규모 조찬 간담회, 수험생 자녀 격려선물 전달, 신입사원 가족초청행사 등 다양한 방법으로 직원들의 감성을 관리하기 위해 노력하고 있다.

감성 리더십은 직원들의 협력을 이끌어내고 새로운 방식으로 문제를 해결할 수 있도록 촉진함으로써 창조적 조직성과 창출에 기여한다. 창조경영을 위해서는 직원 상호 간 지식공유와 협업, 모험적인 시도를 용인하는 조직 분위기가 필수적이며 감성리더십을 통해 직원들의 느낌을 이해하고 편안하게 의견을 나누며, 새로운 시도에 대해 심리적 안정감을 제공함으로써 창조적 성과창출의 기반을 마련한다.

감성 리더십을 본질적으로 이해하고 발휘하기 위해서는 감성지능 개발이 필수적이다. 감성지능은 자신의 한계와 가능성을 객관적으로 판단해 자신의 감정을 잘 다스리고 상대방을 진심으로 이해하며 타인과 좋은 관계를 유지할 수 있는 능력이다(신정길 外 ,2004).

〈표 8-2〉 감성지능(Emotional Intelligence)

구분	정의
자아인식력 (Self-awareness)	– 자신의 기분, 감정, 취향 등이 타인에게 미치는 영향을 인식하고 이해하는 능력
자기통제력 (Self-Regulation)	– 부정적인 충동과 기분을 통제하거나 바꿀 수 있는 능력 – 행동하기 전 판단을 위해 잠시 멈출 수 있는 절제력
동기부여 (Motivation)	– 돈, 지위를 초월해 직무를 성공적으로 수행하려는 열정 – 끈기를 가지고 목표를 추구하려는 성향
감정이입 (Empathy)	– 다른 사람의 감정을 헤아려 이해하는 능력 – 다른 사람의 감정적인 반응에 대응하고 처리하는 기술
사교성 (Social skill)	– 인간관계를 형성하고 관리하는 능력 – 공동의 입장을 발견하고 친밀한 관계를 형성하는 능력

자료: What makes a leader? Harvard Business Review(Goleman, D. 1998)

조직 전반에 감성 리더십을 구축하기 위해서는 직원들과 관계를 강화하는 단계적 접근이 필요한데 이는 감성 리더십에서 가장 중요한 것은 일관성과 지속성이기 때문이다. 직원 간담회 등 몇 번의 이벤트로 직원들의 감성을 이해했다고 생각하는 것은 큰 착각이며, 단계적인 접근을 통해 관계의 기반을 공고히 하는 것이 중요하다. 따라서 기반을 다지며 순차적으로 직원들과의 관계를 강화하는 단계적 접근이 필요하다.

감성 리더십은 다음의 4단계를 거쳐야 진정한 효과를 발휘할 수 있다.

첫 번째 단계는 '자기 통제'이다.

감성 리더십을 제대로 발휘하기 위해서는 리더 스스로가 자신의 감정 상태를 정확히 알고 통제할 수 있어야 한다. 동일한 집단에서 함께 일하는 사람들은 서로 감정 전이(Emotional Contagion)되므로 리더의 분노, 증오 등 안 좋은 감정은 직원들에게도 부정적인 영향을 미친다.

두 번째 단계는 '조직 內 신뢰 구축'이다.

직원들을 진심으로 존중하고 대우하는 진정성을 표현함으로써 전 조직구성원과 신뢰관계를 구축해야 한다. 직원들에 대한 신뢰와 존중을 경영철학으로 공표하고, 이를 실제 리더의 행동으로 가시화하는 것이 중요하다. 또, 신뢰관계를 바탕으로 조직과 직원이 함께 성장하는 선순환 구조를 구축해야 한다.

세 번째 단계는 '개별적 관심과 배려'를 보이는 것이다.

직원들은 리더가 개별적인 관심을 표현하면 조직구성원 중 하나가 아닌 남과 다른 특별한 존재로 대우받는다는 느낌을 갖게 된다. 특히 직원 개개인의 상황에 따라 일상적이지 않은 맞춤형 배려를 제공하는 것이 효과적이다. 또한, 리더의 개인적인 칭찬과 격려는 직원들의 업무열정을 높인다는 점에서 매우 중요하다.

네 번째 단계는 '긍정적 집단감성 형성'이다.

감성리더십은 조직 전체가 긍정적 감성을 공유할 때 완결된다. 리더 혼자만 직원들의 감성을 이해하고 공감하는 것이 아니라 직원 간에도 서로 관심을 보이고, 배려하도록 독려해야 한다. 이를 통해 직원들은 서로 우호적인 관계를 맺고 상호 협력할 수 있다.

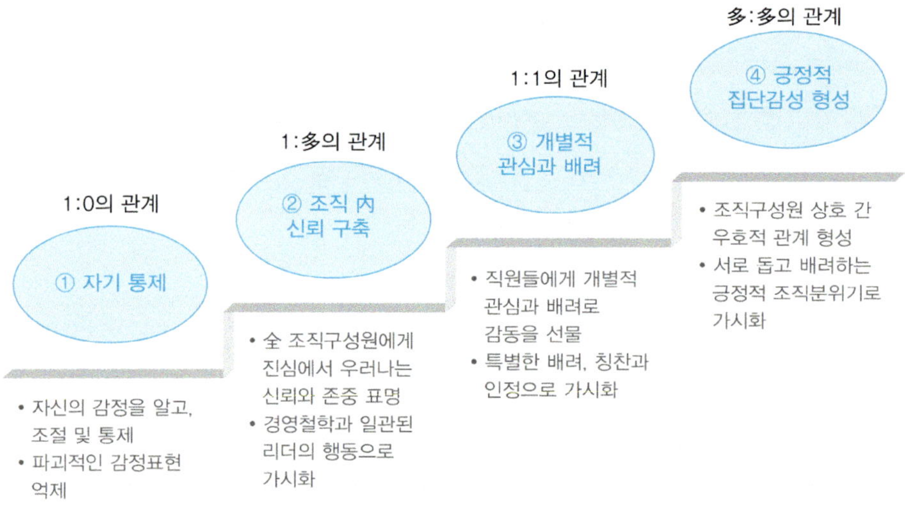

[그림 8-5] 감성 리더십 구축의 4단계

감성 리더십은 리더의 감성지능 역량의 중요성과 맞물려 최근에 주목을 받게 되었으며 감성지능의 효과를 리더십 성공의 지표로 연구하게 되었다(Collins, 2001). Mayer & Salovey(1990)는 감성지능을 학계와 출판계에 처음으로 소개하고 그것을 개념화하였는데 감성 리더십을 본질적으로 이해하고 발휘하기 위해서는 감성지능 개발이 필수적이다. 감성지능은 자신의 한계와 가능성을 객관적으로 판단해 자신의 감정을 잘 다스리고 상대방을 진심으로 이해하며 타인과 좋은 관계를 유지할 수 있는 능력이다.

LG경제연구원이 최근 직장인 843명을 대상으로 조사한 대한민국 직장인 리더십 진단(LG Business Insight 973호, 2008) 결과에 따르면 우리나라 직장인들은 상사에 대한 리더십 만족도가 매우 낮으며 리더들은 감성리더십이 매우 떨어지는 것으로 나타났다.

감성적 요소가 결핍된 리더십은 기업의 실적은 물론 조직원들의 삶까지 파괴한다. GE의 잭 웰치(Jack Welch) 전 회장은 '위대한 승리(Winning)'라는 저서에서 "훌륭한 상사는 구성원들의 친구요, 스승이요, 동맹군이자 영감의 원천이다. 훌륭한 상사는 직원들의 삶까지 변화시킨다. 반대로 나쁜 상사는 직원들의 신체를 병들게 하고 영혼까지도 파괴하는 주범이다. 리더십은 이 시대 최고경영자들이 가장 먼저 신경써야 할 경영 포인트다."라고 말하였다.

인간은 누구에게나 자신에 맞는 감성을 가지고 있다. 이를 정확히 잘 활용하고 부족한 감성을 잘 채워주는 것이 바로 감성 리더십이다. 감성적 리더십을 키우기 위해서는 무엇보다 리더 스스로가 감성지능을 구성하는 다양한 감성적 역량을 갖추기 위해 노력하는 것이 효과적이다. 다니엘 골먼(Daniel Goleman)에 따르면 감성지능이란 '자신의 한계와 가능성을 객관적으로 판단해 감정을 잘 다스리며, 상대방의 입장에서 그 사람을 진정으로 이해하고 타인과 좋은 관계를 유지할 수 있는 능력'이다. 이를 리더십 측면에서 살펴보면 감성리더십의 본질은 우선 리더 스스로가 자신의 내면을 깊이 있게 성찰하는 것에서부터 시작하여 구성원의 감성 및 욕구를 이해하고 배려하며 '공동의 선(善)'을 찾아 자연스럽게 구성원들을 리드할 수 있는 능력이라고 할 수 있다. 따라서 감성 리더십의 핵심은 '나' 중심 사고에서 '상대방' 중심 사고로 전환하는 것이다. 나의 판단과 규칙은 잠시 접어두고 상대방이 어떻게 느끼는지부터 관심을 갖는 것이다.

감성 리더십을 발휘하는 사람은 푸시(push) 전략 대신 풀(pull) 전략을 쓴다. 푸시 전략이 훈계하고 질책하고 일일이 간섭하는 것이라면, 풀 전략은 상대방이 스스로 문제를 해결할 수 있도록 경청하고 질문하고 격려하는 접근법이다.

업무 성과는 뛰어나지만 감성 리더십이 부족한 리더는 흔히 자신의 말이 구성원들에게 얼마나 상처를 주는지 잘 알지 못하며 또한 관심도 없다. 그런데도 자신의 옳음을 구성원들이 몰라줘서 문제라고 생각한다. 문제는 '어떻게 사람들의 마음을 움직이느냐'이다. 감성 리더를 달리 표현하면 센스 있는 사람이라고도 할 수 있다. 상대방의 생각이 무엇인지를 진지하게 경청하고, 이를 업무에 센스있게 적용할 줄 아는 사람이 바로 감성 리더라 할 수 있다.

감성 리더십의 대표적인 CEO로는 신라호텔의 이부진 사장을 들 수 있다. 뜨겁고 치열하던 HDC신라면세점 유치 경쟁에서 이부진 사장은 "너무 걱정 마세요. 잘되면 다 여러분 덕이고 떨어지면 제 탓이니까요."라는 이 말 한마디에서도 리더로서의 책임감과 자신감, 직원들을 아끼는 마음이 느껴졌다. 또한 면세점 입찰을 위한 프레젠테이션 당일, 이부진 사장은 아침 일찍 맞춘 떡을 직접 가지고 프레젠테이션 현장을 방문하여 직원들을 아끼고 응원하는 마음을 몸소 표현하였다.

신라호텔이 7개월 동안의 리모델링 후 오픈한 지 얼마 안 돼서 택시가 메인 출입구의 회전문을 들이받는 사고가 났다. 이때 택시기사가 4억 원 정도를 배상해야 하는 상황이었는데 택시기사 형편이 어렵다는 보고를 받은 이부진 사장은 배상을 요구하지 말고, 치료비도 지급하라는 통 큰 배려를 하였다. 이로 인해 이부진 사장에 대한 관심도 10배 가량 증가하고, 따뜻하고 온화한 감성 리더십으로 긍정적인 이미지들이 생기게 되었다.

조직과 직원이 함께 성공하는 조직관리를 위해 감성 리더십의 본질을 제대로 이해하고 발휘하는 것이 중요하다. 기업경영은 조직성과를 위해 반드시 직원의 희생이 뒤따라야 하는 제로섬(Zero-sum) 게임이 아니다. 직원들의 고충을 공감하고 배려하는 감성 리더십을 발휘해 조직과 구성원이 함께 성장하는 기반을 구축할 수 있다. 이를 위해서는 리더가 먼저 진정성을 갖고 긍정의 전도사가 되는 것이 중요하다. 리더가 앞장서서 긍정에너지를 발산해야 조직구성원들도 긍정적이고 우호적인 관계를 맺을 수 있다.

또한, 서비스 인더스트리 종사자들은 고객 혹은 상사와의 접촉과정에서 감성적 스트레스를 받게 되므로 먼저 자신의 감성을 이해하고 타인을 배려하며 독려하는 감성 리더십이 필요하다.

☞ 그리핀 병원의 '긍정적 조직분위기' 조성 사례

뉴잉글랜드 그리핀 병원은 갈등과 험담, 구성원 간 적대적 감정이 팽배했으며 재정상태도 악화되어 위기에 봉착하였다. 어려운 상황에서 CEO로 취임한 패트릭 카멜은 기회가 있을 때마다 직원들에게 신뢰와 용서, 긍정적 비전, 언행일치, 진실성을 행동으로 보여 달라고 요청하였고 그 결과 동료와 환자들을 진심으로 배려하는 긍정적 조직분위기가 형성되면서 재정위기를 극복하게 되었다. 일례로, 암 진단을 받은 간호사를 위해 직원들이 휴일과 연차를 모두 기부하여 이 간호사가 일을 하지 못해도 계속 급여를 받을 수 있도록 하는 등 구성원 간에 서로 돕고 배려하는 관계를 형성하였다(Cameron, K., 2009).

제 7 절 셀프리더십

서비스는 생산과 소비의 동시성이라는 특징을 가지고 있기 때문에 고객접점의 서비스 종사자들은 때로는 서비스 전달에 있어서 상사의 지시를 받을 여유가 없고, 각자가 리더십을 발휘하여 스스로 판단하고 의사결정을 해야 하는 경우가 있다. 따라서 고객접점의 현장 종사자들 각자가 리더십을 발휘하여 스스로의 판단에 따라 신속하고 정확한 의사결정이 필요하기 때문에, 스스로가 변화를 주도하고 능동적인 업무수행을 하는 셀프리더십이 보다 중요해지고 있다.

셀프리더십은 자기관리(Self-Management) 개념을 확대하여, 1987년 Manz가 제안한 이론으로, 개인의 행위적 전략과 인지적 전략을 이용하여 스스로 리드하고 자기 자신에게 영향을 미치는 행동 과정이다(Manz, 1986; Manz & Neck, 2004). 즉, 개인의 목표 달성을 위해 스스로에게 동기부여할 수 있도록 자신을 개발하는 것이다. 따라서 이러한 셀프리더십은 조직에 영향력을 미치는 리더에 초점을 맞춘 것이 아닌 조직구성원 개개인의 자발적인 에너지와 자아를 중요시한다. 또한 명령, 지시, 통제, 처벌, 보상 등에 의해서 발휘되는 전통적인 외부의 리더십보다는 자기 스스로 성취목표를 설정하고 그 목표달성에 대한 보상을 스스로 정하는 등의 자율성을 일컫는 것으로 조직구성원들의 업무에 대한 열정을 높이는 데 효과적인 개념이라 할 수 있다.

셀프리더십은 건설적 사고 전략, 행동 지향적 전략, 자연적 보상 전략 등의 세 가지 핵심전략으로 이루어진다(Neck & Houghton, 2002).

건설적 사고 전략은 긍정적이고 바람직한 사고에 중점을 두고, 업무수행에 긍정적인 영향을 주는 적극적이고 구체적인 사고패턴의 형성이 용이하도록 고안되었다(Manz & Neck, 2004). 긍정적인 자기 대화를 통해 자기 분석과 평가를 하여 부정적이고 폐쇄적인 요인들을 억제하고 제거할 수 있게 된다(Seligman, 1991).

행동 지향적 전략은 자신의 업무뿐만 아니라 어렵고 꺼리는 일도 기꺼이 수행하는 등의 용이한 업무처리와 자아인식을 높이기 위해 노력하는 행동전략이다(Manz, 1992). 행동 지향적 전략은 성공을 저해하는 행동을 억제하고 비효율적이거나 비생산적인 행동을 제거하거나 변화시키는 데 필요한 단계이다(Manz & Neck, 2004). 이러한 행동 지향적 전략은 실패를 가져올 수 있는 부정적인 행동요인들을 억제함과 동시에 성공적인 결과를 가져다주는 긍정적이고 바람직한 행동을 장려하기 위해서 고안되었다(Neck et al., 2007).

자연적 보상 전략은 업무에 대한 열정이나 의욕이 생길 때 사람은 그 일 자체에 의해 동기부여 되고, 보상받게 된다는 것이다(Manz & Neck, 1999). 주어진 일이나 활동이 가지고 있는 자연적인 즐거움에 의해 동기부여가 되고 보상받게 되며, 의도적으로 업무활동을 즐기려는 행위까지 포함된다(Manz & Sims, 2001). 자연적 보상 전략은 일 자체가 자연적 보상이 되도록 주어진 일을 더 유쾌하고 즐거운 일로 만드는 것과 불쾌한 일에 대해서는 생각하지 않으려 노력하며 업무에 몰입함으로써 일에 대한 인식을 스스로 재정립하는 두 가지 전략으로 말할 수 있다(Manz & Sims, 2001; Manz & Neck, 2004).

셀프리더십은 자율에 근거하여 자기관리를 확장한 개념이며 구성원들은 셀프리더십을 통하여 내재적 동기부여를 통하여 스스로 목표를 설정하고 과업 자체를 즐기며 상상적 경험을 통하여 창의성을 높이게 된다.

리더들에게 구성원들의 셀프리더십 강화는 중요한 과제다. 자신에 대해 명확히 이해하고 나에게 부족한 점과 강점을 잘 인식하는 것도 필요하며 내 자신을 동기화하는 능력도 필요하다. 더불어 타인을 이해하는 능력과 남에게 영향을 미치는 방법을 터득해야 한다. 따라서 리더는 구성원들 스스로 셀프 리더가 되도록 격려하고 지원해야 한다.

〈표 8-3〉 셀프 리더십 측정도구

다음은 셀프 리더십에 관한 설문내용을 담고 있다. 각 설문내용을 읽고 본인의 리더십을 평가해보자. 숫자의 척도는 다음을 의미한다.

1. 전혀 그렇지 않다. 2. 거의 그렇지 않다. 3. 보통이다. 4. 조금 그렇다. 5. 매우 그렇다.

설문내용	척도
1. 자신의 직무 진행 정도를 스스로 자주 확인한다.	1 2 3 4 5
2. 자신이 일을 어떻게 하고 있는지를 점검한다.	1 2 3 4 5
3. 자신의 직무를 얼마나 잘하고 있는지에 대해 주의를 기울인다.	1 2 3 4 5
4. 자신의 마음속에 목표를 인식하고 있다.	1 2 3 4 5
5. 자신의 직무 진행 정도를 기록한다.	1 2 3 4 5
6. 자신의 직무에 주의를 기울인다.	1 2 3 4 5
7. 자신의 직무상 책임 영역을 더 넓히려고 한다.	1 2 3 4 5
8. 자신의 직무상 책임을 넓힐 수 있는 방법에 집중한다.	1 2 3 4 5
9. 다른사람으로부터 인계 받을수 있는 새로운 책임에 대하여 생각한다.	1 2 3 4 5
10. 자신에게 할당된 책임보다 더 열심히 직무를 하려고 노력한다.	1 2 3 4 5
11. 증가하는 자신의 책임에 대하여 생각한다.	1 2 3 4 5
12. 자신의 직무가 필요로 하는 것보다 더 많은 활동을 하려고 한다.	1 2 3 4 5
13. 자기 스스로 문제를 해결하려고 행동한다.	1 2 3 4 5
14. 자신의 힘으로 문제를 해결하는 것을 좋아한다.	1 2 3 4 5
15. 자신에게 문제가 생기면 스스로 해결한다.	1 2 3 4 5
16. 자신의 마음속에서 문제에 대한 해결방법을 찾아낸다.	1 2 3 4 5
17. 자기 스스로 문제의 해결방법을 끝까지 찾아낸다.	1 2 3 4 5
18. 자기 스스로 문제의 해결방법을 생각해낸다.	1 2 3 4 5
19. 자기 스스로 일하는 방법을 개선하려고 한다.	1 2 3 4 5
20. 자신이 직무상 할 수 있는 긍정적인 변화들을 생각하려고 한다.	1 2 3 4 5

[결과해석]

행동중심 전략 (설문내용 1~6)	해석
자기 목표 설정	자기 스스로 목표를 설정하고, 우선순위를 정한 후 스스로에게 실행을 지시하는 행동(목표는 도전적, 달성 가능, 구체적)
단서관리	행동을 용이하게 하고 동기부여나 성과 달성을 자극하는 표사를 함으로써 대면적 상호작용을 위한 행동
예행연습	실제 직무수행 전에 신체적·정신적 예행연습(역할연기)을 함으로써 직무수행 성공률과 효과성을 높이는 행동
자기 관찰	자신이 변화하기로 계획한 특정한 행동을 구체적으로 관찰하고 그 행동에 대한 정보를 수집하는 행동
자기 보상	바람직하고 효과적인 직무수행 후 스스로에게 내적 보상을 함으로써 차후 행동 선택에 중요한 영향을 주는 행동
자기 비판	바람직하지 못한 자신의 행동에 비판과 교정을 함으로써 실수의 반복과 습관적 실패에 빠지지 않도록 하는 행동

인지중심 전략	해석
자연적 보상 (설문내용 7~12)	행동의 동기는 외재적 보상이나 자기 보상으로부터 비롯되는 것이 아니라, 자연발생적인 것
건설적 사고 유형 (설문내용 13~20)	어려운 상황을 장애물로 여기기보다는 기회요인으로 보는 긍정적 사고 유형을 의미

[자신의 결과]

Chapter

09

서비스 커뮤니케이션

서비스경영론

CHAPTER 09

서비스 커뮤니케이션

제 1 절 서비스 분야에서 커뮤니케이션의 이해

서비스 종사자에게 있어 커뮤니케이션은 무엇보다도 중요한 경영 수단이다. 커뮤니케이션은 신이 자신의 덕을 인간에게 나누어 준다는 의미로, 공동체 내의 상호이해 및 협력을 커뮤니케이션이라 한다. communiaction의 어원은 라틴어로 '나누다'를 의미하는 'communicare'이다. 어떤 사실을 타인에게 전하고 알리는 심리적인 전달의 뜻으로 사용된다.

서비스 제공자와 고객 간의 가장 기본적인 활동인 교환의 시작과 유지, 종결 과정이 커뮤니케이션에 의해 이루어진다. 고객 서비스 그 자체가 커뮤니케이션 과정이며 고객이 인식한 서비스 경험에 있어서 커뮤니케이션은 필요불가결한 부분이다. 고객과의 커뮤니케이션은 조직과 고객이 아닌, 조직을 대표하는 서비스 제공자가 고객에게 전문적인 도움을 제공하는 것으로서 기업을 대표하는 서비스 제공자가 고객과의 만남에서 지식 전달, 정보 제공 등 자신의 역할을 수행함에 있어서 반드시 수반되는 것이 고객과의 커뮤니케이션이다.

고객과의 성공적인 커뮤니케이션은 그 조직을 차별화시키고 경쟁력을 갖출 수 있는 중요한 요소 중 하나이다(Faust & Spatt, 1994). 이들이 서비스 접점에서 제공하는 서비스가 고객에게는 기업 전반에 대하여 평가할 수 있는 하나의 단서가 된다는 점에서 서비스 제공자의 커뮤니케이션의 중요성은 증대하고 있다.

고객을 대상으로 하는 서비스 커뮤니케이션은 일반적으로 단방향 커뮤니케이션과 양방향 커뮤니케이션으로 분류된다(Leszczynski & Zielinski, 2013). 단방향 커뮤니케이션은 대중광고, 홍보, 판매촉진활동 등의 활동을 말하며 양방향 커뮤니케이션은 서비스 제공자와 고객 간의 접점에서 이루어지는 커뮤니케이션을 말한다(Gills et al., 1998). 대화 커뮤니케이션은 평등한 커뮤니케이션 파트너 간의 양방향 커뮤니케이션 과정으로 구성되고, 양측 커뮤니케이션 파트너는 정보 교환을 통해 상호작용의 내용에 따라 서로 영향을 준다(Mast et al., 2009).

오늘날의 고객은 더 이상 서비스의 수동적 수용자가 아닌 능동적 이용자로서 어떤 정보원으로부터 어떻게 정보를 얻을지 스스로 결정한다(Mast et al., 2009). 커뮤니케이션은 단지 정보의 교환뿐만 아니라 감정적 태도도 함께 전달되기 때문에 커뮤니케이션이 진행되는 과정에서 양 당사 간의 관계는 지속적으로 정립과 재정립된다(Leszczynski & Zielinski, 2013). 이러한 과정에서 고객은 긍정적·부정적 감정을 경험하게 되고 이런 감정은 고객 행동에 영향을 미치게 된다.

제 2 절 서비스 제공자의 커뮤니케이션 전략

서비스 제공자의 언어적·비언어적 커뮤니케이션은 모두 서비스 제공자의 고객평가에 중요한 요소이므로 서비스 유형에 따라 적절한 커뮤니케이션 전략을 세워야 한다.

서비스 유형은 상호작용의 시간과 공간적 거리에 따라 거래기반서비스와 관계기반서비스로 구분된다(Ford, 2001). 거래기반서비스는 고객과 서비스 제공자의 상호작용 시간이 5분 이내이며 공간적 거리가 개인적 영역(45cm) 이상인 서비스를 의미하고, 관계기반서비스는 고객과 서비스 제공자의 상호작용시간이 30분 이상이며 공간적 거리가 개인적 영역 내에서 이루어지는 서비스를 의미한다.

서비스 유형에 따라 서비스 제공자의 언어적 커뮤니케이션이 서비스 제공자에 대한 고객평가에 미치는 영향은 거래기반서비스보다 관계기반서비스에서 크게 나타난다. 반면, 서비스 제공자의 비언어적 커뮤니케이션은 관계기반서비스보다 거래기반서비스에서 서비스 제공자에 대한 고객평가에 더 큰 영향을 준다.

서비스 제공자에 대한 고객평가가 타인에게 기업에 대한 선호도를 표현하고, 그 기업과 지속적인 거래관계를 유지 및 증대하고자 하는 행동적 충성도에 긍정적인 영향을 준다. 이에 따라 서비스 제공자는 고객과의 커뮤니케이션에 있어서 서비스 유형에 적합한 언어적·비언어적 커뮤니케이션을 사용해야 한다.

이와 유사한 관점에서 Ford(2001)는 고객이 관계기반 또는 거래기반에 커뮤니케이션을 원하는지를 고려한 후 고객 맞춤형 커뮤니케이션을 지향해야 한다고 주장하였다. 그의 연구에서 강조한 점은 서비스 직군에 따라 고객이 원하는 커뮤니케이션의 종류가 달라져야 한다는 것이다. 간호사, 의사, 비서 등의 서비스와 같이 많은 대화를 필요로 하는 관계기반 서비스 영역에서 고객은 개인의 필요에 맞는 개인화된 커뮤니케이션을 기대하는 반면 패스트푸드 판매원, 편의점에서는 시간의 효율성이 더 중요하게 고려되어 짧은 대화가 고객만족에 더 효과적이다.

고객만족은 서비스 제공자의 커뮤니케이션 스타일에 따라 달라진다.

서비스 제공자의 커뮤니케이션 스타일은 협력형, 신뢰형, 전문형, 통제형으로 구분할 수 있다. 각 커뮤니케이션 스타일이 고객의 자아존중감, 신뢰 및 행동 의도에 미치는 영향에 대하여 알아보면 서비스 제공자의 협력형 커뮤니케이션과 신뢰형 커뮤니케이션은 고객의 자아존중감에 직접적인 영향을 미치고, 고객의 신뢰도에 있어서는 신뢰형 커뮤니케이션과 전문형 커뮤니케이션이 가장 많은 영향을 미친다. 또한 고객의 자아존중감과 신뢰는 고객의 행동의도에 영향을 줌으로 고객의 재방문, 긍정적 구전 의도를 높인다. 서비스 제공자의 커뮤니케이션 스타일이 협력적, 신뢰적, 전문적일수록 고객의 자아존중감과 신뢰는 높아진다. 반면 지배형 커뮤니케이션은 고객의 자아 존중감과 신뢰에 부정적 영향을 미치는 요인이라고 볼 수 있다.

서비스 제공자는 고객이 어떤 방식의 커뮤니케이션을 원하는지 파악하여 그에 맞는 적절한 커뮤니케이션을 할 때 서비스에 대한 고객만족이 극대화되는 것이다. 따라서 서비스 특성별로 고객의 필요를 고려한 고객 관점에서의 서비스 커뮤니케이션이 중요하다. 서비스 제공자는 고객에게 서비스를 제공할 뿐만 아니라 고객의 서비스 관련 문제도 해결할 수 있어야 하기 때문에 서비스 실패 상황에서 서비스 제공자의 대처능력은 고객만족과 서비스 평가에 있어 중요한 척도이다(Beverly,

Bradley, & Callan, 1997).

고객만족은 기업에 대한 호감도로 이어져 궁극적으로는 기업 성과로 이어지게 된다. 서비스 제공자의 커뮤니케이션은 서비스의 질을 결정하는 중요한 요소이며 향상된 고객 서비스로 인한 기업의 수익은 광고효과로 인한 수익보다 약 10~12배 높다(Mergen & Stevenson, 2009). 따라서 서비스 제공자는 고객의 입장에서 응대해야 하며, 서비스 제공자에게 무엇을 기대하면서 문제해결을 하고자 하는지를 간파하여 그 상황에 맞는 커뮤니케이션을 구사할 때 고객만족은 증대할 것이다.

제 3 절 효과적인 커뮤니케이션 방법

커뮤니케이션을 잘한다는 것은 상대방의 '말'을 잘 이해하는 것이 아니라, 상대방의 '마음'을 잘 이해하는 것이다.

효과적인 커뮤니케이션의 6단계 법칙에 대하여 알아보자.

첫째, 경청하라

경청의 의미는 상대의 말을 잘 듣고 적극적인 반응을 보이는 것이므로 리액션(질문)까지 경청에 포함된다고 할 수 있다. 경청은 의사소통의 기본적인 과정이며 우리는 누구나 자신의 이야기를 잘 들어주는 사람에게 호감을 느낀다. 경청을 잘하면 공감적 관계형성이 되어서 커뮤니케이션의 성과도 좋아지게 된다.

효과적인 경청 방법은 첫째, 질문한다. 둘째, 맞장구를 친다. 셋째, 말하는 사람과 동화되도록 노력한다. 넷째, 전달하는 메시지의 요점에 관심을 둔다. 등이다.

경청에 장애가 되는 행동은 첫째, 메시지 내용에 대하여 관심이 없다. 둘째, 듣기보다 말하기에 더 관심을 가지고 있다. 셋째, 상대방의 말을 들으면서 머릿속으로 다른 생각을 한다. 넷째, 머릿속으로 상대방 이야기에서 잘못된 점을 지적하고 판단하는 것에 열중한다. 등이다.

경청은 효과적인 질문을 통해 더욱 강화된다. 서비스 종사자의 질문은 고객의 이야기를 더 듣고자 하는 적극적 경청의 일환이다.

경청의 기법인 B.M.W는 Body(자세), Mood(분위기), Word(말의 내용)이다. B.M.W의 Body는 표정이나 눈빛, 자세나 움직임을 상대에게 기울이는 것이고 Mood는 상대의 말투나 음색, 말의 속도, 높낮이를 고려하여 듣는 방법이며 Word은 말의 내용적인 면에서 고객의 입장에서 고객을 존중하며 고객이 원하는 바가 무엇인지 집중하여 듣는 공감적 경청의 방법이다.

둘째, 질문하라

질문은 상대에 대한 관심과 호기심의 표현이다.

셋째, 공감하라

공감은 상대의 감정, 의견, 상황까지도 '그럴 수 있겠구나'라고 이해하는 마음이 일어나는 것이다. 상대방에게 공감을 보여주면, 상대는 자신의 마음을 나처럼 알아준다는 느낌을 받게 되어 신뢰감을 촉진시키는 계기가 된다.

넷째, 설명하라

설명은 자신이 가지고 있는 정보를 상대에게 충분히 제공하고 공유하기 위한 중요한 기술이다.

다섯째, 강화하라

강화는 타인에 대한 인정, 긍정, 칭찬, 격려, 지지를 전달하는 언어적 표현이다.

여섯째, 유머를 즐겨라

유머는 긴장을 해소시켜 타인을 편안하게 만드는 기능을 한다.

탁구와 커뮤니케이션을 비교하면, 탁구를 할 때 랠리(rally) 상황이 지속되어야 서로 재미를 느낄 수 있다. 한두 번 주고받고 공이 바닥에 떨어지면 공을 줍기에 급급해 지치게 되고 흥미도 반감된다. 이와 같은 주고받음이 끝나는 경우도 있는

데 바로 한쪽에서 상대방에게 스매시(smash)를 가할 때다. 이 경우에는 이미 작정하고 가한 것이라 상대방과 더 이상 랠리(rally)가 이어지기는 쉽지 않다. 어쩌다 한번이라면 몰라도 매번 이렇게 되면 상대방이 나와 운동을 계속하고 싶은 것인지에 대한 의구심이 생기면서 그 사람과는 함께 운동하기가 꺼려진다. 서로의 실력 차이에서 오는 거리낌이라기보다는 상대방에 대한 배려와 존중의 차이에서 오는 거리낌이 크기 때문이다.

이러한 상황은 우리 일상에서 특히, 커뮤니케이션하는 상황에서 전혀 다르지 않다는 것을 알 수 있다. 커뮤니케이션은 랠리 즉, 쌍방향(two-way)이 기본이다. 서로 주고받음이 없다면 진정한 커뮤니케이션이 되기 어렵다. 커뮤니케이션을 잘하는 사람들은 무엇보다도 상대방이 하는 말을 잘 경청하는 것으로 이때 경청은 단순히 귀로 듣는 것만이 아니라 상대방이 한 말에 대해 적극적인 반응을 보이는 것까지 포함한다. 예를 들어 상대방으로부터 "나 지금 피곤해"라는 말을 들었을 때, 단순히 "좀 쉬어"라고 말하는 것이 아니라 "정말 많이 피곤해 보이네. 무슨 일 있어?"까지 말하는 것이 경청에 포함되는 것이다. 그리고 이 지점부터가 커뮤니케이션에서 상대방과 랠리가 시작되는 시점이다. 반면 같은 상황이지만 "뭐가 피곤해?" 혹은 "안 피곤한 사람이 어디 있어?" 등의 말은 상대방에게 일종의 스매시를 가하는 것이다. 이렇게 커뮤니케이션하는 사람과는 더 이상의 대화가 이어지기도 어렵고 앞으로의 발전된 관계를 기대하기도 어렵다.

커뮤니케이션을 잘하는 사람들의 또 다른 점은 경청뿐 아니라 질문도 남다르다. 일례로 그들은 어떤 일에 대해 준비가 더딘 상황을 보면서 "아직도 안됐어?"라고 묻기보다는 "잘되고 있지?" 또는 "언제쯤 될까?"라고 묻는다. 그들은 과거형, 부정형의 질문이 아니라 긍정형, 미래형 질문을 구사한다. 과거형, 부정형의 질문은 문제에 대한 변명을 이끌어내는 질문이고 미래형, 긍정형의 질문은 문제를 해결하기 위한 질문이기 때문이다. 과거형, 부정형의 질문은 상대방에게 스매시를 가하는 질문이고 긍정형, 미래형의 질문은 상대방과 랠리를 이어나가는 질문이다.

상대방과 원활하고 효과적인 커뮤니케이션을 기대한다면 먼저 자신이 어떻게 커뮤니케이션을 하고 있는지 생각해 볼 필요가 있다. 그리고 필요하다면 어제와는 다른 방식으로 접근해야 한다. 최고의 소통법은 스매시가 아니라 랠리이기 때문이다.

커뮤니케이션의 스마트(S.M.A.R.T) 법칙에 대하여 알아보자.

S는 소통에 있어 신속(Speed)해질 필요가 있음을 의미한다.

상대방에게 질문을 받거나 답변을 주어야 하는 경우 가능한 빠른 시간 내에 응답하는 것이 좋다. 커뮤니케이션은 주고받는 것이 기본이므로 일방적으로 받기만 한다면 커뮤니케이션은 어려워진다.

M은 지속적으로 모니터링(Monitoring)을 해야 한다는 것을 의미한다.

커뮤니케이션을 위해서는 상대방에 대한 관심이 필요하다. 현대의 커뮤니케이션 대상자들은 수많은 SNS 공간에서 자신의 근황은 물론, 감정까지도 표현하고 있다. 상대방과의 형식적인 인사를 주고받기 싫다면 관심의 끈을 놓지 말아야 한다.

A는 말에 대한 진정성(Authenticity)을 보여주어야 한다는 것을 의미한다.

자신이 하고자 하는 말에 대한 진정성을 스스로 확인해 볼 수 있는 방법 중 하나는 자신이 상대방에게 한 말이 다음날 일간지 1면을 장식한다고 했을 때 과연 부끄럼이 없는가에 대한 자문자답으로 가능하다.

R은 자신의 아집이나 고집을 제거(Remove)해야 한다는 것을 의미한다.

많은 경우 커뮤니케이션의 실패는 자신의 아집이나 고집에 기인한다. 커뮤니케이션은 이기고 지는 게임이 아니다. 나의 생각이 중요한 만큼 상대방의 생각도 중요하다는 것을 잊지 말아야 한다.

T는 상대방에게 신뢰(Trust)를 주어야 한다는 것을 의미한다.

타인에게 자신의 신뢰도를 높이기 위해서는 자기중심적인 언행은 줄이고 언행의 일관성을 키워야 한다. 쉽지 않은 일이지만 커뮤니케이션의 성공이 서로에 대한 신뢰에서 비롯된다는 점에서 볼 때 결코 간과할 수 없는 부분이다.

상대방 반응을 이끌어내고 보다 원활한 커뮤니케이션을 기대한다면 표현하는 방식의 변화와 함께 보다 스마트(S.M.A.R.T)하게 접근해 볼 필요가 있다.

제 4 절 접점 커뮤니케이션

서비스접점은 고객접점 직원과 고객이 직접적으로 대면하여 발생하는 상호작용이나 특정한 서비스 제공에 관련된 상호작용의 기간을 말한다(Shostack, 1985). 고객에게 서비스가 전달되는 과정에서 서비스접점 직원과의 인적 상호작용은 고객의 만족과 불만족을 결정하는 핵심적인 요소이다(Bitner et al, 1990). 접점 커뮤니케이션은 직원과 고객이 언어로서 상호작용하는 언어적 커뮤니케이션과 표정 · 자세 · 시선 등으로 상호작용하는 비언어적 커뮤니케이션으로 나눌 수 있다. 이러한 요소들은 고객의 행동을 결정짓게 하는 요소로 작용하고 궁극적으로 기업의 손익에 막대한 영향을 줄 수 있다. 이에 접점 커뮤니케이션을 언어적, 비언어적 커뮤니케이션으로 나누어 다음과 같이 설명할 수 있다.

1. 언어적 커뮤니케이션

개인의 생각이나 느낌을 표현하고 전달하는데 사용되는 문자나 수단이 언어이다. 언어는 커뮤니케이션의 근본적인 수단으로서 사회적으로 제정된 기호체계이다. 언어의 가장 큰 본질은 의미를 전달하고 표현하는 것이고, 말은 인간 커뮤니케이션의 중심이 된다(Sommerville, 1982).

언어를 통해 표현된 개인의 생각이나 느낌에 따라 행동 양식을 규정짓는 것 또한 언어이다. 따라서 언어적 커뮤니케이션이 대인관계 형성에도 중요한 역할을 하며, 자신의 의사를 정확히 전달함과 동시에 타인의 의사를 전달받는 과정이라 할 수 있다.

언어적 커뮤니케이션에 있어서 설득력을 갖기 위해서는 분명하고 명확한 어휘와 조직적인 사고력을 사용해야 하며 수신자에게 명확하게 전달되어 인식될 때에

발신자와 수신자 사이의 커뮤니케이션 질을 높일 수 있다(Worf, 1956).

언어적 커뮤니케이션의 질이 높아지면 업무의 효율성을 기할 수 있고 이것은 기업에 있어서 중요한 의미를 갖는다. 특히 상대방에 대한 신뢰형성을 위해 언어적 커뮤니케이션의 역할이 매우 큰 만큼 기업의 신뢰형성에도 매우 중요한 영향을 미친다.

잘못된 단어나 오해를 불러일으킬 만한 말로 인해 언어적 커뮤니케이션의 장애를 야기하기도 한다. 발신자의 의도와는 상관없이 수신자 마음대로 해석하여 받아들이는 경우 오해와 불신이 생긴다. 이로 인한 문제는 언어가 가지는 추상적인 개념 때문에 발생한다.

효과적인 의사소통을 위해서는 추상화가 높은 단어를 선택하기 보다는 구체적이고 정확한 언어로 표현하는 것이 좋다. 고객을 응대하는 서비스 접점 직원들 또한 추상적인 언어를 사용하여 고객에게 정보를 전달하기보다는 고객이 이해하기 쉽고 명확한 단어를 사용하여 효과적인 의사전달을 해야 한다.

적절한 전문용어 사용은 서비스 종사자의 지식과 전문성을 높여주지만, 고객의 상황과 분위기에 맞는 언어 선택이 필요하다.

1) 언어적 커뮤니케이션 스킬

(1) 명령형 화법이 아닌 청유형 화법을 사용하라

명령형 화법은 고객이 자신의 생각을 무시한 일방적인 강요로 받아들일 수 있으므로 고객의 생각을 존중하고 부탁하는 청유형 화법을 사용하는 것이 좋다. 청유형의 표현은 상대방이 내 부탁을 듣고 스스로 결정해서 따라올 수 있도록 상대방의 의견을 구하는 표현이다. 거절해야 하는 상황에서 명령형으로 단호하게 말하면 고객의 기분이 상할 수도 있으므로 이때에는 의뢰형, 청유형 화법으로 고객에게 양해를 구하고 완곡하게 말해야 한다.

(2) 부정형은 피하고 긍정형의 화법을 사용하라

거절을 해야 할 때 부정형 화법을 많이 사용한다. 이때에는 대안제시를 통해 긍정형 화법으로 바꿔 사용한다. 예를 들어, "고객님, 지금 담당 의사분께서 수술 일정으로 금일은 예약이 어려울 것 같습니다. 연락처를 남겨주시면 확인 후 연락을 드리도록 하겠습니다."라는 화법으로 긍정적인 부분을 중심으로 표현하는 것이 좋다.

(3) 적절한 쿠션 용어를 사용하여 완전한 문장을 사용하라

'실례지만', '죄송합니다만', '괜찮으시다면' 등과 같은 쿠션 용어를 중간에 사용한다면 고객이 더욱 기분 좋게 상황을 받아들인다(예. 죄송합니다만, 요청하신 물품은 품절되어서 주문하실 수 없습니다). 문장을 말할 때도 중간에 끊지 말고 반드시 끝까지 이야기하도록 한다. 예를 들어, "고객님 결제는 어떻게?"보다는 "고객님 결제는 어떻게 해드릴까요?"와 같이 말하는 것이 좋다.

(4) 1, 2, 3법칙을 사용하라

1, 2, 3법칙이란 자신은 1분 말하고 상대의 말은 2분 동안 들어주고 3분 동안은 상대의 말에 맞장구를 치는 것이다. 가장 기본적이고 많이 알려진 법칙이다. 이 법칙을 통해 상대방은 자기를 이해해 준다고 생각하게 되고 신뢰를 갖게 된다. 서비스 직원의 경청 1, 2, 3 기법은 직원은 한 번 말하고, 고객의 말은 2번 경청하고, 대화중에 3번 맞장구를 치는 것이 효과적인 커뮤니케이션을 이끌어 내는 방법이다.

(5) 다른 고객을 인용하여 이야기하듯 말하라

대화할 때 다른 고객의 이야기나 신용할 만한 사람의 이야기를 인용한다. 예를 들어, "~도 만족하셨다." 등으로 말하고 정보를 전달하듯 말하며 가르치듯 말하지 말고 이야기하듯 말하는 것이 좋다.

(6) 유머감각을 활용하라

사람은 진지하고 무거운 분위기보다 재미있고 유쾌한 분위기에서 쉽게 적응하며 어렵고 딱딱한 것보다 재미있고 쉬운 것을 하기를 좋아한다. 가볍게 웃을 수 있는 요령을 터득하고 고객의 반응이 무덤덤해도 당황하지 말고 재치 있게 화제를 전환할 수 있는 센스도 필요하다.

(7) KISS 전략을 사용하라

Keep It Short and Simple의 약어로 '짧고 간결하게 해주세요.'라는 뜻이다. 신속한 의사결정이 필요한 서비스 현장에서는 간략하고도 핵심을 짚어내는 커뮤니케이션 방식이 효과적이다. KISS 전략은 강한 어조로 간결하게 말하는 기법이다. 평소에 '주장–배경–설득'의 순서에 따라 2~3문장 정도로 자신의 의견을 핵심적으로 전달하는 연습을 하는 것이 좋다.

(8) 개방적인 표현을 사용하라

대화를 진행하면서 상대방의 이야기를 많이 듣기 위해 질문하는 화법이다. '네, 아니요'의 대답만 가능한 폐쇄적인 질문은 지양하고 개방적인 질문을 하도록 한다(예. 식사는 하셨습니까?(×), 식사는 어떠셨는지요?(○)).

- 개방적 질문 예시 : 저희가 해 드릴 수 있는 것이 무엇인지 생각해 보셨습니까? 보다 나은 서비스를 위해 저희가 어떤 점을 더 노력해야 할까요? 지난번 구매하신 제품을 사용해 보시니 어떤 점이 좋으셨습니까? 다른 회사 제품은 저희 제품에 비해 어떤 점이 좋아 보이셨습니까?
- 폐쇄적 질문예시 : 저희 직원이 말씀드린 것을 이해하셨는지요?

(9) 나–전달법(I–Message)을 사용하라

나–전달법은 언어를 통한 커뮤니케이션 방법이다. 자신의 입장을 충분히 전달함으로써 상대방의 동의를 얻어내는 방법으로 타인의 행동이 나에게 어떠한 영향을 주었는지 이야기하는 것이다. 만약 상대방을 비난한다면 메시지가 전달되는 것이 아니라 비난이 전달되는 것이다. 나–전달법은 대화의 주체가 '너'가 아닌 '내'가 되어 전달하고자 하는 표현법으로 주어를 '나'로 하여 그 느낌을 가지게 된 책임이 상대방에게 있지 않고 표현한 자신에게 있다는 것을 전제로 하면서 자신의 느낌을 표현하는 것이다(예. 왜 이렇게 일 처리가 늦지(2인칭 전달법), 일이 늦어져서 걱정이네요.)

☞ 고객만족 화법

- 쿠션 화법 : 꺼내기 어려운 말을 하기에 앞서 미안함을 먼저 표현하는 화법
- 신뢰 화법 : 고객에게 신뢰감을 줄 수 있는 표현을 사용하는 화법
- 레이어드 화법 : 전하고자 하는 말을 의뢰나 질문 형식으로 바꾸어 전달하는 화법
- 아론슨 화법 : 부정과 긍정의 내용 중 부정적 내용을 먼저 말하고 긍정적 언어로 마무리하는 화법
- 맞장구 화법 : 고객의 이야기를 관심 있게 들으면서 이야기에 반응해주는 화법
- 보상 화법 : 고객의 서비스 저항요인을 다른 서비스 강점으로 보완하여 해소하는 화법
- 후광 화법 : 유명 인사나 긍정적인 자료를 제시하여 고객의 저항을 감소시키는 화법
- 부메랑 화법 : 고객에게 지적 받은 특성을 오히려 서비스 장점 또는 특징이라고 주장하는 화법

2. 비언어적 커뮤니케이션

커뮤니케이션 상황 내에서 잠재적 메시지 가치를 가지고 있는 인간이나 환경에 의해 야기된 언어를 제외한 자극을 '비언어를 통한 커뮤니케이션'이라고 한다.

비언어적 커뮤니케이션은 언어가 아닌 모든 자극과 반응을 통한 감정 소통의 상태라고 정의할 수 있다(Gabbott & Hogg, 2003; Barnum & Wolniansky, 1989). 커뮤니케이션하는 과정에는 비언어적 요소가 많이 포함되기 때문에 언어적 커뮤니케이션과 함께 의사를 전달하는데 있어서 중요한 커뮤니케이션이다.

비언어적 커뮤니케이션의 구성요소는 신체언어(kinesics), 공간적 행위(proxemics), 의사언어(paralanguage), 신체적 외양(physical appearance)으로 구분한다(Sundaram

& Webster, 2000).

첫째, 신체언어(Kinesics)

신체언어에는 얼굴표정, 눈의 접촉, 고개 끄덕이기, 몸의 움직임, 자세 등이 포함된다. 고객과의 시선접촉, 눈의 움직임도 고객응대에 있어서 중요한 신체언어이다. 상대를 적절하게 응시하고 시선을 접촉하는 행위는 신뢰감을 주고 호의를 나타내지만, 시선을 회피하는 행위는 불신과 비호의를 나타낸다(Hemsley & Doob, 1978).

몸의 자세도 고객에 대한 관심을 반영한다. 무의식중에 상대를 향해 상체를 기울이며 상대와의 간격을 좁히는 것은 관심을 나타내는 행위이지만, 비스듬하거나 느슨한 자세는 고객에게 불쾌감으로 해석될 수 있다. 이처럼 신체언어는 상호 간의 친밀함이나 호의를 표현하는 중요한 비언어적 커뮤니케이션의 한 형태이다(Burgoon et al, 1990; Mehrabian & Williams 1969).

〈표 9-1〉 신체언어와 의미

신체언어	의미
눈맞춤	대인관계의 질에 가장 중요한 역할을 함
표정	개인의 인상을 결정하는 중요한 요소 표정에 대한 상대방의 해석(곁눈질로 본다 → 의심, 불만/ 특별한 반응 없이 무표정하다. → 거부 귀찮음/ 눈을 마주 보지 않는다. → 무관심, 거부, 부담감/ 위아래로 훑어본다. → 불신, 경멸/ 환하게 미소 짓는다. → 반가움, 호감 등의 긍정)
고객 끄덕이기	경청하고 있음을 전달하는 수단
몸의 움직임	커뮤니케이션의 표현을 도와주는 수단
자세	사람의 상태를 알 수 있는 단서
제스처	말의 진실함이 전달되는 역할

자료: 기존 연구를 활용한 저자 재구성

둘째, 공간적 행위(Proxemics)

공간적 행위는 송신자와 수신자의 공간에 관계한 것으로 커뮤니케이션을 위한 육체적 공간 거리를 말한다. 이는 얼마만큼의 공간의 거리를 유지하는 것이 커뮤니케이션하기 위해서 적당한 거리이며, 어느 정도의 거리에서 서로에게 편안함과 불편함을 느끼는가와 관련된다. Hall(1959)은 커뮤니케이션 과정 속에서 공간적 거리는 상대를 향한 친밀감, 신뢰감, 흥미나 태도를 반영한다고 하였다.

서비스 접점 직원과 고객과의 공간적 행위는 고객의 반응에 영향을 미친다. 서비스 접점 직원이 고객의 사적 공간을 침해하게 되면 고객은 경계심을 갖게 되고, 반면에 고객과의 거리가 지나치게 멀 경우 고객은 관계설정을 거부하는 것으로 느껴 부정적인 영향을 받게 된다.

〈표 9-2〉 공간적 커뮤니케이션의 거리

거리		의미
친밀한 거리	0~45cm	– 가장 친밀한 거리로 가족, 부모, 연인, 가까운 친구 등 정서적으로 가까운 사람만이 허용되는 거리
개인적 거리	45cm~80cm	– 어느 정도의 격식과 비격식의 관계를 넘나드는 공간 – 사교모임, 칵테일 파티 등과 같이 제한적 관계의 사람들에게 허락되는 거리
사회적 거리	80cm~1.2m	– 업무상 미팅이나 공식적인 상호작용을 필요로 하며, 이 공간에서는 제3자가 개입하더라도 부담스럽지 않다. – 여러 사람이 대화하거나 새로운 사람이 들어와도 허락되는 거리
대중적 거리 (공적인 거리)	1.2m~3.7m	– 공공적 간격으로 대중 앞에서 편하게 연설할 수 있는 거리

자료: 기존 연구를 활용한 저자 재구성

육체적 공간 거리를 어떻게 유지하고 어떤 의미를 부여하는가에 대한 내용으로 상대에 대한 친밀감이나 신뢰도와 관계가 있으며 진정한 관심이나 흥미 및 태도 또한 반영한다.

셋째, 의사언어(Paralanguage)

의사언어란 공식적인 언어가 아닌 사람들이 대화 중 나오는 다양한 소리를 탐구한 것으로 반(半)언어 혹은 준언어라고도 한다. 의사언어는 자신의 생각과 느낌을 신체언어와 목소리의 미묘한 차이를 부각시키는 비언어적 커뮤니케이션이다. 의사언어에는 말투, 음조의 변화, 음고, 음량의 정도, 말의 속도, 발음 등이 있다.

말투는 의미전달에 중요한 역할을 하며 신뢰를 만드는 데 도움을 주며, 음고 ·

음량의 적절한 표현은 의사표현을 정확히 하는 데 도움을 준다. 음조의 변화는 다양한 메시지와 중요도, 느낌 등을 생생하게 전달하는 데 도움을 주며 말의 속도는 감정과 태도를 반영한다. 발음은 정확한 의사전달에 중요한 역할을 한다.

넷째, 신체적 외양(Physical Appearance)

신체적 외양은 신체상의 외적 모습에 대한 것으로 신체적 매력, 의상, 장식 등을 포함하며 대인 간 관계의 첫인상을 형성하는 데 중요한 요소이다. 일반적으로 사람들은 외적인 모습으로 상대를 판단하는 사회적 착각에 빠지는 경향이 있다. 때문에 처음 갖게 되는 깔끔하고 수려한 외형은 상대에게 신뢰감을 주는데 효과적이고 상대의 태도변화에도 긍정적인 영향을 준다(Burgoon et al, 1996). 또한 외형의 매력도가 높은 사람은 매력도가 낮은 사람보다 상대적으로 더 친밀하고 호의적이며 사회적 기술이 높은 것으로 지각된다(Reis et al, 1980). 의상이나 장식은 자신의 신체를 보호하는 기능뿐만 아니라 사회적인 지위나 신분을 나타낸다. 자신의 의도와는 상관없이 유니폼을 착용해야 하는 서비스 접점 직원의 경우, 단정한 복장과 유니폼은 고객에게 신뢰감과 주고 긍정적인 이미지를 심어준다.

1) 비언어적 커뮤니케이션 스킬

고객들은 귀로 들으면서 눈으로는 보기 때문에 비언어적 스킬도 중요하다.

(1) 표정관리

표정관리는 크게 아이콘택트, 얼굴표정, 시선처리로 나눌 수 있다. 눈을 맞추는 것은 관심의 정도를 나타낸다. 진실된 눈빛은 간절한 호소력을 가진다. 고객이 불쾌감을 느끼지 않게 친근감 있는 표정을 짓는 것이 중요하며 웃는 얼굴이 가장 호감 가는 표정이라 할 수 있다. 자연스럽게 웃기 위해서 평상시에도 많이 웃어야 체화된다. 편안함을 주는 시선처리는 고객에게 관심이 있다는 것을 알 수 있도록 자연스럽게 쳐다보는 것이 중요하다.

(2) 바른 자세

자세가 바르지 못한 사람은 안정감이 없고 신뢰감도 생기지 않는다. 신체의 자세는 마음의 자세에서 비롯되므로 자세는 곧 마음으로 해석할 수 있다. 바르게 서고 앉은 자세로 신체의 중심이 되는 허리를 항상 긴장하여 바로 세운다. 어깨와 머리의 위치도 일자로 곧게 세운다. 곧은 자세로 절도 있게 걷는 사람은 보기만 해도 신뢰가 느껴진다. 고객에게 안내할 때는 바른 자세로 서서 정확한 방향으로 안내한다.

(3) 인사 예절

고객과의 좋은 커뮤니케이션은 인사에서 시작된다. 고객이 보이면 먼저 인사하여야 한다. 올바른 인사법은 아이콘택트에서 시작하여 아이콘택트로 마무리한다. 형식적인 느낌이 아니라 진심어린 인사만이 고객에게 전달된다. 인사와 더불어 쿠션용어를 더해주면 더욱 풍성하고 기분 좋은 인사를 할 수 있다.

(4) 용모와 복장관리

깔끔한 복장과 용모는 고객들에게 신뢰감을 준다. 과하지 않은 단정한 메이크업과 헤어, 옷차림이 중요하다.

(5) 공간적 신호

고객의 공간을 침범해서는 안 된다. 사람을 주변으로 120cm 이내의 공간을 바디존, 퍼스널 스페이스라고 한다. 일반적인 대인 거리는 120cm가 적정 수준이며 이 이상으로 근접한 경우는 연인, 가족같이 매우 가까운 사이라고 할 수 있다. 고객과는 두 걸음에서 네 걸음 정도 거리를 두는 것이 좋다. 너무 가까이 있어도 부담스럽게 느끼기 때문이다.

(6) 유의점

고객의 신체 부분을 터치하거나 고객의 옷을 잡아당기는 것, 자신의 머리카락이나 얼굴을 만지면서 말을 하는 것도 삼가야 한다. 고객응대 중 음식물, 껌을 씹는 것도 고객이 불쾌하게 느낄 수 있으므로 항상 신경써야 한다.

3. 스피킹 커뮤니케이션

말을 잘하는 것은 대화를 잘하는 것보다도 고객에게 분명한 의사전달을 통하여 의사를 결정하도록 설득하는 것을 의미한다.

1) 처음 한마디가 중요하다

첫 마디는 대화 흐름에 큰 영향을 미친다. 고객의 특성을 고려하여 날씨, 스포츠 등의 일반적인 관심사로 질문하며 시간과 장소에 맞게 질문하는 것이 좋다. 이는 자연스럽게 친밀감을 형성하여 정보 수집의 기반을 마련해 준다.

고객의 욕구(needs)를 파악하려면 고객이 먼저 이야기하도록 유도해라. 서비스에 따라 적절한 질문법을 사용하는 것이 중요한데 크게 개방형, 단답형, 선택형 3가지로 질문 유형을 분류해 볼 수 있다.

(1) 개방형

고객의 정보를 수집하기 위해서 사용하는 질문법으로 육하원칙을 적용하여 설명형의 대답이 나오도록 한다. 장점은 고객의 감정, 가치 기준, 핵심 욕구 등의 정보를 얻을 수 있다. 단점은 고객이 취조당하는 것과 같은 불쾌감이 들 수 있다.

(2) 단답형

고객이 결정을 내릴 수 있도록 압박하는 질문법으로 ‘예’, ‘아니요’라는 대답이 나오도록 할 수 있다. 장점은 서비스 제공자가 원하는 정보를 정확하게 알 수 있으며 단점은 고객이 심문받는 느낌이 들 수 있다.

(3) 선택형

서비스 제공자가 자연스럽게 대화를 주도하여 고객에게 선택지를 제안하여 원하는 답을 얻을 수 있다. 장점은 고객이 곧바로 의사결정을 할 수 있다. 단점은 선택지가 제한되어 있어 고객이 원하는 것이 없을 수도 있다.

2) 정확하게 밝은 목소리로 말한다

고객에게 말을 할 때 또렷한 목소리에 느리거나 빠르지 않은 속도로 말하는 것이 중요하며 중요단어에는 강세를 주는 것이 좋다. 밝고 자연스러운 음성은 고객의 관심을 얻을 수 있지만 기계적인 음성은 반발심을 살 수 있다.

3) 바른 자세로 공손하게 말한다

정중한 자세로 미소를 지으며 말하고 적절한 호칭을 사용하도록 한다.

4. 리스닝 커뮤니케이션

말하기만큼 중요한 것이 듣기다. 듣기는 고객의 말을 듣는 것만은 의미하지는 않는다.

1) 고객의 말을 주의 깊게 듣는다

고객의 말을 주의 깊게 듣기 위해서 고객의 입장이 되어서 들어야 한다. 그러나 고객의 이야기를 듣고 평가 또는 분석하는 것이 아니라 고객의 말의 의미가 무엇인지 이해하며 들어야 한다.

2) 고객과 대화할 때 맞장구치면서 듣는다

고객의 말을 이해하고 있음을 적극적으로 표현하면서 들어야 한다. 적절한 감탄사와 맞장구는 경청하고 있다는 느낌을 줄 수 있다. 자연스럽게 행동하기 위해서는 많은 연습이 필요하다.

3) 고객의 답에 대한 확인 질문을 한다

고객의 대답에 자신이 이해한 대로 정리하여 고객에게 다시 물어보아야 한다. 고객의 의도와 맞는지 확인할 수 있어 오해로 인한 컴플레인을 줄일 수 있다.

제5절 고객의 유형별 대화 방법

서비스 접점에서 만나게 되는 고객들을 행동별 · 연령별로 분류하여 고객 특징에 따른 대응방법을 알아보자.

1. 고객의 행동에 따른 응대 방법

1) 결정형 고객

전문가처럼 보이고 싶어 하는 유형이다. 자신이 가지고 있는 확신에 대한 고집은 웬만해서는 꺾지 않는다. 좀처럼 설득되지 않고 본인 스스로 결정하는 것을 좋아하며 타인의 간섭을 싫어한다.

응대방법은 상대방보다 많이 안다고 생각하기 때문에 고객의 체면을 세워주는 것이 중요하다. 고객의 말을 잘 들으면서 칭찬하며 높여주며 자존심을 건드리지 않도록 주의해야 한다.

2) 미결정형 고객

결단력이 부족하고 우유부단한 유형이다. 주위의 눈치를 많이 보고 스스로 선택하는 것을 두려워한다. 타인이 의사결정을 내려주길 기다리고 자신의 의견은 말하지 않는다. 행동에 일관성이 없고 질문하는 어조도 부자연스럽다.

응대방법은 인내심을 가지고 천천히 응대하며, 고객의 의도를 표면화하기 위하여 적절한 질문법을 사용하여 주의깊게 들어 의도를 파악한다. 몇 가지 선택사항을 전달하고 장단점을 설명하며, 다른 고객의 사례를 이야기하며 확신을 갖게 한 다음 결정을 할 수 있도록 한다.

3) 사교형 고객

호의적이며 협조적인 유형이다. 때로는 합리적이고 진지한 면이 있으나 농담도 하고 웃으면서 친절하게 대한다. 그러나 막상 최종 결정단계에서 예상외의 행동을 하기도 한다.

응대방법은 질문을 통하여 고객의 요구가 무엇인지 확실히 파악한다. 고객을 대하는 것 이상의 우호적인 사교성을 발휘하여 고객을 말을 끝까지 듣고 적절한 타이밍에 결정을 유도한다.

4) 비사교형 고객

사교형과는 정반대로 불친절하고 반응이 없어서 속마음을 파악하기 어렵다. 이야기를 듣고 있는지 알 수 없고 불만이 있어도 내색하지 않는다. 이 유형은 한번 마음에 들면 충성고객이 되지만 마음이 떠나면 결코 돌아오지 않는다.

응대방법은 고객에게 끝까지 친절한 태도로 대한다. 고객의 감정이 상하지 않도록 주의하고 생각을 충분히 듣고 대안을 제시한다. 반응이 없기 때문에 긍정적인 답변이 올 것 이라 생각하기 쉽지만 부정적인 결과를 받을 수도 있으므로 최선을 다해 응대해야 한다.

5) 자기과시형 고객

과시하는 것을 좋아하는 유형이다. 자기자랑이 심하고 태도가 거만하다. 직급이 낮은 직원을 무시하는 경향이 있고 돈이 많다는 것을 티내는 고객이다. 주로 성격이 급한 편이고 결정을 과감하게 한다.

응대방법은 고객이 마음껏 과시하고 자랑하게 해야 한다. 이런 고객은 의외로 단순해서 칭찬하고 맞장구 쳐주면 쉽게 해결할 수 있다. 자존심을 건드리지 않는

선에서 아부를 하는 것도 필요하다.

6) 신중형 고객

신중한 성격으로 결정하기까지 시간이 오래 걸리는 유형이다. 의심이 많아 질문이 많다. 온화하고 침착하여 말을 잘 들어주지만 세부적인 사항까지 마음에 들지 않으면 쉽게 결정하지 않는다. 경험이 부족한 신입 직원은 상대하기 다소 어려운 고객이다.

응대방법은 고객의 인격을 존중하며 차분한 태도로 임하는 것이다. 너무 자세한 설명은 의심의 대상이 될 수 있다. 고객이 생각하고 있는 의문점을 확실히 파악하도록 자신 있게 설명하는 것이 좋다.

7) 독설형 고객

빈정대고 불만으로 가득 찬 유형이다. 무엇이든 반대하고 대화 중에 사용한 특정 단어를 꼬투리를 잡아 항의한다. 이 유형은 열등감이나 허영심이 강하고 자부심이 강한 사람이 많다.

응대방법은 고객의 독설과 불만에 절대로 반발하지 않는다. 어떠한 말을 듣더라도 꾹 참고 끝까지 들어주며 냉정한 태도를 유지한다. 중요한 것은 빈정거리는 태도를 인정하고 받아주는 것이다.

8) 같은 말을 장시간 되풀이 하는 고객

자아가 강하고 끈질긴 성격의 고객이다.

응대방법은 고객의 말에 지나치게 동조하지 않는다. 고객의 항의 내용을 확인한 후 문제를 충분히 이해하였다는 것을 알리고 문제 해결에 확실한 결론을 내어 확신을 준다. 회피하려는 인상을 주게 되면 부담이 가중될 수 있으므로 가능한 신속한 결단을 하는 것이 좋다.

2. 고객 연령에 따른 응대방법

1) 어린이 고객

어린이는 온순하고 순종적이며 악의가 없다. 단순하며 부모님이나 친구를 따라 하려는 모방심리가 강하다.

응대방법은 어린아이라고 해서 반말과 어린애 취급하는 말투보다는 이야기하는 식으로 대화하며 한마디를 10~15초 정도 짧게 말하며 아이가 이해했는지 확인해 가면서 말한다.

2) 청소년 고객

개성이 매우 강하며 유행에 민감하여 트렌드를 선호한다. 이미 마음속에 원하는 이미지가 정해져 있는 경우가 많아서 다른 제품을 권유해도 마음을 바꾸는 경우는 드물다. 경제적 능력이 부족하여 부모에게 의존한다.

응대방법은 명령하는 어투는 피하고 쿠션 용어를 사용하여 공손하게 응대한다. 단문식으로 짧게 이야기하고 강요하거나 교과서적인 말투는 피한다. 이미 정보는 사전조사를 통하여 잘 알고 있기 때문에 설명보다는 증거를 제시하여 스스로 판단해서 결정을 하도록 한다.

3) 청 · 장년층 고객

사회 전반을 주도해 나가는 계층으로 엘리트 의식이 강하고 소비의욕이 강하다. 청소년과 같이 최신 트렌드를 선호하지만 경제력이 있어 가격에 대한 부담을 적게 느끼는 편이다.

응대방법은 질문법을 통해 고객이 무엇을 생각하고 있는지 파악해야 한다. 1, 2, 3 화법을 이용하는 것이 좋다. 대화 시 주도권을 잡는 것보다 공감대를 형성하여 대화를 이끌어 나가는 것이 중요하고 강한 확신만 심어주면 좋은 결과를 얻을 수 있다.

4) 중년층 고객

중년층 대부부분 본인이 필요한 부분을 명확하게 말하는 편으로 그에 맞는 상담을 해주는 것이 좋다. 작은 관심과 배려에도 쉽게 단골 고객이 되고 자기 자랑을 할 때 맞장구 쳐주면 쉽게 충성고객으로 만들 수 있다.

응대방법은 고객의 말을 끝까지 듣는 것이 중요하다. YB(Yes, But) 화법을 이용하여 고객의 말에 긍정으로 표시하되 직원의 입장을 완곡하게 설명한다. 예를 들어, '고객님 말씀도 맞습니다만, ~와 같은 이유로 고객님의 말씀대로 처리해 드리기 어렵습니다.'와 같은 방법으로 말하는 것이 좋다.

5) 노년층 고객

노인으로 취급하는 것을 싫어하기 때문에 천천히 조용하게 이야기하는 것이 좋다. 급격한 변화를 원하지 않으며 지나치게 적극적이지 않은 것이 좋다. 자녀가 가격을 지불하는 경우가 많기 때문에 저렴한 프로그램을 찾는 경향이 있다.

응대방법은 같은 질문을 여러 번 하더라도 친절하게 반복하여 대답해야 한다. 어렵지 않은 말로 천천히 쉽게 설명하고 정확한 발음으로 말한다. 지나친 배려와 관심은 자존심을 건드릴 수 있으므로 주의하는 것이 좋다.

☞ 고객과의 올바른 상담 원칙

- 고객의 말을 끝까지 듣고 경청한다.
- 중요 포인트마다 간단히 메모하고 반복하여 확인한다.
- 상담 중에 수시로 칭찬하고 공감하여 고객을 기분 좋게 만든다.
- 고객의 주장에 동조하면서 상대방의 입장을 파악하며 탐색한다.
- 감정적인 말에도 미소로 응대하며 고객이 원하는 것이 무엇인지 파악한다.

☞ 고객 상황별 상담 기법

- 고객이 말이 없을 때는 편안한 분위기를 조성한다.
- 동행인에게도 상품의 설명이나 고객에 대한 칭찬 등으로 어필한다.

- 가격이 비싸다고 할 때는 먼저 고객의 말을 인정하고 다른 제품과의 차이점을 설명하여 제품의 기능을 돋보이도록 설명한다.
- 고객이 망설이고 있을 때는 고객의 기호를 정확하게 파악하고 자신감 있게 권한다.
- 고객이 어린이를 동반했을 때는 어린이의 특징을 재빨리 파악하여 칭찬을 하는 편이 좋다.

☞ 고객 유형별 상담 기법

- 전문가적인 고객 : 상대를 높여주고 친밀감을 조성한다.
- 장시간 같은 말을 되풀이 하는 고객 : 고객의 말에 지나치게 동조하지 않는다.
- 우유부단한 고객 : 몇 가지 선택사항을 전달하고 의사결정 과정을 안내한다.
- 빈정거리는 고객 : 질문법을 활용하여 고객의 의도를 이끌어내며 감정 조절을 잘하여 고객의 의도에 휘말리지 않도록 주의한다.

제6절 설득 및 협상기법

1. 설득

설득이란 타인의 태도와 행동의 변화라는 특정한 목적을 가진 주체가 대상에게 메시지를 전달하는 행위이다. 현장접점에서 고객의 태도와 행동의 변화를 이끌어 내고 이해 조정을 통하여 당사자들이 원하는 것을 효과적으로 얻어내기 위한 설득과 협상은 중요한 커뮤니케이션 방법이다.

설득의 기술은 아래와 같다.

- 이심전심 : 시각에 호소하는 언어를 사용한다.
  손짓, 미소, 표정, 자세 등 비언어적 커뮤니케이션을 사용하여 메시지를 전달한다.

- 촌철살인 : 상대의 의도를 간파하는 짧은 한 마디는 상대의 마음을 한 순간 무너뜨릴 수 있는 설득기법으로 상황에 맞는 전문가의 말을 인용한다.
- 감성자극 : 객관적 자료보다는 다양한 채널로 접근하여 감성을 자극한다.
- 역지사지 : 타인을 비난하기 전에 먼저 자신을 낮추고 상대방의 마음을 헤아리는 모습을 보여준다.
- 은근과 끈기 : 애정을 바탕으로 조금씩 마음이 열릴 시간적 여유를 준다.
- 차분한 논리 : 숫자 등 구체적인 자료를 제시하며, 반론에 대한 데이터를 준비한다.

2. 협상

협상은 타결의사를 가진 둘 또는 그 이상의 당사자 사이에서 양방향 의사소통을 통하여 상호 만족할 만한 수준으로의 합의에 이르는 과정이다. 협상의 핵심은 관계이며 서로에 대해 깊이 알수록 협상 안건이 늘어나게 되고 양측이 얻을 수 있는 것이 많아지므로 철저한 사전조사가 필수적이다.

협상에서 효과적으로 반론하는 방법으로는 첫째, 긍정적으로 시작한다. 둘째, 반대이유를 설명한다. 셋째, 반론내용을 명확히 한다. 넷째, 반론을 요약해서 말한다. 등이다.

협상에서 반론의 제기는 상당한 기술이 요구된다. 협상이 잘 진행되다가도 반론 제기를 잘못해서 일을 그르치게 되는 경우가 의외로 많다. 효과적으로 반론을 하기 위해서는 반론기회 탐색, 긍정적으로 시작하기, 반론내용 질문, 반대이유 설명, 반론내용 요약해서 말하기 등의 순서로 하는 것이 좋다.

협상에서 사용하는 반론 제기의 5대 요소는 아래와 같다.

(1) 협상을 하면서 자신이 반론을 제기해도 상대방이 감정적으로 반발하지 않을 만한 절호의 기회를 탐색한다.

(2) 지금까지의 상대방 주장 가운데 우선 동의할 수 있는 점과 일치점이 무엇이 있는지 찾아내 말하면서 긍정적으로 시작한다.

(3) 자신이 생각하기에 상대방 주장의 허점이나 모순점이라고 생각되는 것에 대한 반론 내용을 명확히 질문한다.

(4) 상대방의 주장과 자신의 의견을 대비시켜 상대방의 주장보다 더 나은 점을 차근차근 설명하여 반대 이유를 분명히 한다.

(5) 논증이 끝나면 다시 한 번 반론 내용을 요약해 간략히 말함으로써 호소력이 커지게 한다.

협상의 5대 요소는 아래와 같다.

(1) 목표설정(Goal Setting) : 협상 목표를 높게 설정할수록 높은 협상성과를 얻을 수 있다.

(2) 협상력(Bargaining Power) : 협상 상황에서 자신이 원하는 것을 얻어 낼 수 있는 능력으로 협상 목표를 달성할 수 있는 힘이다.

(3) 관계(Relationship) : 협상자 간의 관계를 만들어가는 힘이다.

(4) 바트나(BATNA) : 협상자가 합의에 도달하지 못할 경우 택할 수 있는 다른 좋은 대안이나 차선책을 의미한다.

(5) 정보(Information) : 협상의 과정은 일종의 정보수집과 정보교환의 연속이므로 가능한 많은 정보를 수집하고 신뢰할 수 있는 정보의 교환을 통해 협상전략으로 활용한다.

효과적인 주장을 위한 'AREA'의 법칙은 주장(assertion) – 이유(reasoning) – 증거(evidence) – 주장(assertion)으로 효과적인 주장을 위한 법칙이다.

- 주장(Assertion) : 우선 주장의 핵심을 먼저 말한다.
- 이유(Reasoning) : 주장의 근거를 설명한다.
- 증거(Evidence) : 주장의 근거에 관한 실례나 증거를 제시한다.
- 주장(Assertion) : 다시 한 번 주장을 되풀이 한다.

참고문헌

서적

강정애(2011). 리더십론, 시그마프레스

삼성경제연구소(2004). 경영혁신, 불황탈출의 엔진, CEO Information

삼성경제연구소(2010). SERI 경영노트

삼성에버랜드 서비스아카데미(2001). 에버랜드 서비스 리더십, 21세기북스

이상기(2016). 서비스 딜루전, 휴먼하우스

이유재(2001). 고객만족경영의 개념과 실천에 관한 연구, 경영저널, Vol.1 No.1

이지은(2018). 서비스리더십, 백산출판사

통계청(2008). 한국의 서비스 산업 : 서비스업총조사 종합보고서

논문

김동희, 유진형(2015). 서비스디자인 요소를 적용한 프라이빗뱅킹 고객을 위한 공간 연구, 한국공간디자인학회논문집, Vol.10 No.3, [2015]

김민주(2015). 서비스디자인 개념이 도입된 국내·외 병원 혁신조직 사례 연구; 선진기관의 디자인 활용 사례를 중심으로, 연세대학교 대학원 : 디자인경영학협동과정 석사학위논문

김보아, 이건표(2009). 서비스디자인 속성 및 표현 기법 연구: 이탈리아 의료복지서비스 사례를 중심으로, 한국과학기술원 산업디자인학과

김성회, 김현석(2017). 서비스디자인 프로젝트 유형에 따른 디자인리서치 구성요소의 차이; 기업내 수행되는 서비스디자인 프로젝트를 중심으로, 기초조형학연구, Vol.18 No.5

김영혜(2014). 공공서비스 평가를 위한 서비스디자인 도구 개발에 관한 연구, 한양대학교 대학원 : 산업디자인학과 석사학위논문

나윤서, 유창근(2013). 서비스지향성 매개효과 검증, 한국호텔외식관광경영학회, Volume 22, Issue 4 pp.235-259

나윤서, 유창근(2013). 항공사와 호텔의 서비스제공자 감성지능이 서비스회복노력에 미치는 영향, 호텔경영학연구, Vol.22 No.4

동초(2013). 서비스패키지 품질이 고객만족과 충성도에 미치는 영향에 관한 연구, 세명대학교 대학원 : 경영학과 생산관리전공 석사학위논문

박선형(2003). 변혁적 지도성에 대한 비판적 고찰 : 분산적 지도성을 중심으로, 한국교육행정학회, Vol.21 No.4

서창적(2006). 서비스리더십과 팔로워십의 조화를 통한 서비스품질의 향상, 기술표준원, Vol.51

서창적, 김민경(2016). 접점커뮤니케이션 표준화가 직무 스트레스 및 서비스지향성에 미치는 영향, 한국서비스경영학회 학술대회, Vol.2016 No.11

서창적, 김효정(2010). 국제비교를 통한 한국 서비스 연구 동향, 한국서비스경영학회 학술대회, Vol.2010 No.11

서창적, 남관우(2016). 서비스표준화, 직무만족 및 고객지향성 간의 관계: 애프터서비스, 서강대학교 대학원 : 경영학과 석사학위논문

서창적, 박영태(2015). 리더십이 종사원의 인게이지먼트와 서비스지향성에 미치는 영향, 서비스경영학회지, Vol.16 No.2

서창적, 이세영(2008). 서비스접점 프로세스의 표준화 평가지표 개발에 관한 연구, 품질경영학회지, Vol.36 No.4

서창적, 이태영(2015). 서비스 접점직원의 이미지가 개인안녕과 서비스지향성에 미치는 영향, 한국서비스경영학회 학술대회, Vol.2015 No.5

서창적, 황혜미(2011). MB(Malcolm Baldrige)모델 관점에서 지속적 고객만족경영의 핵심요인, 韓國生産管理學會誌, Vol.22 No.3

서창적, 황혜미(2011). 고객만족경영활동의 지속성이 고객성과에 미치는 영향, 한국서비스경영학회 학술대회, Vol.2011 No.11

서창적, 황혜미(2012). 고객만족경영 지속성의 핵심 운영요인과 성과에 관한 연구, 서비스경영학회지, Vol.13 No.3

신동한(2008). 학교장의 감성리더십과 교사의 교직헌신도 및 학교조직 효과성 간의 관계, 敎育行政學硏究, Vol.26 No.3

우양호, 홍미영(2005). 'SERV*OR' 척도를 이용한 민원행정기관의 서비스지향성 분석, 韓國行政學報, Vol.39 No.3

웹사이트

한국서비스품질지수: http://ks-sqi.ksa.or.kr

아티클

동아일보: http://dbr.donga.com/article/view/1203/article_no/838

동아일보: http://dbr.donga.com/article/view/1203/article_no/4989

동아일보: http://dbr.donga.com/article/view/1306/article_no/1489

동아일보: http://dbr.donga.com/article/view/1306/article_no/1492

조선일보: http://biz.chosun.com/site/data/html_dir/2012/02/26/2012022601240.html

조선일보: http://weeklybiz.chosun.com/site/data/html_dir/2010/10/15/2010101501377.html

중앙일보: https://news.joins.com/article/22372724

KBS: http://news.kbs.co.kr/news/view.do?ncd=3308737

저자 소개

이지은

- 피아이씨컴퍼니(President Identity Company) 대표
- 부천대학교 비서사무행정학과 겸임교수
- 경민대학교 국제비서과 겸임교수
- 연성대 항공서비스과 외래교수
- 한국콘텐츠진흥원 전문위원
- 소상공인시장진흥공단 전문교수
- 한국취업컨설턴트협회 전문위원
- 한국고객서비스협회 전문교수
- 국제비서사무행정가 자격증 개발
- PIC(CEO PI 컨설턴트) 자격증 개발
- PBM(퍼스널브랜딩 매니지먼트 컨설턴트) 자격증 개발
- CS Leaders(관리사) 자격증 출제위원
- 중앙선거관리위원회 국제의전매뉴얼 자문교수 역임
- 국내 대기업 그룹총수 전략비서 역임
- 호주한국대사관 통역/의전비서관 역임
- 국내 대기업 비서채용면접관 역임

〈저서〉
- 글로벌 의전매너
- 서비스리더십
- 서비스경영론
- 비서실무론

서비스경영론

2018년 8월 30일 초　판 1쇄 발행
2021년 3월 10일 개정판 2쇄 발행

지은이 이지은
펴낸이 진욱상
펴낸곳 (주)백산출판사
교　정 박시내
본문디자인 오행복
표지디자인 오정은

저자와의 합의하에 인지첩부 생략

등　록 2017년 5월 29일 제406-2017-000058호
주　소 경기도 파주시 회동길 370(백산빌딩 3층)
전　화 02-914-1621(代)
팩　스 031-955-9911
이메일 edit@ibaeksan.kr
홈페이지 www.ibaeksan.kr

ISBN 979-11-90323-34-5 93320
값 18,000원